赵旭腾 著

中国古兵阵

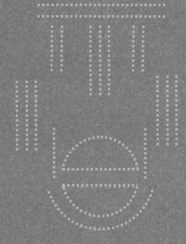

人民出版社

目录

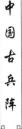

中国古兵阵

目
录

阵而后战，兵法之常

——兵阵在古代战争中的作用

（一）

1. 八卦与诛仙，真的那么神奇吗？

——小说中的阵法

在中国典籍中，记载了诸多阵法的名称，其中部分阵法（如一字长蛇阵、八阵图、鸳鸯阵）可谓家喻户晓。军阵一直是中国古代战争的重要组成部分，无论在冷兵器时代还是热兵器时代，军队的战术动作、进攻部署和防御配置都是指挥官首先要考虑的问题。而在冷兵器时代，由于通信技术较为落后，为了使军队行动能够统一号令和协调动作，列阵作战就成了最基本的作战方式。列阵，必须讲究阵法。综合而言，阵法是行军队形、进攻布置、防御配置、战术动作和实施机动等内容的综合体，包括了大到战役行动小到单兵战术的方方面面。

不过，说起阵法，人们脑海中首先浮现的恐怕还是小说中的阵法，无论是古典小说《三国演义》中的"八阵图"，《说唐》中的"一字长蛇阵"，《封神演义》中的"诛仙阵"、《杨家将演义》的"天门阵"，还是武侠小说中的"北斗七星阵""真武七截阵"，都让人印象深刻。各路阵法或成为主角反败为胜的神器，或成为挡在主角面前的拦路虎，都是小说作者浓墨重彩描写的环节。细究起来，小说中的阵法，也可以分为两个体系，一种是虽然有些夸张，但是没有脱离实际的阵法，可以称之为"人阵"；另一种则是加入了各种怪力乱神的阵法，可以称之为"仙阵"。

在记录了多种阵法的名著《三国演义》中，就是两种阵法并存。在《徐庶定计取樊城》中，曹仁布下"八门金锁阵"，根据小说中言，这一阵法是根据"八门"而布，八门，是古代奇门遁甲的一种术语。"休、生、伤、杜、景、死、惊、开"八门，分别与八卦中的坎、艮、震、巽、离、坤、兑、乾相对应，开、休、生三门属于吉门，死、惊、伤三门属于凶门，杜门、景门中平。小说中只是介绍了这一阵法的妙处：要从正确的门——生门和景门进出才能破阵，徐庶评价曹仁的"八门金锁阵""虽布得整齐严肃，只是中间通欠主持，如从东南角上生门而入，往正西景门而出，击之必乱也。"最终赵云依法破阵，曹仁大败而回。至于赵云破阵的战术，小说家却没有多加描写，不管是步兵还是骑兵，反正从生门进景门出就行了。八门金锁阵虽然只是在《三国演义》中出场了一次，但是"八门"却在后面的章节中继续出场：在诸葛亮与司马懿斗阵时，诸葛亮摆出了"八卦阵"，司马懿自信能够破阵，于是"唤戴陵、张虎、乐綝三将，吩咐曰：今孔明所布之阵，有八门，按休、生、伤、杜、景、死、惊、开此八门也，生、景、开三门吉，休、伤、杜、死、惊五门凶，正东乃生门，可打，西南乃景门，可打，正北乃开门，可打。汝三人可从生门打入，往景门杀出，复从开门打入，此阵可破，蜀兵可退矣。汝等休辱了志气。"看来对于小说家来说，"八卦阵"与"八门金锁阵"可谓同出一源。只是，诸葛亮的智力自然是比曹仁要高得多，蜀汉军队在八卦阵中另有变阵，把曹魏三将及所领之兵悉数活捉。小说中类似"八门金锁阵"与"八卦阵"这样的阵法，没有什么仙术的加持，无非是合理使用兵力，用一些奇门遁甲、阴阳五行的术语，再配合一些变阵，产生出其不意的效果。当然了，因为小说家们并不通晓军事，也不明白阵法中的奥秘，也就无法详细描写破阵的军事过程，只能含糊其辞利用奇门遁甲的术语写一写破阵的过程了。而在《三国演义》中，亦有"超能力"的阵法，例如陆逊入诸葛亮"八阵图"时，困住陆逊的并不是士兵，而是狂风飞沙。在战争史上，战场上遇见狂风飞沙是常有的，甚至会改变战争的走向。例如刘邦在彭城之战被项羽击败，仓皇逃命，连亲生儿女（即后来的汉惠帝刘盈和鲁元公主）都被他扔下车去来减轻负重加快逃跑的速度，最后是一场风沙袭来，将战场变得暗无天日，

八卦阵

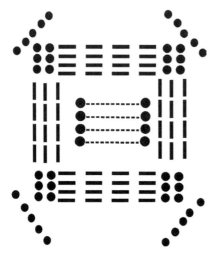

明工《续武经总要》中的"八卦阵"

刘邦才得以逃脱，重整旗鼓。在明初靖难之役的白沟河之战中，狂风飞沙也助朱棣扭转了战局。但是说诸葛亮能靠布石头阵就产生狂风飞沙、杀气腾腾的效果，那只不过是小说家的夸张描写罢了。

总体而言，小说阵法中的各种"人阵"，并不是无稽之谈。"八门金锁阵"的门，是存在于古代阵法中的。这个门，不是奇门遁甲的术语，而是指阵形内部将士出入的通道，唐宋时期的"四门兜底阵"中的门，就是此意。"八卦阵"，也不是罗贯中发明的，早在唐代，就有《握奇经》记载了"八卦阵"，北宋前期军事理论著作、许洞所著《虎钤经》中，就详细记载了"八卦阵"的兵力部署和阵形配置。《虎钤经》中的"八卦阵"，是在敌军骑兵四面围困时用来防守的阵法，不复杂也没有奇门遁甲的加持。遗憾的是，"八卦阵"虽然出现在各类兵书之中，却缺少实战记录。不过，另一种小说中的阵法，却是大有来头，且为历代军事家所称道。它就是"一字长蛇阵"。

"一字长蛇阵"，是古代小说中的常客，在《说唐》《残唐五代史演义》《封神演义》中都有出场。尤其是在《说唐》中，隋军靠山王杨林，带领手下十二太保围攻瓦岗寨，在新文礼、尚师徒、唐璧三将都被瓦岗寨英雄击败后，杨林布"一字长蛇阵"围困瓦岗寨，瓦岗军师徐世勣评价此阵曰："此乃一字长蛇阵，若击首则尾应，若击尾则首应，若击其腰则首尾皆应。须得一员大将，能敌杨林者，从头颈杀入，四面调将冲入阵中，其破必矣。"《说唐》的特色在于作者给武将们安排了一个排名体系，经常作为电视剧主人公的秦琼在书中只是排行十六的武将，连隋将

中
国
古
兵
阵

新文礼、尚师徒的排名也高于秦琼。而靠山王杨林则是排行第八，"武力值"远远高于当时瓦岗寨武艺最高的秦琼，因此，徐茂公才派王伯当请来排名第七的罗成对付杨林。最终由罗成敌住杨林，其余猛将共同冲阵才破了"一字长蛇阵"。

"一字长蛇阵"之所以能困住瓦岗寨众英雄，是因为其"击首则尾应，若击尾则首应，若击其腰则首尾皆应"的特点，而这个特点，不是小说作者原创的，而是出自于《孙子兵法·九地》："故善用兵者，譬如率然。率然者，常山之蛇也，击其首则尾至，击其尾则首至，击其中则首尾俱至。"所以，一字长蛇阵并非杜撰，而是历史悠久，只不过在史籍中，这一阵形的名字并不是一字长蛇阵，而是"常山蛇阵"。在北宋《武经总要》的"本朝常制阵"中，就记载到其中的中军大阵就有长阵的形态，也被称为"常山蛇阵"。

古典小说中类似"八门金锁阵""一字长蛇阵"这样有原型的阵法数量不少，但是更多的，还是各种千奇百怪的阵法，例如在《封神演义》中，姜子牙登坛拜将后，让军士演练阵法，计有"一字长蛇阵、二龙出水阵、三山月儿阵、四门斗底阵、五虎巴山阵、六甲迷魂阵、七纵七擒阵、八卦阴阳子母阵、九宫八卦阵、十代明王阵、天地三才阵、包罗万象阵"，其中除了"一字长蛇阵""四门斗底阵""天地三才阵"是有典可据，"九宫八卦阵"是出自《水浒传》外，其余的恐怕都是作者的杜撰了，且不论商周时代是否会出现"七纵七擒"这种穿越典故，光看这些阵名就知道这些都是作者为了凑数而取的，目的就是为了从一到十整整齐齐。巧的是，不光古人喜欢这样，今天也有好事者热衷于类似"古代十大名阵"的排名，其中的阵名嘛，只能说是与《封神演义》一脉相承了。

不过，若是论影响力，这些千奇百怪的阵法倒是远在真正的阵法之上了，其中影响力较大的有《封神演义》中的"诛仙阵"、《水浒传》中的"九宫八卦阵"、《杨家将演义》中的"天门阵"，等等。这些阵法虽然是小说家杜撰的，却也反映了当时人们对于阵法的不同解读，以及阵法在民间的形象。

首先来看"诛仙阵"。"诛仙阵"出自《封神演义》，堪称全书中威力最大的阵法。因为阐教十二金仙多次击败并诛杀截教教徒，截教首领通天教主亲自来到界牌关，在城门上挂上诛仙、戮仙、陷仙、绝仙四口宝剑，组成了诛仙阵。这诛仙阵完成之后，可谓是"杀气森森，阴风飒飒"，连十二金仙也一筹莫展，最后集合了元始天尊、老子、准提道人、接引道人之力方才攻破此阵。现实中的兵阵自然不会挂了四口宝剑就威力无穷，但是艺术来源于生活，诛仙阵的描写也并非空穴来风，而是有所依凭的，那就是明清时期军中盛行的厌胜之术。如果翻阅古代兵书，无论是宋代的《武经总要》还是明代的《武备志》，都可以发现，其中有颇多的"法术"内容，例如前文提及的许洞就直言："然则奇谋诡道或不合于六经，既为兵家要用，故必贯穿条缕以备载之，六壬遁甲、星辰日月、风云气候、凤角鸟情，虽远于人事，亦不敢遗漏焉。"这种思想对兵家的影响在小说盛行的明清时期尤为严重，这不仅反映在兵书中多有兵阵与阴阳五行关系的描写，在实战中，也有类似诛仙阵中悬挂宝剑，实行厌胜之法的记录。如在明代万历年间土司杨应龙发起播州之乱时，在明军的猛攻之下，杨应龙竟然发动邪术，"令妇女数百人，排立高处，去衣执箕，向我兵扇簸"。而明军的回应则是泼黑狗血，破除叛军的"法术"。而到了鸦片战争之时，清军因为自己的炮打不中英军炮舰，而英军炮舰则几乎百发百中，不从装备、战法等处考虑，而是认为英军中有"邪教善术者"，想出了收集粪桶，将其放在竹筏上驶向英军的战术，结果当然是可想而知的。今天看来是荒诞不经的战术，在当年无论是小说家，还是行兵作战的将领，都是真心信奉这种厌胜之法的。

相比之下，另一种仙阵虽然同样缺少道理，却比诛仙阵这样的厌胜之法要"高级"许多，这就是以九宫八卦阵为代表的附会《河图》、《洛书》、《易经》八卦的兵阵。"九宫八卦阵"，是《水浒传》中梁山好汉的主要阵法，在击败童贯、北征辽国时都使用过这一阵法，书中描写道：

中国古兵阵

明分八卦，暗合九宫，占天地之机关，夺风云之气象，前后列龟蛇之状，左右分龙虎之形，出奇正之甲兵，按阴阳之造化，丙丁前进如万条烈火烧山，壬癸后随似一片乌云覆地，左势下盘旋青气，右手下贯串白光。金霞过满，中类黄道，全依戊巳，东西有序，南北多方，四维有二十八宿之分，周回有六十四卦之变。先锋猛勇，合后英雄，左统军皆夺旗斩将之徒，右统军尽举鼎拔山之辈，盘盘曲曲，乱中队伍变长蛇，整整齐齐，静里威仪如伏虎，马军则一冲一突，步卒是或后或前，人人果敢，争前出阵夺头功，个个才能，掠阵监军擒大将，休夸八阵成功，谩说六韬取胜，孔明施妙计，李靖播神机。

通过《水浒传》的描写，不难看出，"九宫八卦阵"，顾名思义，是按照九宫八卦分布的，所谓九宫八卦，就是按照八卦方位加上中央构成的图形。九宫又被运用于数学中，称为九宫算，将一到九按方格分布，排成无论纵、横、斜，连线的三个数字相加，其和皆为十五的样式，根据《中国历史大辞典》的记载："九宫术将这九个数用固定的颜色表示：一白、二黑、三碧、四绿、五黄、六白、七赤、八白、九紫。将这九个数和颜色先按《洛书》排列填入纵、横各三的九个格子中，此方形九格即称为九宫。以后将九宫格中九个数每次加一，遇十即作一，同时各格颜色又作相应的变化。如此共可得九个变化图。每年一个图，称为值年，依次相轮。对月、日、时均可作相应的值月、值日、值时。九宫数与六十甲子数的最小公倍数为180，共含三个

《洛书》九宫图

明代《武备志》中的"伏羲师卦图"

甲子周期，故有三元甲子之称。又因一为白，九为紫，故又称三元紫白。相传根据年月日时的九宫图，可以用来预测未来的吉凶祸福。"

《水浒传》之所以创设这样一个阵法，是因为在古代，受谶纬思想的影响，一些兵书中的兵阵确实与《易经》《河图》《洛书》有所关联。所谓《河图》《洛书》，《周易·系辞上》："河出图，洛出书，圣人则之。"古代传说，伏羲时有龙马出于河，伏羲氏便取法其身上的花纹而画八卦。夏禹时有大神龟出于洛，禹便依据龟背上的文字而作《洪范》九畴。《河图》《洛书》都是由数字组成，与九宫八卦联系密切，在 1977 年，安徽阜阳汝阴侯墓出土了太乙九宫占盘，说明汉代这一思想就已经出现。历代方士把《河图》《洛书》作为多种方术的重要理论依据。一些具有阴阳家思想的军事理论家，就把他们引入到了兵阵之中。

这些兵阵往往不是在实战中总结和创制的，而是军事理论家们在著写兵书时"推演"和发明的。如在明代茅元仪《武备志》的《阵练制》中，就记载了大量与《周易》八卦、《河图》、《洛书》的阵形，例如"乘之阵方为四层配合伏羲方卦图""乘之分八阵配合河图数图三图共记"。实际上《武备志》中同样记载了大量实战阵法，之所以要记载这些，恐怕还是因为继承于唐宋时期的兵阵记述体系：在唐代，因为《太白阴经》等掺杂阴阳家思想的兵书流行开来，很多兵书在记载阵法时，往往是兼收并蓄，一方面记载实战阵法；另一方面，把种种具备阴阳家色彩的兵阵也记录下来，茅元仪自然也无法免俗。

除了固有的厌胜与阴阳思想之外，小说中出现这些"仙阵"的另一个重要原因就是为了情节的推动，例如，"诛仙阵"是因为金仙级别的阐教弟子与截教弟子的冲突足够了，需要一个关卡来引出通天教主与原

始天尊、老子这三教首脑之间的对决。而《杨家将演义》中的"天门阵",也引出了杨宗保与穆桂英的故事。

小说中的阵法再精彩,也是来自于对实战阵法的加工,那么,去除重重迷雾后,中国古代兵阵的庐山真面目到底如何呢?且听下文分解。

2. 不动如山,难知如阴

——军阵是什么?

所谓阵,实际上就是指作战时的兵力部署和战斗队形。在古代战争中,像《三国演义》等小说中两军大将阵前对战的情况是极为罕见的,因为史书的记载"偏差",能在战争史中留下姓名的往往都是将领,而千千万万普通士兵的功绩通常是一笔带过,但这并不是战争的全貌。战争,是以集体兵力的运用来进行的。运用集体兵力,就要布置阵形,也就是要把士兵根据一定的编制、形状进行排列。在《周礼》中,就有"五人为伍,五伍为两,四两为卒,五卒为旅,五旅为师,五师为军""伍、两、卒、旅、师、军皆众之名,两二十五人,卒百人,旅五百人,师二千五百人,军万二千五百人"的记载,可见将士兵进行编制的历史非常悠久,而明代人在这些记载的基础上绘制了"五人为伍图""二十五人为两图""百人为卒图""五百人为旅图""二千五百人为

人　　　　　　　　　　人　　人人人人人　　　　人人人人人

　　　　　　　　　　　人　　　　　　　　　人人人人人

人　　　　　　　　　人　　人人人人人　　　　人人人人人

明代《武备志》中的"五人为伍图"　　　明代《武备志》中的"二十五人为两图"

9

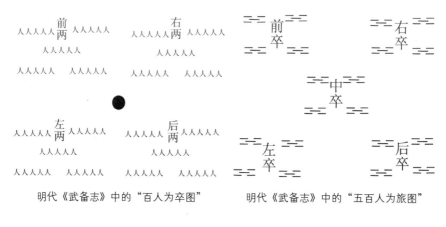

明代《武备志》中的"百人为卒图"　　　明代《武备志》中的"五百人为旅图"

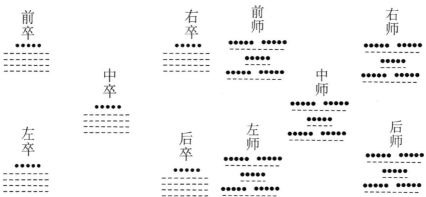

明代《武备志》中的"二千五百人为师图"　明代《武备志》中的"一万二千五百人为军图"

师图""一万二千五百人为军图"。

　　布阵，是"用众之法"的艺术，乃是将领行军作战的必备技能。正如《孙子兵法·军争篇》所云："凡用兵之法，将受命于君，合军聚众，交和而舍，莫难于军争。"军阵形成之后，能够充分发挥整体作战的优势，因此孙武才有了"无邀正正之旗，无击堂堂之阵"的论断。那么，军阵是如何发挥整体作战的优势的呢？

　　首先，是凝聚战斗力，这也是布置兵阵的直接目的。两军之间的战争，不是侠客之间的比武，而是百千万人之间的生死较量，要想取得胜利，首先要激发己方士兵的勇气，同时协调士兵的行动。而这必须要通过编队，也就是布阵才能完成。我们不用以古代的战事为例，在我们身边，只要经历过运动会的入场仪式就明白，只有将运动员们排成阵形，才能让他们无论是进场还是呼喊口号时保持整齐一致，军阵的原理与此相同。同时，结成军阵，可以起到稳定军心的作用。真实的古战场，绝不是电视剧中表现的那样，一具具完整的尸体口吐鲜血倒在战场上，冷兵器虽然威力不如现代战争的机枪大炮，但是将人拦腰斩断同样是可以做到的，真实的战场是非常血腥的，恐怕四处都是断肢，血流漂杵更不是虚言。

在这样的环境下，一些士兵难免会产生畏惧的情绪，战场之上，常常有士气崩溃而逃散者，这就是所谓的"怯者"；与此同时，在古代的军功制度下，在战场上斩杀敌军，获得军功是实现阶级跨越的重要渠道，因此在战场上一往无前的勇猛之士也为数不少，这是"勇者"。怯者易溃散，勇者则易为敌军所诱，而军阵就是要让怯者和勇者能够协调行动，"勇者不得独进，怯者不得独退"，在处于劣势时不会怯懦退缩以至于军心溃散，在占据优势时不会贪功冒进以至于队伍散乱，从而达到万众一心、行动统一的目的。

凝聚了军心，就能达到不动如山的境界。在古代战场上，己方军阵往往会面对数倍于己的敌军，例如西晋马隆平定凉州时，只有三千军队，而叛军骑兵则达数万。西汉李陵率五千荆楚勇士出征，面对的也是数万匈奴骑兵。这个时候要发挥军阵的力量，首先就要做到不动如山，士兵必须要无所畏惧，坚守阵地，而不是在重兵压境之下溃散奔逃。而要实现这点，靠的是严明的纪律。《史记》中有孙武杀吴王宠姬以明军纪的故事。吴王阖闾看完了孙武的兵法之后，想让孙武拿180名宫中美女演练一番。孙子将吴王的美女分为两队，以吴王宠姬为队长。宫中美女自然是难听号令了，"孙子曰：约束不明，申令不熟，将之罪也。既已明而不如法者，吏士之罪也。乃欲斩左右队长。"吴王见要杀自己的宠姬，连忙阻止。孙子解释说，臣既已受命为将，将在军，君命有所不受，遂斩队长二人。于是这些宫女就能够听取命令。孙武以此法练军，吴国终于有了争霸的实力。只有军纪严明的军队，才能发挥战斗力。历代军事家都非常重视军纪，其中较为著名的就是"束伍法"。早在先秦时期，《尉缭子》中就有"束伍令"的记载，这是一种军功制度，将五人编为一队，名为伍，这五个人从此功过相连，有功同赏，有过同罚，而且，若是己方将领阵亡而没有斩杀敌军将领的，同样也要获罪，实际上就是一种连坐制度，同时"束伍令"也规定上级有权力处死下级。这种办法虽然看起来有些残忍，但是能有效防止临阵脱逃，从而发挥军阵的战斗力。因此南宋吴璘创制"叠阵"，明代戚继光创制"鸳鸯阵"，乃至清代左宗棠平定西域时都采用了"束伍法"来保证军队的凝聚力，并都取得了优良的效果。

其次，是专业分工，战争双方比拼的是兵力的正确部署和恰当使用，将士兵布成军阵，就可以实现这一点。现代军队有陆军、海军、空军、火箭军等兵种的划分，古代则有骑兵、车兵、步兵、水军等兵种，其中步兵之中又有弓弩兵和近战士兵的区分。正确部署兵力，就要使用阵形，将各个兵种分别配置，才能实现对敌军最大限度的伤害。以秦始皇兵马俑一号坑展现的军阵为例：位于阵表的均为弓弩手，阵形最前方的是三排轻装弓弩手，阵形后方是三排重装弓弩手，军阵两侧亦是弓弩手，而阵中则呈纵队分布着战车和步兵；当敌军来袭时，阵形前排弓弩手先行射击，在远距离先杀伤一部分敌人，接着弓弩手向两边移动，这时阵中的车兵与步兵以进攻纵队的形式向前冲击。而后世诸葛亮"八阵法"、李靖"六花阵"、戚继光"鸳鸯阵"等名阵都是以兵种分工合作的形式实现最大程度的杀伤敌人。

再次，是兵力的梯次配备，战场之上瞬息万变，单一的战斗配置往往会处于不利的地位，这时就要将军队分为两个或者更多的军阵来应对战场的变化。《孙子兵法》云："以正合，以奇胜。"先战为正，后战为奇。善于作战的将领往往会准备一支机动部队，作为奇兵，而率先接敌的，则往往是处于"明面"的正兵。从秦始皇兵马俑所展现的秦军军阵来看，上文提及的一号坑军阵就是"正阵"，而由骑兵、车兵、步兵组成的二号坑则是"奇阵"。而《武经总要》中记载的北宋"常制阵"，则由中军大阵、拐子马阵、先锋阵、策先锋阵、前阵、无地分马和拒后阵组成，其中中军大阵为正阵，而位于侧翼以骑兵为主的拐子马阵，作为机动骑兵的无地分马则属于奇阵。戚继光的"车营"，也将士兵分为正队和奇队，并给予不同的分工。可见，将军力进行梯次配置，以应对多种情况，是军阵的一大优势。

不过，军阵并不是那么容易布置的，要考虑到将领、士兵、装备、地形等诸方面的因素，如《武经总要》所说："大要在士卒训练，兵械坚良，号令以申之，赏罚以督之，因山川形势之宜，讲步骑离合之要，不嚣不隘，按阵而居。常以我逸待彼劳，常以我治待彼乱，常以我近待彼远，常以我饱待彼饥，故其疾如风，其徐如林，不动如山，难知如阴，震动如雷，侵掠如火，此制胜之道也。"满足这些条件并非易事，一旦布置不当，军阵不仅不能凝聚军心、发挥优势，反而会产生反噬。前秦与东晋之间的淝水之战，就是最好的例子。

公元 383 年，统一北方的前秦苻坚忘却了重臣王猛去世前再三嘱咐的不得进攻东晋的忠告，率领各族军队 80 万，与东晋军队对峙于淝水，双方均是列阵相持。在决战之时，东晋军队假意渡河决战，以秦军"置阵逼水"没有场地为理由，让秦军后撤以空出战场，苻坚试图在晋军半渡之时攻击晋军，假意后撤，乃"麾师却阵"，但是没有料到晋军降将朱序借机在阵中传递秦军战败的讯息，使得秦军阵脚大乱，晋军此时渡河猛攻，前秦军队阵形凌乱，虽然苻融亲自坐镇，试图重新列阵发起反击，但为时已晚，秦军自相践踏，死伤无数，前秦不仅未能一统天下，反而大伤元气，继而被境内各势力所瓦解，东晋则一鼓作气收复大量失地。

前秦在两军对阵之际主动后撤，希望引来晋军追击，再半渡而击之。这一战略本身并无不妥，在《六韬》中就有吸引敌军渡河而设伏击之的战术，只是苻坚的战阵并不稳固：不仅各少数民族的军队怀有异心，前秦统一北方也不过 7 年，并未使国内各族真心归附，各族军事贵族各怀鬼胎，更致命的是，阵中不得已而投降的朱序本身就心向东晋，可谓"一阵数心"。不仅是"一阵数心",更关键的是前秦的军阵过于庞大,几十万人部署在战场之上,主帅的命令难以迅速传递。当苻坚下达后撤的命令时,朱序在阵后宣称秦军败阵,前秦军阵就此大乱,晋军乘胜追击,阵斩苻融,并趁势向北收复失地。前秦军阵的失败,从反面突出了军阵之中军心与通信的重要,军心不稳则临阵溃散,通信不畅则配合不畅,最终只能失败。可见,军阵并非越大越好,而是要做到上下一心,听从指挥。

有因阵形过大失败的,也有因为按图索骥,不知变通失败的。比如唐肃宗时期的重臣房琯,深受唐肃宗李亨的重用,率军前去平定安禄山叛军,却不加分析,企图依样画葫芦,以战车克制叛军的骑兵,用牛车两千乘会战叛军,但是这些牛车未经战阵,不堪大用,叛军趁着风势,扬尘鼓噪,群牛大乱,叛军接着顺风纵火,唐军人畜大乱,此战唐军死伤4万多人,仅有数千人逃出。可见,布置军阵并非易事,军阵的指挥者需要高超的军事能力,至少能够根据兵力、地形灵活布置。

万物相生相克,有阵法,自然就有破阵之法。

在历史上,有两位名将不仅以"破阵"彪炳史册,更得名曲流芳百世。其中一位,是北齐兰陵王高长恭。公元564年,10万北周军队围困北齐重镇洛阳,高长恭率500骑突入重围,直抵金墉城下,北齐军士气大振,最终击败了围城的北周军队,经此一战,兰陵王高长恭声名鹊起,《兰陵王入阵曲》不仅名传当世,更是漂洋过海,深刻影响了日本音乐史。兰陵王的"入阵"依靠的是骑兵的强大冲击力,突破北周军阵,这一形式并非兰陵王首创。这种以勇猛直冲敌阵的战法,被称为"先登陷阵",早在《史记》中就有汉初樊哙、郦商"先登陷阵"的记载。"先登"原本指的是率先登上城墙,后与陷阵合用,成为勇猛的代名词,东汉末年吕布麾下大将高顺,有一支700人的精锐部队,即取名为陷阵营,在同时期的界桥之战中,袁绍帐下大将麴义率领800先登兵,结阵击败公孙瓒的万余骑兵。在三国时期,以先登陷阵闻名的还有张辽、典韦等猛将。隋唐时期以"先登陷阵"名留青史的则有隋文帝杨坚之父杨忠,隋初大将裴仁基、唐初名将裴绍、李道玄、苏定方等。但是若论破阵的艺术，这些名将在另一首名曲的主人公之前都要黯然失色，他就是"秦王破阵乐"的主人公——唐太宗李世民。

说起隋唐之际的武将，读者脑海里浮现的恐怕当属秦叔宝、尉迟恭、程咬金、徐世勣、李靖等名将；托小说的福，这些武将给人们留下了深刻印象，然而，若论谁才是隋唐之际最具军事才能的人，恐怕还得是唐太宗李世民。不同于小说中的"仁厚"形象，正史中的李世民，在军事行动中的表现堪称智勇双全，尤其是其破阵才能，只能用叹为观止来形容。

唐高宗武德元年（618 年），当时的秦王李世民，首先平定的就是割据陇西，威胁李唐政权后院的薛齐政权。唐军利用薛举去世、薛仁杲即位人心不稳的机会，向齐军进攻，两军相持于位于今甘肃泾川东北的折墌城 60 余日。齐军"兵锋甚锐，数来挑战"，李世民按兵不动，等待时机。当齐军牟君才、梁胡郎来降后，李世民判断时机已到，于是让将军庞玉在浅水原南布阵，作为诱饵，齐军大将宗罗睺率军应战庞玉，几乎将庞玉击败，此时李世民率军从北边袭击齐军，宗罗睺回师救援，李世民只率数十骑就冲入敌阵，唐军军心大振，一举击败薛齐军，"斩首数千级，（齐军）投涧谷而死者不可胜计"。而李世民更率 20 余骑追击齐军，使得薛仁杲大惧。最终薛仁杲在李世民的兵威之下选择了投降，唐军解除了后顾之忧。此时的李世民不过 20 岁，却已经善于使用怠敌、诱敌、奇袭、陷阵的策略。而秦王破阵的传奇也不过刚刚开始。

武德三年（620 年），占据太原的刘武周、宋金刚威胁李唐北方门户，李世民再次出征，经过一系列战役，将刘武周大将宋金刚逼至介州。宋金刚负隅顽抗，率军背对城墙列阵，军阵南北长达 7 里。李世民先让徐世勣、程咬金、秦叔宝率军攻其北，翟长孙、秦武通率军攻其南，但是此举未能一举击败宋金刚。此时唐军稍稍退却，宋金刚率军追击，在宋金刚军阵变动时，李世民抓住机会，率领精锐骑兵冲击宋金刚军阵，将其杀得大败，奔逃数十里，原属于宋金刚的勇将尉迟恭也率

8000 军来降，刘武周则逃往突厥，唐军收复河东故地，巩固了北方门户。通过这两次战役，不难发现李世民的破阵秘籍就是首先登高望远，观察敌军阵形，再以军阵或诱敌或接战，使得敌军阵形变动，出现混乱，此时李世民再率骑兵直冲敌阵，一举破阵。这既需要对全局的把控能力，也需要精准的判断力，更需要无比的勇气。在谷州之战，王世充率 3 万精兵于慈涧列阵，李世民以轻骑诱战，不想身陷重围，李世民亲自断后又被郑军骁将单雄信率骑兵突袭，在这样的逆境下，李世民仍能左右开弓射箭，俘虏郑军大将燕颀，可见其武艺高超，绝不是某些影视作品中的"仁弱"形象。

而最能展现李世民破阵艺术的，则是唐军与郑夏联军的虎牢之战。在虎牢之战中，李世民将他的破阵之术发挥到了极致，甚至不惜以身犯险。自李唐发动对郑国王世充的统一战争以来，唐军屡败王世充，使得其不得不向建立夏政权的窦建德等人求救，武德四年（公元 621 年）三月，窦建德率夏军十余万救援王世充，与唐军对峙 20 余日。李世民于是以军马作为诱饵，窦建德果然率军出战，列阵于汜水之畔，王世充亦遣大将郭士衡在夏军之南列阵，夏郑联军的军阵连绵数里，声势浩大，唐军诸将皆有惧色，李世民则登高望远，等待战机。时至中午，联军士卒饥饿倦怠且争相饮水，李世民于是让宇文士及带 300 骑兵经过窦建德军阵西边向南奔驰，作为试探，夏军阵形果然松动，李世民抓住时机，率领轻骑诱敌，同时让大部队随后冲锋，窦建德进退失据，其所率军队溃散而逃，本人更是被唐军生擒，李世民继而俘虏王世充，一举平定了北方最具威胁的两大势力。正是因为李世民善于破阵，人们创作了秦王破阵乐，来歌颂其英勇的战功。

不过，中国古代像李世民一样的军事家虽然很多，但是他们传下的阵法却寥寥无几，一方面是因为无论是阵法还是破阵之法，往往是"存乎一心"的，是将领的军事经验与军事天赋的结合，这些经验难以靠文字复制。另一方面，历史上的兵灾战乱又毁去了大量的古籍，尤其是雕版印刷出现之前，记载阵法形制的阵图只能依靠手绘，唐代之前的阵图，几乎没有流传下来。根据《汉书·艺文志》记载，《孙膑兵法》等先秦兵书均附有阵图，但是未能流传下来，希望有一天这些阵图会在考古发掘中重见天日。

3. 斗转星移，变化无穷
——变阵的奥秘

"兵无常势，水无常形"，军阵也一样。通过训练后，士兵能够根据将领的指令，习得"离合聚散之法，坐作进退之令"，即进行列队、进攻、后退等基本动作后，就能排列为基本的阵形，然而这只是第一步，要想克敌制胜，还需要掌握军阵的制胜诀窍——变阵。

明代何良臣所作《阵纪》，对阵的变化有一段描述："其用变取胜，各有神异，在学者变通之耳。能将握步根本，练之精，出之熟，变之神，自可驱步卒横行而无敌也。故善作阵者，无一定之形，必以地之广狭险易，即据方圆曲直锐而因之，可也，又从敌之众寡强弱治乱而因之，可也。"从中可以看出变阵的两大因素：地形和敌情。

兵家一直非常重视地形。《孙子兵法》对于地形的重要性多有论述，如《地形篇》中的"夫地形者，兵之助也，料敌制胜，计险阨远近，上将之道也。知此而用战者，必胜，不知此而用战者，必败。""知彼知己，胜乃不殆，知天知地，胜乃可全。"《九地篇》中的"用兵之法，有散地，有轻地，有争地，有交地，有衢地，有重地，有圮地，有围地，有死地。""是故散地则无战，轻地则无止，争地则无攻，交地则无绝，衢地则合交，重地则掠，圮地则行，围地则谋，死地则战。""是故散地，吾将一其志；轻地，吾将使之属；争地，吾将趋其后；交地，吾将谨其守；衢地，吾将固其结；重地，吾将继其食；圮地，吾将进其涂；围地，吾将塞其阙；死地，吾将示之以不活。"

《孙子兵法》对于地形的论述，一是强调了地形的重要性，"知己知彼，百战不殆"是至理名言，"知天知地，胜乃可全"同样是制胜法宝。而在《九地篇》中，则将战地情况分为9种：散地，可以理解为主场，在己方势力范围内；轻地，指的是略微进入敌境之地；争地，则指的是占之就可以取得先机的地形，如战场的制高点，峡谷的出入口，就是争地；交地，指的是敌我双方皆可来往的地形；衢地，是指与敌我之外势力接壤之地，得之就可以联结诸侯，取得支援；重地，相对于轻地，是指深入敌境之地；这6种地形，实际是从战略层面论述的，最后3种地形则是从战术层面论述的：圮地，是指山林、险阻、沼泽等道路难行的地区；围地，入口狭隘，道路迂远，敌军能以少胜多的地区；死地，是指不战则死的凶险地形。如韩信背水一战时，退无可退，不奋战则死的形势，韩信利用这种地形激发汉军斗志，就能置之死地而后生。这9种地形有些是战略层面，有的则是战术层面，有的则兼而有之。善于用兵的将领能够根据地形布置不同的阵形。例如戚继光的"鸳鸯阵"，在东南沿海应战倭寇时，阵形配备的是狼筅、长枪、盾牌和短刀，而在北方应战游牧民族时，阵形配备是则是鸟铳、镋钯、长枪、盾牌，这都是根据地形做出的改变。

　　能够根据地形部署不同的阵法，是优秀将领的必备技能，但是阵形的变化并不只是根据地形的变化而已，更重要的是要思虑缜密，巧妙安排兵力，从而应对各种情况。即使是最基本的方阵，也具备诸多变化。

　　明代兵书《武编》曾云："方阵者，变阵之始终也。"方阵是古代兵阵中最基本的阵形，乍看之下，方阵是最简单的阵形之一，只需要纵横排列整齐就可以，实际上方阵因为整齐划一，也是最容易变化的。方阵可以分为阵表和阵里两部分，阵表多为弓弩部队，压住阵脚的同时也能最先接敌，发挥射击兵器的优势，阵里多为骑兵等机动部队，可以根据战况出奇制胜，这实际上就是将正阵与奇阵合二为一。我们还是以"四门斗底阵"为例，来看看方阵是如何变化的。

　　"四门斗底阵"，传说为唐代名将李靖所作。自宋代以来，这一阵法就屡屡见于兵书之中，在《水浒传》《封神演义》等小说中也是常客。

据明代《武备志》分析，李靖的"四门斗底阵"应是来源于隋文帝杨坚时期的行营之法。隋炀帝大业年间隋军征辽时，每军一万两千人，以百人为队，骑兵四十队，步兵八十队，行营之时，一军分为四团，分别从军营的东南西北四门出发，四团出

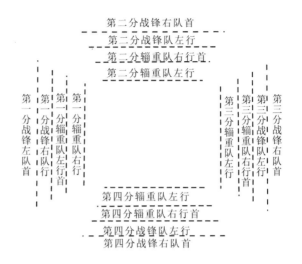

明代《续武经总要》复原的宋代"四门斗底阵"

营门后，分为两列，各自护卫辎重而行。李靖沿袭了这种方法。在北宋，"四门斗底阵"为北宋军中大阵的形制之一。其变化之处则在于通过四门的开闭，使用骑兵。宋代"四门斗底阵"的阵表是拒马、盾牌手、标枪手与刀枪手，之后是弓弩手，这是为了抵御游牧民族的骑兵。居中的则是骑兵，临战之时，阵表开启四门，骑兵可以视情况出击。"四门斗底阵"的变化并不复杂，关键在于能在正确的时机使用兵种。而太平天国的"螃蟹阵"，则是完美演绎了因敌而变的变阵思想。

螃蟹阵，是清军为太平军的阵形所命的名，而记载这一阵法的书籍，则名为《贼情汇纂》，从书名中也不难想象，清军不会给太平军的阵法想出什么好名字。一如冷战时期，北约给自己的战斗机取名为"佩刀""鬼怪""鹰""隼"，而给苏联战机的代号则是"柴捆""农夫""鱼窝"。我们现在也只能根据清军的命名方式来介绍它了。由此可见取名的重要性，自己不命名的话，只能让敌人来命名了，历史上游牧民族来去如风，骠勇善战，但是流传下来的阵法却寥寥无几，也是因为阵法的记录和命名更多是由农耕文明记载的关系。不过"螃蟹阵"虽然名字不好听，变化却委实多端。

"螃蟹阵"最基本的形式为三队平列,临战时,清军分为几队,"螃蟹阵"就变为几队,其有两队、四队、五队、偏左、偏右、大螃蟹包小螃蟹6种变化,既有简单的应对之法,也有诱敌包抄之法,战法丰富,让清军印象深刻。

而除了战时的变阵外,历代在进行阅兵时,也热衷以变阵的形式展现军队的风采。最常见的就是方、圆、曲、直、锐五阵相互变化。如《武经总要》中记载的"五阵之法":

> 五阵之法,一鼓举黑旗,则为曲阵;二鼓举朱旗,则为锐阵;三鼓举青旗,则为直阵;四鼓举白旗,则为方阵;五鼓举黄旗,则为圆阵。阵之疏密,卒一人,居地广纵各二步,十人为一列,一队凡十列,广纵各二十步,阵间容阵,队间容队,曲间容曲,前御其前,后御其后,左防其左,右防其右,行必鱼贯,立必雁行,长以参短,短以参长,回军转阵,以后为前,以前为后,进无奔逸,退无伏走,五阵乃理。

除了战时阵形的变化,军队在下营、行军、作战时进行的变化,也属于变阵的范围之类。

所谓阵营,阵与营是一体的,军队休息时居住在营地之内,出营后呈行军队形,军队的下营、出营、行军、布阵,实际上是作战系统的不同步骤而已,在整个过程中,军队都是按照队列来行进的。

电视剧中军营,外围是木制的塔楼、拒马、围墙,内部则是错落分布的营帐,总体而言,这种表现是正确的,只是古代的营垒要比电视剧中复杂得多。首先,下营之地,要让心腹之人和向导前去仔细勘察,定下营地的选址之后,让军队分别立定,然后才开拔移营。在大军到达营地之前,还要再派侦察骑兵持五色令旗前行侦查,令旗代表不同的境地,遇到情况即举令旗为号。如果途中有河流湖泊深山老林,则还要派遣精锐骁骑搜索行军路途所经数里范围内情况,并且登高望远,派精兵

中国古兵阵

在险要之地防御，之后再令辎重与老弱年少之兵在步兵之后行动，谨防敌军的袭击。行军要以队列行进，"险地狭径，亦以部曲鳞次，或须环回旋转，以后为前，以左为右，行则鱼贯，立则雁行，到前止处，游骑精锐，四向散列而立，各依本方下营"。下营之后，就要划定营地范围，防止士兵胡乱行走，"一人一步，随师多少，咸表十二辰，竖六旟，长二丈八尺，审子午卯酉地，勿令邪僻，以朱雀旟竖午地，白兽旟竖酉地，玄武旟竖子地，青龙旟竖卯地，招摇旟竖中央，其樵采牧饮不得出表外"。下营行军的措施，可谓"一如临阵法"。在这一过程中，军队的形态也要经过几次变动。以李靖的"六花阵"为例，在下营时，中军大帐位居中央，周边部署六军，行军时则鱼贯而行，也就是列成纵队行进，到达战场后再根据形势布阵。而北宋的中军大阵也有"四门斗底阵"（方阵）和"常山蛇阵"（长阵）两种形态，应是行军与临敌阵形的切换。

　　变化多端的特性，让军阵有了应对多种情况的能力，那么，如何才能让士兵顺利变阵呢？

（二）

旌旗锣鼓，任君驱驰

——战阵中的指挥系统

1. 旌旗招展，锣鼓齐鸣

——军阵的通讯系统

军阵变化多端，能将军队的威力充分发挥，但是，要让新征入伍的士兵能够排列成军阵，并进行阵形的变换，并不是一件易事。要想实现这一点，就要让士兵能够根据将领的命令进行动作。在现代军队中，指挥官可以通过网络、电话向士兵下达指令，但是在古代，命令则是通过旌旗与金鼓，即视觉信息和听觉信息的传达来进行。在影视作品中，军阵之中，有为数众多的旌旗，以及军鼓、号角等乐器。这些，不是影视作品的杜撰，而是真实存在于古代战争中，只不过，古代战争中的旌旗金鼓，远比影视作品中的要复杂。

将旌旗和金鼓用作军队的指挥可谓历史悠久，甲骨文中就有"鼓"字和"旗"字，在成语中，有"旗鼓相当""偃旗息鼓"原意为双方军队实力不相上下和秘密

营帐中树立的各色旗帜

行军，可见旗鼓在古代军队中的普遍应用。在殷墟之中，就出土了商代的铜鼓和木鼓遗存，鼓声雄壮，用于进军时以壮声威。金，则指的是铙、钲等金属制成的打击乐器，金的声音尖锐，在军中被用来传递停军的信息，故有成语"鸣金收兵"。除了铙和钲，在唐宋以后，锣也成为了"金"的一种。除了金鼓，战阵中常见的乐器还有号角。号角一般用动物的角制成，如牛角，也有用竹木等材质仿造动物角制作的。号角吹奏起来，声音高亢，声闻数里，古人多用号角来发出警报，也可通过不同的角声来发出不同的指令，用以指挥军队。

　　早期的旗帜则并不一定是用布匹制作的，而是使用茅草、兽尾等物品。成语"名列前茅"的"前茅"指的就是楚国前锋军队的旗帜。出处是《左传·宣公十二年》："前茅虑无，中权，后劲。"春秋时期，晋楚争霸，楚国进攻郑国，郑国向晋国求援，在晋国援兵还未到达时，楚军已经征服郑国，并准备撤兵回师。晋军统帅荀林父召开军事会议，大将士会认为楚军"前茅虑无，中权，后劲"。也就是前锋戒备森严，中军领导力强，后军实力充足，不应该盲目进攻。荀林父认同了士会的意见，但是其副将先縠不以为然，擅自带领兵马追击楚军，结果被击败。这里，前茅代表的是前军，因为楚军就是以茅为旗。除了茅草，古人也将兽尾绑在长杆上，作为旗帜，其效果，

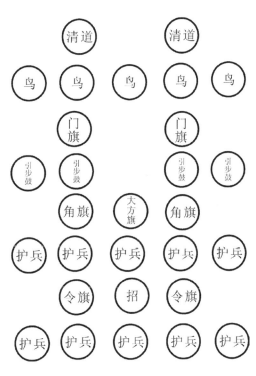

明代《武备志》中"大将出军清道图"
（局部）的旗鼓配置

25

可以参考今天旅行团领队手中挂着饰品的长杆。旌旗金鼓，共同构成了古代军队的指挥系统，以北齐的"讲武演阵"为例，"将帅先教士目，使习见旌旗指麾之踪，发起之意，旗卧则跪；次教士耳，使习听金鼓动止之节，声鼓则进，鸣金则止"。

先秦的军事家已经非常重视旗鼓的作用，《孙子兵法》："言不相闻，故为之金鼓；视不相见，故为之旌旗；夫金鼓旌旗者，所以一人之耳目也。"孙武认为，在军队之中，相互之间难以被听见，难以被看见，因此要用旌旗金鼓作为指挥信号来统一军队的行动。与孙武齐名的吴起在《吴子》中则记载了旗鼓的用法："教战之令，短者持矛戟，长者持弓弩，强者持旌旗，勇者持金鼓，弱者给厮养，智者为谋主，乡里相比，什伍相保，一鼓整兵，二鼓习陈，三鼓趋食，四鼓严辨，五鼓就行，闻鼓声合然后举旗。""武侯曰：车坚马良，将勇兵强，卒遇敌人，乱而失行，则如之何？起对曰：凡战之瀼，昼以旌旗幡麾为节，夜以金鼓笳笛为节，麾左而左，麾右而右，鼓之则进，金之则止，一吹而行，再吹而聚，不从令者诛。三军服威，士卒用命，则战无强敌，攻无坚陈矣。"从中可以得出的信息有二：

首先，旗鼓要由军队中的勇士来掌握。这是为何呢？在近现代的战争中，负责通信的士兵，最重要的是懂得技术，因为运行设备需要技术，而在古代，掌握旗鼓的士兵，首先要能使用旗鼓，而这确实是只有勇者才能实现的，因为古代的旗鼓，尤其是旗，并非是轻巧的。在《水浒传》中，"险道神"郁保四身高一丈，腰阔数围，当道一站，万夫莫开。而在梁山军中，他的职责并不是领兵作战，而是在中军守护"替天行道"杏黄旗。在古代，象征全军的大旗被称为"大纛""牙旗""帅旗"，是主帅乃至全军的象征。全军都能望见的这面大旗，其高度、重量自然不会低，只有强壮的士兵才能把握住它。同时，因为大旗是军队的标识，大旗在哪里，就代表主帅在哪里，大旗不倒，就意味着主帅仍然在，相反，如果旗倒了，就代表主帅阵亡或者全军崩溃，故有"斩将夺旗"一词。在信息并不通畅的古代战场上，士兵只能通过大旗是否树立来判断战场的情况，因此，执掌大旗的将士必须具备勇气，能够在战事不利时坚守大旗。再来看鼓。根据《周礼》的记载，在周代，就已经有专门负责击鼓的"鼓人"，而军队用的鼓，被称为"鼖鼓"，根据《说文》的记载，这种鼓长8尺，鼓面直径达4尺，体积同样很大，需要壮士才能捶击。军鼓的声响，震动天地，在《六韬》中，有这样一段文字："凡用兵之大数，将甲士万人，法用武卫大扶胥三十六乘，材士强弩矛戟为翼，一车二十四人推之，以八尺车轮，车上立旗鼓，兵法谓之震骇，陷坚陈，败强敌。"由此可见战鼓的声威。从先秦到晚清，壮勇者执掌旗鼓的状况并未改变。

其次，军队通过不同的旗帜金鼓来进行不同的战术动作。如《吴子》中所说，"一鼓整兵，二鼓习陈，三鼓趋食，四鼓严辨，五鼓就行"，五通鼓分别代表了整兵、习阵、趋事、严辨、就行5个动作。"麾左而左，麾右而右，鼓之则进，金之则止。"旗帜向左，军队就要向左运动；旗帜向右，军队就要向右运动。听到鼓声就要行进，听到鸣金就要停止。这可以说是用击鼓旗帜指挥军队的最基础形式。在先秦时期，军阵主要是由车兵和步兵组成，对阵的方式也非常简单，两军摆好阵势后，冲锋，战斗，形式非常单一。因此"麾左而左，麾右而右，鼓之则进，金之则止"16个字就可以指挥一场基本的战斗，但是随着时间的流逝，战争的形式早已发生改变，战场的形势更为复杂，指挥要下达的将令也更为繁复。

为了应对复杂的战场形势，及时下达命令，军营之中就产生了相应的旗法、鼓法。例如唐代《通典》中的《下营斥候并防捍及分布阵附》就记载了唐代军阵中的各种旌旗金鼓所对应的情况。首先来看旗帜方面：

（1）每队（唐代50人为一队）都配有一面旗帜，军队行动时，将军旗用于引队，军队休息时将军旗立于队前。军营中的大总管和副总管则立有10面以上的军旗，子总管则有旗4面以上，这些旗同样用于引军和立于帐侧作为指引，将领还另配有异色彩旗。在临阵之时，将士要能够辨别这些旗帜。

（2）唐代军队中仍然保留了五方旗，也就是以5种颜色来指代东南西北中五方的彩旗。士兵根据中军大将所立的五方旗来了解敌军来袭的方向。之所以用这种方式来传达，是因为在诸军相距甚远的情况下，无法靠声音传达命令，而依靠骑兵逐营传达命令又过于繁琐，依靠五方旗，则能迅速传达信息。以东方有敌来袭为例，大将在营帐举起象征东方的青色旗，位处东面的士兵立刻整装待发，旗帜向前挥舞，则军队迅速进攻；旗帜正立，则军队止步；旗帜放倒，则军队回撤。

明代《倭寇图卷》中城墙上树立的五色旗

旗帜虽然鲜明，但是在夜间却难以辨识，而且如果地形复杂，旗令也难以迅速传达，因此军中还要多置金鼓，唐军中金鼓号角的用法如下：

（1）唐代大将要置鼓40面，子总管置鼓10面，营给鼓1面，军鼓都要随军行动，军队下营时军鼓与军旗处于一处，当有敌军来袭时，即擂鼓报警，让诸军严加戒备。而在行军时，如果前军遭到敌军的袭击，要立刻击鼓，中军与后军听到鼓声之后要立刻前往救援；如果中军遭到敌军袭击，则立刻击鼓，前军听到鼓声后，立刻停止行进，后军则立刻前往救援；如果后军遭到袭击，同样要立刻击鼓，前军、中军立刻停止行进并抽调兵力救援。在前后中三军之中，中军的军鼓是最重要的，因为前后军相隔较远，鼓声难以传递，所以前后二军击鼓后，中军还要击鼓传响，使得鼓声能够传达全军。

（2）下营时诸军营都要备鼓1面，如果有敌军趁夜来袭，就击鼓报警。无论是白天还是夜晚，一旦有敌军袭营，被袭击的军营要立刻击鼓，其余军营也要击鼓回应，回应之后，没有被袭击的军营要立刻停止鼓声，而被袭击的军营要直到敌军被击退鼓声才能停止。如果是敌军夜袭，被袭击的军营在击鼓后要用尽办法抵御敌军，而其余诸营则不得擅动，只能各自防备，如果被袭击的军营抵御不住，要迅速报告中军，中军大总管再令中军兵力救援，其余诸军在军营前后布阵等待命令。可见，击鼓乃是唐军被袭营时的正确操作，那么除了击鼓外，影视作品中常出现的军士大声呼号"敌军来袭啦"的场景是否也会出现呢？在制度上，这是不被允许的。在夜晚，军营之中即使是巡夜之人也不得高声呼号，"人不得高声唱号，行者敲弓一下，坐者扣矟三下，方掷军号以相应。"而当敌军来犯时，被袭之营只能击鼓迎敌，不得叫唤。除了军鼓，在应对夜袭时，还要准备铎和胡桃铃。在战争史上，不乏敌军假冒友军骗开城门（营门）的情况，为了防止出现这种情况，唐代军营，诸将要在早晨讨论当天的事宜，在黄昏商定当夜的事宜，尤其是军事暗号，之所以如此是为了防止暗号外泄，被敌军利用，所以当夜的援军信号，是胡桃铃还是铎，声法如何，只有友军才知道。唐军大总管在率军救援时，与诸将士兵带上当夜约定的乐器，被犯之营听到声音，就知道援兵已至。

（3）除了金鼓，号角也作为信号的补充。如果军营数量众多，若是处在泥泞之地或是被山河阻隔，这时路狭难进，不出营会消耗军马等牲畜的体力，这就需要号角作为信号来引导军队出营。具体的办法是：吹角第一声，右虞候军（唐代"六花阵"分为中军、左军右军各有两军，也可分为左右前后四军，外加左右虞候军，共为七军）聚拢马匹；吹角第二声，给马匹安放驾具，右一军聚拢马匹；吹角第三声，右虞候军出发，右一军给马匹安放驾具，右二军聚拢马匹；吹角第四声，右一军出发，右二军给马匹安放驾具；以此类推，之后诸军听到角声后，依次聚拢马匹，安装驾具，出营行军。依照这一号角之法，七军就能有条不紊依次出营。

除了上述两点指挥作用外，旌旗军鼓还有两项功能。

第一是作为疑兵。正如上文所言，军旗是军队的象征，帅旗就是大将的象征，那么如果大将想要金蝉脱壳、分身行动呢？在《三国演义》中，张飞与张郃对阵于宕渠，张飞假意终日饮酒，且令军士大开旗鼓而饮，引得张郃前来袭营，张郃观看到"张飞"仍在帐中饮酒，便直杀入中军，却没想到是个假人，而张飞则与魏延、雷铜趁机夺取了张郃的军寨。在演义中，张飞用的是假人，但是在历史中，要执行类似的计策，更多的是使用旌旗。根据《左传·襄公十八年》记载，晋军伐齐，齐灵公登上巫山观察晋军，晋军派司马探查克服山林河泽的险阻，即使是军队未达到的地方，也要树立旗帜并且稀疏地布置军阵，让战车左边坐上真人而右边放上假人，以大旗为前导，而在战车后面拖上木柴跟随，以此虚张声势，齐灵公看到后，害怕晋军人多，就赶紧逃离了。历代都有将领善于使用此法作为疑兵之计。同理，军鼓也是军队的象征，不过用军鼓作为疑兵比用军旗难度更高，毕竟旌旗可以虚设，军鼓是必须要"人"来击锤的。当然，这也难不倒机智的将领，南宋名将毕再遇就有"悬羊击鼓"的妙计。开禧二年（1206 年），宋军与金军交战，战事逐渐不利，宋军寡不敌众，毕再遇审时度势，决定撤退，但是在两军对垒的情况下安全撤退并不是易事，毕再遇于是在军营中树立旗帜，同时寻来很多羊，将羊半吊在空中，其下放置战鼓，让羊的前蹄正好在鼓面之上。羊被吊着，自然难受，拼命挥舞前蹄，正好击打在鼓面之上，形成众军擂鼓的假象，宋军则悄悄撤退。金军不知晓其中的奥秘，以为宋军仍在营中。等到悬羊力气用尽，鼓声渐弱，金军才进攻宋军营帐，却发现宋军早已撤走，只有群羊被吊在鼓上。

第二是助威。旌旗，除了在军队中作为指挥之用，也是仪仗和祭祀的重要组成部分，无论是帝王出行还是检阅军队，都要配备大量的旗帜作为仪仗，以展示天子的声威。同时古人注重祭祀的仪式，旌旗在祭祀礼仪中扮演着重要的角色。而助威更是金鼓这类乐器的本职了，尤其是在举行庆典之时。宋代《虎钤经》记载："夫军中作乐，所以激扬壮气，和其心，恼其忧而已。故其乐，但清厉峭拔，雄壮之音，至于弹弦鼓簧，柔靡之音，使人悲感怨怼者，皆不可取焉。"

总而言之，正是因为有了旌旗军鼓，古代将领才能将军令传达至士兵中，才能有效指挥军阵根据不同的命令采取行动。

2.这不是十二生肖
——军旗一览

旌旗的材质逐渐由兽尾、茅草变成了布帛，简化的是材质，但复杂的是旗中的图案与旗帜的形制。例如，旄，指的是竿头上饰有牦牛尾的旗帜；旌，指的是用羽毛装饰的旗子……在汉代《释名》中，出现了对于各种旗帜所代表的含义的解释：

> 九旗之名，日月为常，画日月于其端，天子所建，言常明也；交龙为旂，旂，倚也，画作两龙相依，倚诸侯所建也；通帛为旃，旃，战也，战战恭已而已通，以赤色为之，所建象无事也；熊虎为旗，旗，期也，言与众期，军将所建，象其猛如熊虎也；鸟隼为旟，旟，誉也，军吏所建，急疾趋事则有称誉也；杂帛为旐，以杂色缀其边为燕尾，将帅所建；龟蛇为旐，旐，兆也，龟知气兆之吉凶，建之于后，察度事宜之形兆也；全羽为旞，旞，犹滑也，顺滑之貌也；析羽为旌，旌，精也，有精光也。

《释名》中列出了9种旗帜，分别是绘有日月的天子常旗；绘有双龙相交的诸侯之旗，也就是旗；赤色曲柄，象征战旗的旆；绘有熊虎，军将所用的军旗；绘有鸟隼，军吏所用的旟；装饰有杂帛，将帅所用的旃；绘有龟蛇，用于占卜的旐；全用羽毛的被称为旞，用羽毛作为装饰的则是旌。可见，在汉代，就已经有了用不同的图案、材质来代表不同意义的旗帜，其中与军事相关的有天子之旗、诸侯之旗、将帅之旗、军将之旗、军吏之旗和占卜之旗。所以，可以想见，古代军队出征旌旗招展的场面，绝不是几个标有主帅姓氏的旗帜加上几面杂色旗就能展现的。而在旗帜上绘制图案，并不是汉代才出现的，可以追溯到先秦时期。

在《周礼》等文献中就已经出现了《释名》中的旗、旆、旟、旃、旐、旞、旌，不过先秦时期的旆、旟、旃、旐等旗帜，与汉代的象征还是有所不同的，旆在先秦时期象征孤卿、旟在先秦时期象征百官、旃在先秦时期象征大夫、旐在先秦时期象征郊野官员。而在先秦时期，常、旗、旟、旗、旐就已经具备了后世常用的五行五色旗帜的特点：天子常旗，象征中央黄旗；旗绘有龙，象征东方青龙；旟绘有鸟隼，象征南方朱雀；旗绘有熊虎，象征西方白虎；旐绘有龟蛇，象征北方玄武。而在《吴子》之中，就直接记录了"必左青龙，右白虎，前朱雀，后玄武，招摇在上，从事于下"的内容，描写的就是用五方旗中的东（青）南（红）西（白）北（黑）来指挥战事的内容。而随着文献记录的不断丰富，年代越是靠近当代，遗存的文献也就越多，留下的关于旌旗形制的内容也逐渐丰富，尤其是从唐代以来的兵书中留存了大量的军旗内容，为我们了解古代军旗的形制留下了宝贵的资料。

首先来看唐代《通典》中对于军阵中军旗的记载。唐代一军之中，军旗和鼓角，均是有专人负责：除了大将1人，副将2人，判官2人，典军4人，总管4人外，还有子将8人，这子将8人是专门负责安排行军布阵，同时也要管理军阵中的旌旗金鼓之法。此外还专有执鼓12人，吹角12人。而这些将佐负责的旗鼓是怎么样的呢？首先来看旗，《通典》中唐军军营中的旗帜有"纛""军门旗""五方旗""队旗""认旗""阵将门旗"六种。"纛"，也就是帅旗，大将有纛六面，放置在中营之中，行军时作为军队的引导。"军门旗"，有两面，红色，长达 8 幅（2 尺 2 寸为 1 幅），行军时位于军队的前列。"五方旗"，也就是东南西北中五方旗帜，为青红皂白黄 5 色，五方旗与纛一样，位居中营，行军时位于帅旗之后，下营时也安置在帅旗之后，根据五方安置，也就是东方青旗放在东面，以此类推。"队旗"250 面，是各军战队之旗，色彩以及禽兽图案与其本阵相同，此外，还有认旗 250 面，"认旗"军中作为标志、信号的旗帜，旗上有不同的标记，以便士兵辨认。唐军的认旗长度为"五幅"，因此又被称为"五幅认旗"，认旗与队旗不同，其色彩及禽兽图案也与本阵不同，让军中各队各自认识，行军时居于队后，以免各队士卒错乱。而最后一种"阵将门旗"，颜色可以是红色之外的颜色，否则会与红色的军门旗相混。除了 6 种旗帜外，还有门枪两根，以豹尾为刃套，军队出行时，跟随在军门旗之后，下营时放置在帐门前左右。

再来看鼓，军中有严警鼓 12 面，放置在营前，呈左右行队列，各 6 面，在 6 面帅旗之后，还有将鼓 125 面，作为疑兵之用。除了鼓，还有角 12 具，放置在鼓左右，各列 6 具，用来代替金。

《通典》中还保留了隋代大业七年（611 年）隋炀帝征高句丽时军阵的军旗。根据《通典》的记载，隋军每军有骑兵共 40 队，百人为 1

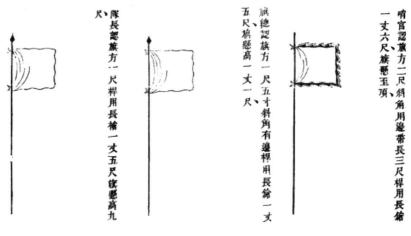

明代《武备志》中的队长认旗　明代《武备志》中的旗总认旗　明代《武备志》中的哨官认旗

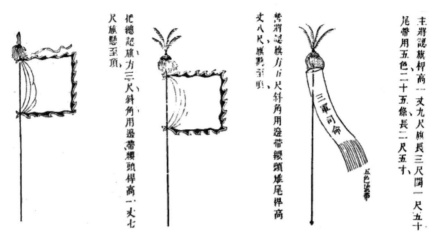

把總認旗方三尺斜角用盤帶纓頭桿高一丈七尺旗懸至頂

營將認旗方四尺斜角用盤帶纓頭雉尾桿高一丈八尺旗懸至頂

主將認旗桿高一丈九尺旗長三尺闊一尺五寸尾帶用五色二十五條長二尺五寸

明代《武备志》中的把总认旗　明代《武备志》中的营将认旗　明代《武备志》中的主将认旗

队，有纛，10 队为 1 团，共有 4 团。第一团为狻猊旗，第二团为貔貅旗，第三团为辟邪旗，第四团为六駮旗。狻猊，传说中"龙生九子"之一，形如狮子；貔貅，也是神兽的一种，象征吉祥，也是军队的象征；辟邪，常常与貔貅混为一谈，不过二者的角数有所分别；六駮，也是神兽的一种，据《尔雅》记载其"如马，倨牙，食虎豹"。骑兵用的是神兽，步兵则用的是猛禽。步兵共有 80 队，同样分为 4 团，旗帜用的是荡幡，即布幅下垂的军旗。第一团每队以青隼荡幡为队旗，第二团每队以黄隼荡幡为队旗，第三团每队以苍隼荡幡为队旗，第四团每队以乌隼荡幡为队旗。这 4 种神兽团旗和四种猛禽荡幡，按照功能看，应该属于"队旗"，而除了这神兽团旗和猛禽荡幡外，军中还有蹲兽旗、腾豹旗，立起它们代表完成了相应的动作，这 2 面旗属于"认旗"。军中还有一种白兽幡，专门给受降使者用。除了军旗，隋军的金鼓种类也很丰富，有包括前部的大鼓、小鼓、鼙鼓、长鸣角、中鸣角、棡鼓、金钲，后部的铙吹、铙、歌箫、笳、节鼓、竽篥、横笛和大角。隋军的旌旗金鼓不可谓不丰富，只是可惜，隋军的征高句丽反而为隋炀帝的灭亡埋下了伏笔。

到了宋代，留下来的文献更为丰富，《武经总要》中有丰富的旗法

中国古兵阵

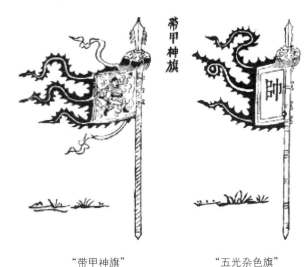

内容，但是介绍的旗帜却很少，只有纛"旗之色本名号，无常，随宜呼之，竿首施铁世谓耀笔，下注旄谓之纛，旗头旗脚或三或二。"并给出了"带甲神旗"与"五光杂色旗"两种样式。

"带甲神旗"　　　　　"五光杂色旗"

《武经总要》两面帅旗的图片，可以说是对《释名》中"杂帛为旌，以杂色缀其边为燕尾，将帅所建"的生动解释，两面旗帜都缀有不同旗帜颜色的装饰物。不过可惜的是，《武经总要》侧重的是旗法教令，记载的旌旗图片并不多，对于旗帜种类的描述也不如《通典》丰富。但在南宋的《玉海》中，旌旗的种类就更加丰富了。《玉海》是南宋王应麟所编撰的类书，其中也包含了丰富的军事知识，尤其是宋代的兵阵种类非常丰富，其中就有军阵中的旌旗形制。

先来看看北宋时期的"元丰飞虎立成阵图"。这一阵法是宋神宗元丰三年（1080 年），大臣赵卨向神宗建言的阅兵军阵。赵卨是具有一定军事经验的文臣，其在经营西北期间，曾遣将击败西夏军队。赵卨建言的这个"飞虎立成阵"，是以 12500 人为阵，阵中的帅旗不是"带甲神旗"和"五光杂色旗"，而是"龟旗"。为什么要以龟为大将旗帜的图案呢？因为龟乃是"龙凤龟麟"四灵之一，古人以龟甲作为占卜的器具，龟有"先知之能"，赵卨正是因为这个原因以龟作为大将的旗帜。除了大将旗，阵中还沿袭八阵法的旗号来分配八队旗，分别是"天、地、风、云、龙、虎、鸟、蛇"，其中"龙、虎、鸟、蛇"实际就是五方之中象征东西南北的"青龙""白虎""朱雀""玄武"，不过在这一阵形中，倒不是根据四方排列，而是"天地则状其方圆，风云则状其飞扬，龙虎则状其猛厉，鸟蛇则状其翔盘之势"，选取的是图形的特性，算是一种美愿。

南宋初年的"建炎五车队"，则是为了实战而排练的，与"元丰飞虎立成阵图"模仿"八阵法"不同，这一阵法是按照五方操练的。建炎元年（1127 年），南宋枢密院颁发了这一阵法。具体的阵法是以 50 人为 1 队，并将所有士兵分属 5 军，假设军中有 5000 人，那就分为 100 队，5 军，每军 20 队。这五队根据方位，分为前后左右中 5 军，前军用红旗，以飞鸟（朱雀）为号；后军用黑旗，以龟（玄武）为号；左军用青旗，以蛟龙（青龙）为号；右军用白旗，以虎（白虎）为号；中军树立黄旗，以神人为号。中军旗帜，应该就是与"带甲神旗"类似的帅旗。此外，还要制作招旗和分旗。训练时，举招旗，5 军都要以旗相应，合成一阵；举分旗，5 军同样以旗相应，分而成队，左右前后之军，有的变为伏兵，有的化为奇兵。各队都要举旗为号，为了应对因地形、天气等因素造成无法看见旗号的情况，除了旗帜外，各队还要携带"小金"和"应鼓"作为信号。例如到了埋伏之处，慢打小金，各队就会停止行军，进行掩藏；急打小金，伏兵立刻出击；急打应鼓，奇兵立刻出阵，前去战斗。

到了明代，关于旗鼓的信息就更为丰富了。首先来看看戚继光所著《纪效新书》中的旗帜。《纪效新书》是戚继光在东南沿海平倭期间治军经验的总结，众所周知，戚继光因不满东南卫所士兵的素质，而在义乌招募了 3 千矿工，从头训练，也就是戚家军。不同于诸葛亮、李靖的兵法多有遗失，戚继光操练阵形的方法，被完整地保留在《纪效新书》中，而且《纪效新书》行文非常朴实，如果说白居易的诗歌是"老妪能解"，那戚继光的兵书则是没文化的大头兵也能理解。

卷二《紧要操敌号令简明条款》是训练语录，几乎全为白话，戚继光在新兵学会束伍法之后，就要将这些内容单独成卷，发给士兵诵读，士兵只有熟知这些号令才能进行下一步的操练，先来看看戚继光是如何强调旗鼓的重要性的：

> 你们的耳，只听金鼓；眼，只看旗帜，夜看高招双灯。如某色旗竖起、点动，便是某营兵收拾，听候号头，行营出战。不许听人口说的言语，擅起擅动，若旗帜、金鼓不动，就是主将口说要如何，也不许依从；就是天神来口说要如何，也不许依从，只是一味看旗鼓号令。兵看各营把总的，把总看中军的，如擂鼓该进，就是前面有水、有火，若擂鼓不住，便往水里火里也要前去。如鸣金，该退，就是前面有金山、银山，若金鸣不止，也要依令退回。肯是这等，大家共作一个眼，共作一个耳，共作一个心，有何贼不可杀？何功不可立？

戚继光用大白话而不是文绉绉地告诉士兵，一定要听旗鼓号令，这比一些佶屈聱牙、故弄玄虚的兵书不知道要高到哪里去了。《纪效新书》中旗帜的内容，率先介绍了旗帜的作用：

> 凡旗帜，各兵认定各总哨颜色，但本总旗立起，即便收拾听令。若旗左点，则即左行；右点，即右行；前点，即前行；后点，即后行。随旗所指而往，本总旗收卷在地，即各听令立定，如旗不起，脚下即是信地。虽天神来叫移动，也不许依从擅动。夜看高招火鼓，与昼一般。
>
> ……
>
> 凡旗帜制八方，则色杂而众目难辨；如以东南西北为名，则愚民一时迷失方向，即难认，惟左右前后属人之一身。但一人皆有左右前后，庶为易晓？而在读书有位者，自知即五方五行之制也，然不可以之责行伍之人。凡面所向谓之前，则用红旗，即方为南，行为火，火之色属红，神为朱雀，卦为离。凡面所背谓之后，则用黑旗，即方为北，行为水，水之色属黑，神为玄武，卦为坎。凡左手

所指谓之左，则用青旗，即方为东，行为木，木之色属青，神为青龙，卦为震。凡右手所指谓之右，则用白旗，即方为西，行为金，金之色属白，神为白虎，卦为兑。凡脚下所立谓之中央，则用黄旗，即行为土，土之色属黄，方为中，神为勾陈，卦为太极。凡人一身，皆有左手、右手、前面、背后、中央，此人人可晓。若举点黄旗，则是中军欲变动，听号令施行；若举红旗，则是前营兵欲变动，听号令施行；若举白旗，则是右营兵欲变动，听号令施行；若举青旗，则是左营兵欲变动，听号令施行；若举黑旗，则是后营兵欲变动，听号令施行。仍不必拘五营之次，但见举黑旗，俱要往后看；但见举红旗，俱要往前看；但见举青旗，俱要向左看；但见举白旗，俱要向右看；但见举黄旗，四面俱要向中看；若见五方五旗俱举点，各营四方各照本方向外执立，听号令施行。凡旗点向何方，随其所点向往，旗不定不止，旗不伏不坐。善哉！孙武子教宫嫔曰：汝知而左右手心背乎？呜呼！此教战之指南，此千载不传之秘文，此余独悟之妙也！

戚继光将五方五行简化为前后左右中，让士兵更容易理解，而且还吐露心声"此千载不传之秘文，此余独悟之妙也"，可以说是颇为得意

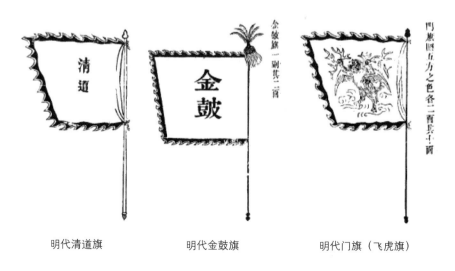

明代清道旗　　　　　明代金鼓旗　　　　　明代门旗（飞虎旗）

了。再来看看《纪效新书》以及《武备志》中的各类旗帜。

首先是清道旗。清道旗，顾名思义，就是用来清道开路的。军士持清道旗走在队伍的最前面，让无关人等退避，操演时则承担引领、送还官哨队的任务。如图表现的那样，清道旗上有"清道"2字，旗杆长8尺，上有木葫芦。木葫芦上也可以加装枪头，旗面可用4尺方的蓝布制成，

明代《入跸图》中的飞虎旗

边则用红色。除了清道旗，还有专门的金鼓旗，用来指引金鼓队。在辕门之外，则是两面飞虎旗。飞虎旗高1丈3尺，旗边为黄色，7尺见方。

象征大将的则是坐纛、三军司命旗与豹尾旗。坐纛上绘有八卦，不可用于行阵。三军司命旗，为主将号旗，当有5面，颜色不预设，防止信息泄露。豹尾旗所立之处，没有主将号令，是不能进入的，否则"不问官员大小人等，军法阻拿"，豹尾旗用坚木作为旗杆，长达9尺，旗头用利刃，旗面用绢制成，做成豹尾的形状，阔幅双折，长7尺。

五方旗，可谓是军旗界的明星了，而《纪效新书》和《武备志》则保留了明代五方旗的图案，如图所示。中央黄旗用的并不是神人，而是

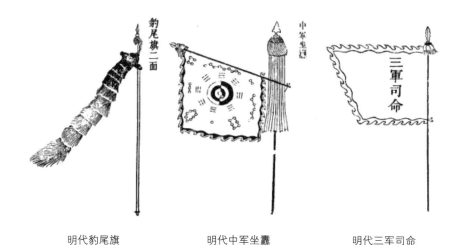

明代豹尾旗　　　　明代中军坐纛　　　　明代三军司命

明代《出警图》中的豹尾旗

腾蛇。腾蛇，是古代传说中会飞的蛇，在《荀子·劝学篇》有"腾蛇无足而飞"之语。除了神话传说，腾蛇亦是星象之一，有星22。在用于占卜的六壬术中，腾蛇是12天将之一。除了腾蛇，象征东、西、南、北的青龙、白虎、朱雀、玄武则是古老的四象。中国古代四象有两种含义，一个是《周易·系辞上》中的："《易》有太极，是生两仪。两仪生四象，四象生八卦。"这里的四象指的是春夏秋冬4个季节。另一个则是天文中的四象，早在春秋时代，人们就将天空中的星辰根据东南西北分成了4个区域，每个区域都设想为一种神兽，其中东方为青龙，西方为白虎，南方为朱雀，北方为玄武，《礼记》中记载："前朱雀而后玄武，左青龙而右白虎。"这4种神兽也是四方的代表，腾蛇加上四象，对应的是五行五方。在5面旗帜上，还有不少干支、五行信息。根据《武备志》的记载"大将之行，先以五色旗导引之"，而青旗象征甲乙日，红旗象征丙丁日，黄旗象征戊己日，白旗象征庚辛日，黑旗象征壬癸日。

明代中央黄旗　　　　　　　　　明代东方青旗

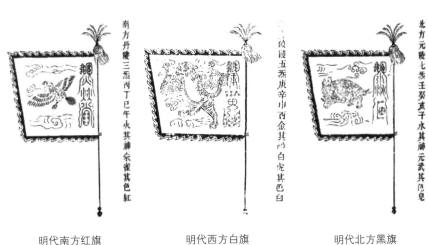

明代南方红旗　　　　明代西方白旗　　　　明代北方黑旗

五面旗帜的象征意义也比前代要丰富：青旗，代表前方"林薮险隘，下斧镢，斫伐开道"；红旗，代表"前有山峡、高峰、深谷，无避贼寇处，复风大相逼，即抽兵众，逐风烧草以避贼"；白旗，代表"前遇敌列阵，即排列辎重，引兵列阵，择高胜地守隘"；黑旗，代表"前值山川，地濡卑湿，溪涧不平"；黄旗，代表"前平原大泽，无他患害"。

除了五方旗外，还有功用相同的五方神旗。分别是中央王灵官、东方温元帅、南方关元帅、西方马元帅、北方赵元帅。那么，明代的五方神旗上为什么要绘上这五位神灵呢？首先来看位于中央的王灵官。

王灵官是何许人也？王灵官就是姓王的灵官，又叫灵官王元帅。在《西游记》中，齐天大圣孙悟空从八卦炉中脱出后，手执金箍棒，就向凌霄宝殿打去，在灵霄殿外遇上了执勤的王灵官，两人厮打在一起。可见，王灵官在明代已经非常普及了。那么王灵官到底是何方神圣呢？王灵官，是明代进入国家正祀系统的神灵。王灵官相传是宋徽宗时人，姓王名善，是蜀地道士萨守坚的徒弟。到了明代，王灵官成为道教的护法神，道观中将其神像塑在山门内，用以镇守宫观。当然了，王灵官如果只有一个镇守山门的"职务"，是难以位列中央黄旗的，王灵官在明代的道教体系中，被列为天庭 26 将之首，为玉枢火神。永乐年间，明成祖受道士影响，在紫禁城西就建造天将庙，其中就祭祀着王灵官，其地位之尊崇可见一斑。

除了王灵官外，东方温元帅、南方关元帅、西方马元帅和北方赵元帅，并称为道教"护法四元帅"。

东方温元帅，姓温名琼，温州人，传说中，是一位"投笔从戎"的神将。据说温琼的父亲温望是唐代人，曾经科举及第，只可惜年老无嗣，上天念其心诚，便让"天火之精"下凡投胎，成为其子温琼。温琼生性聪颖，经史子集、天文地理无所不通，但是屡试不中，在 26 岁那年愤而成神，成为东岳泰山神麾下的神兵元帅。《三教源流搜神大全》记载温琼被玉帝敕封为亢金大神、翊灵照武将军兵马都部署，是东岳泰山神麾下众神之宗、岳班之首，能够上达天庭、巡察五岳。宋代被封为

"翊灵昭武将军正佑侯""正福显应威烈忠靖王"。不知是不是因为其是温州人，又姓温，民间就把他作为"驱瘟大神"，除了作为东岳的"佑岳大神"，也司职驱除瘟疫。旧时温州习俗，如果发生瘟疫，要抬着温元帅的神像上街出巡，最后把神像放在纸船上，至江中焚烧，以此寓意瘟神疫鬼全被赶走。据说温琼化神以后，变得青面獠牙，或许其青面的特征，又或是无论其出身地温州还是工作地泰山都位于东方，明人将其绘在了东方青旗上。

温琼面青，主东方，那么南方自然是要让红脸的神将来负责了，而论起中国历史上谁是最有名的红脸，那必定是关羽了，不错，南方关元帅正是关羽，关云长。关羽的事迹无需多言，但是关羽在宋代之前只是一名猛将而已，到了宋代，才在宗教人士的运作下获得神号，先是在宋代被封为"显烈王""义勇武安王"，又在元代被加封为"显灵义勇武安英济王"，到了明代，或许是因为《三国演义》的广泛影响，加上其忠勇的特征符合明代朝廷的价值观，关羽继续被官方加封，明神宗曾经封关羽为"协天护国忠义帝""三界伏魔大帝""神威远镇天尊关圣帝君"，清代则继续加封其为"忠义神武关圣大帝"，这也是为什么关羽又被称为关圣、关帝的原因。关羽成神以后，佛道两家都将其纳入自己的神仙体系，在佛教中，关羽是护教伽蓝神，即使在今天，一些佛寺之中也供奉着关羽的神像。在道教中，关羽的地位更加尊崇，是"荡魔真君""伏魔大帝"。关羽的神职广泛，其除了降妖伏魔外，还负责治病除灾、驱邪避恶、乃至招财进宝，也因为这个原因，关羽的信徒极多，关帝庙在中国的数量可谓首屈一指。

关羽有招财进宝的职能，民间也有将关羽奉为财神的，但是论起财神，最出名的恐怕还是赵公明，而赵公明，正是负责北方的黑旗神将。不过赵公明可不是一开始就是财神的化身。早在东晋干宝《搜神记》中，就有赵公明的记载，不过彼时他只是一个督鬼的将军，在唐代，赵公明的形象不是财神而是瘟神，是当时的五瘟神之一。不过，在《三教源流搜神大全》中，赵公明已经被封为"正一玄坛元帅"了，在书中，赵元帅名朗，字公明，是秦代人，在终南山得道。龙虎山正一道祖师张道陵张天师修炼丹药时，玉帝派赵公明看护，因此得封"正一玄坛元帅"。这时的赵公明已经不仅能驱除瘟疫，还能够保佑从商者，使之得利，已经具备财神的特征了。在《封神演义》中，赵公明则是截教中的一员大将，凭借法术高强，不仅将姜子牙打落马下，更是让一众前来相助的阐教神仙束手无策，最后只能以诅咒的方式让其毙命。封神之日，受封为"金龙如意正一龙虎玄坛真君"，麾下有4位正神，分别是：招宝天尊萧升、纳珍天尊曹宝、招财使者陈九公、利市仙官姚少司，从招宝、纳珍、招财、利市的官职来看，赵公明已经是当之无愧的财神。受小说的影响，赵公明财神的形象深入人心，成为最具代表性的财神。而赵公明的形象，是黑面浓须、头戴铁冠、手执金鞭、身跨黑虎，故亦称黑虎玄坛，这恐怕也是将赵公明放置在北方黑旗上的原因。

　　面青的温琼上青旗，面红的关羽上红旗，面黑的赵公明上黑旗，那么护法四元帅中最后的马元帅，只能去西方白旗了。马元帅，这个名字或许大家比较生疏，但是他的另一个名字却称得上是家喻户晓，那就是俗语"不知道马王爷有三只眼"的三只眼马王爷。马元帅的原型颇为复杂，其是融合了佛教华光佛、民间信仰五显神等多种特性于一身的神灵。在明代，书商余象斗为了"促销"，一人创作了"四游记"中的《北

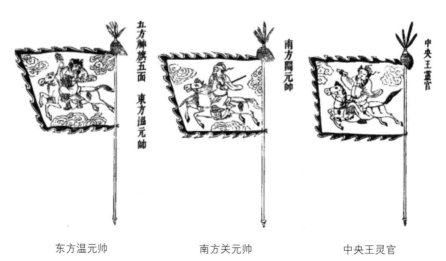

东方温元帅　　　　　　　南方关元帅　　　　　　　中央王灵官

中国古兵阵

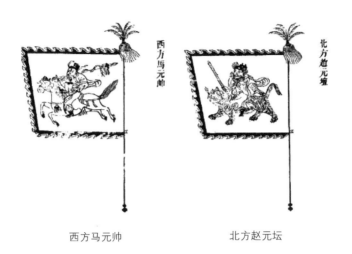

西方马元帅　　　　　　北方赵元坛

游记》和《南游记》，与《西游记》《东游记》一样，都是神话小说，其中《北游记》的主人公是真武大帝，而《南游记》的主人公，就是华光大帝马元帅了。根据《三教源流搜神大全》，马元帅名叫马灵耀，曾经降服五百火鸦，斩杀东海龙王，为救母亲大闹地狱，最后被玉帝封为护法。

五方旗外还有五方转光旗，共5面，随主将行动，五方转光旗用于与五方旗相应。出征之时，五方转光旗也可用五行旗替代。同时，还有五方高照旗共10面，或交给奇兵，或在夜晚挂上灯笼，作为信号。八

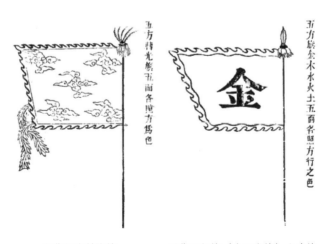

明代五方转光旗　　　　明代五行旗（小五方旗）之金旗

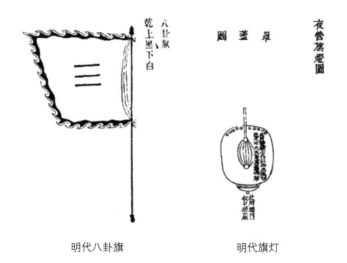

明代八卦旗　　　　　　　明代旗灯

明代《抗倭图卷》中手持八卦旗的士兵

卦旗8面，上画卦象图案，以明方向。

　　除了五方五行和八卦，还有二十八星宿与六丁六甲。二十八星宿旗，上面绘有二十八星宿，共28面，军队按8门8方的方向出行时，以二十八星宿旗领军。二十八星宿，与前文提及的四象关系密切。古人在将天象分为四方的同时，也将除日、月、金木水火土五星之外所经的星辰分为二十八宿，四象也被称为四宫，每1宫统领7个星宿。到了明代，不光是四象为神兽，二十八星宿都有了对应的动物，例如东方青龙七宿，分别是：角、亢、氐、房、心、尾、箕，分别有对应的动物角木蛟、亢金龙、氐土貉、房日兔、心月狐、尾火虎、箕水豹，七宿又各自与金、木、水、火、土、日、月这"七曜"搭配。在《纪效新书》和《武备志》中，二十八星宿旗还配上了对应的武将。这些拟人化的星宿也是明清小说中的常客。在《西游记》中，大名鼎鼎的黄袍怪就是西方七宿中的奎木狼下凡；在小雷音寺，孙悟空被困在黄眉童子的金铙中时，正是二十八星宿前来相救，亢金龙用角钻进金铙，孙悟空附在龙角之上才得以逃脱；在金平府对战3只犀牛精时，天庭也派二十八星宿中的四木星君：角木蛟、井木犴、奎木狼、斗木獬下凡帮助孙悟空，二十八星宿可谓是天庭的救火队了。在《水浒传》中，辽军兀颜光麾下有二十八星宿将军，在《封神演义》中，二十八星宿则是由阵亡的将领受封。除了二十八面星宿旗外，还有二十八宿号带旗4面，每一旗上有一方七宿，青旗为"角亢氐房心尾箕"这东方七宿，红旗为"井鬼柳星张翼轸"这南方七宿，白旗为"奎娄胃昴毕觜参"这西方七宿，黑旗为"斗牛女虚危室毕"这北方七宿，这4面号旗与坐纛相配，象征四方，但是因为过于笨重，临阵不可以用。

六丁六甲，上绘十二生肖，用法与二十八星宿相同，也是用来表明方向。六丁六甲，是道教术语。中国古代以干支纪年，天干为甲、乙、丙、丁、戊、己、庚、辛、壬、癸，地支为子、丑、寅、卯、辰、巳、午、未、申、酉、戌、亥。天干地支相互组合，共有60种搭配方法，从甲子开始，以60为一个周期，也就是所谓的60甲子。与二十八星宿一样，每一个干支搭配都被赋予了神格。其中有6种神是"甲"神，分别是甲子、甲戌、甲申、甲午、甲辰、甲寅；6种神是"丁"神，分别是丁卯、丁巳、丁未、丁酉、丁亥、丁丑；这12个神相组合，就是六丁六甲神。六丁六甲也是古代小说中经常出场的角色。在《三国演义》

中，司马懿认为诸葛亮善使六丁六甲法，屡次被诸葛亮用计退走；《西游记》中，六丁六甲更是常客，在二郎神捉住孙悟空后，玉帝让六丁六甲将孙悟空押解至太上老君的炼丹炉里，唐僧被赋予取经的任务后，六丁六甲与五方揭谛、四值功曹、一十八位护教伽蓝一同在暗处保护唐僧。那么，在60位干支神中，为何六丁六甲特别突出呢？这是因为在

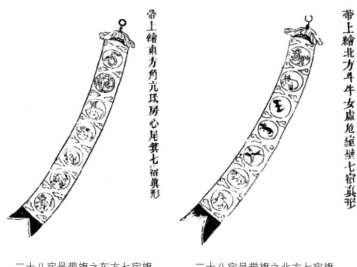

二十八宿号带旗之东方七宿旗　　　　二十八宿号带旗之北方七宿旗

二十八宿号带旗之西方七宿旗　　　　二十八宿号带旗之南方七宿旗

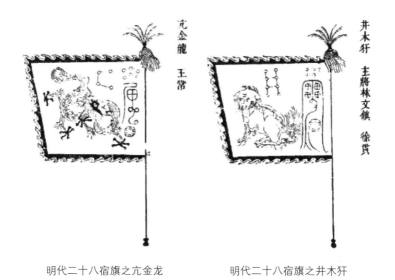

亢金龙　王常

井木犴　主将林文镇　徐贳

明代二十八宿旗之亢金龙　　　　　　明代二十八宿旗之井木犴

甲午神将

丁丑神将

明代六甲神之甲午神将旗　　　　　　明代六丁神之丁丑神将旗

道教神仙体系中，六丁象征着阴，而六甲象征着阳，六丁六甲就是阴神与阳神的组合，道士可用符箓召请，祈禳驱鬼。而且，六丁六甲正好包含了地支，所以在旗帜上，正好绘上十二生肖的图案。

角旗 8 面，颜色由上下两部分组成，东南角旗，上半幅蓝下半幅红，南东角旗相反；东北角旗上半幅蓝下半幅黑，北东角旗相反；西北角旗上半幅白下半幅黑，北西角旗相反；西南上半幅白下半幅红，南西

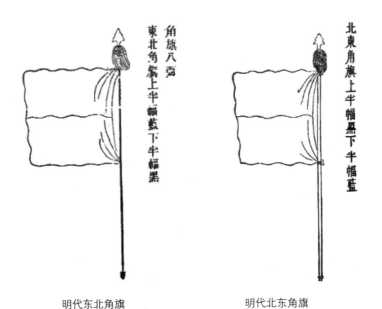

明代东北角旗　　　　　　　　明代北东角旗

角旗相反。

清军旗帜可见于年羹尧《治平胜算全书》，其中与明代相同的有清道旗、金鼓旗、中军坐纛旗、五方转光旗、带甲神旗、转光杂色旗、五方神旗、大五方旗、门旗、主将号旗、豹尾旗、角旗、五行旗、五方高照旗、二十八宿真形旗、二十八宿号带旗、六丁六甲旗。可见清军，尤其是绿营，基本上沿袭了明军的军旗制度。不过《治平胜算全书》中还补充了千总认旗、把总腰旗等有清代特色的低级军官所用军旗。

除了军旗，历代兵书之中也记载了金鼓的内容，根据《武备志》的记载，《司马法》中有"卒长执铙，两司马长执铎，进军鸣铎，退军鸣铙，大战之时，击鼓以进，击金以退"的内容，除了铙、鼓还有镯、镯、铎、钲、号角。到了明代，不仅金鼓号角，唢呐、喇叭等高亢的吹奏乐器也被用于军中发号施令，例如《纪效新书》提到的：

凡掌号笛，即是吹锁呐，是要聚官哨队长来分付军中事务。

凡歇处，吹喇叭一荡，火兵即做饭，众人收拾。吹喇叭第二荡，各兵吃饭。吹喇叭第三荡，各兵出，赴信地札营，候主将到，发放施行。

凡喇叭吹天鹅声，是要各兵呐喊。

凡喇叭吹摆，队伍是要各兵即于行次，每哨一聚，各留空地摆定。

……

凡吹哱啰，是要各兵起身，执器械站立。

凡点步鼓，是要各兵照先树起的旗次发兵，行营每点鼓一声，走十步。

凡擂鼓，是要各兵趋跑向前，对敌交锋。

……

凡打金边，是发人探贼。

凡摔钹响，是要各收队，即将原单摆开的兵，照旧收成各哨，再收成每营一处。

明代军中，10 万之军，要有大角 24 具，大鼓 64 面；5 万之军，大角 16 具，大鼓 42 面；3 万兵以上，大角 8 具，大鼓 24 面；1 万兵以上，大角 6 具，大鼓 14 面。之所以要有这么多的鼓角，一方面是指挥之用，另一方面也是以壮声威，让敌军摸不清我方有多少人。明军吹动鼓角时，夜晚下营时，在日落前二刻开始，其形式较为复杂，要先吹小角，再吹大角，再击鼓，再吹大角，再击鼓，6 次交迭，击钲，锁闭军门。早晨的"起角"，在四更二点开始，先吹小角，四更三点吹大角，再击鼓，数次交迭，一直到天明，五更五点过后，击钲 150 声，鼓 300 下，军门开启，大将在牙帐会见诸将，讨论军事。

旌旗金鼓能够传递如此丰富的信号，那么，如何让士兵们理解这些复杂的信号呢？这自然是要勤加操练才行。

3. 眼观六路，耳听八方

——古代军队的基本阵形训练

在影视作品中，有不少训练士兵的画面，大多是士兵们拿着长枪短刀在营地中挥舞，不过影视作品首要考虑的是剧情，对于古代军事训练的细节则多少有些忽视，熟练使用武器自然是士兵的基本技能，但是如果以为古代军营之中的操练仅此而已的话就大错特错了。武器的使用，只是第一步，如何根据将领的指令进行不同的战术动作，布置军阵，才是重中之重，这就需要士兵能够正确辨识旌旗金鼓的信号，因此戚继光说"名将所先，旗鼓而已"。

值得注意的是，古代士兵可不是革命军队，进了军营还会教授文化知识，大多数的士兵恐怕连字都不认识，要想让他们记住这些复杂的旌旗金鼓信号，是要花费一番心思的。上文提及的"元丰飞虎立成阵图"，就被北宋枢密院给批驳了，认为这个阵法旗帜过于复杂，士兵恐怕会迷惑，最后还是把这一阵法的旗帜给简化了。这些还是已经经过训练的士兵，要变换阵形都有困难，何况是新兵呢？戚继光在《纪效新书》中就曾抱怨，东南沿海的士兵，连军旗都看不懂，"制率如儿戏"，临阵时的分合全靠"用手逼唇为哨声"，根本不看军旗，以为旌旗是队伍的摆设，金鼓是奏乐之物，这个样子，就算是名将来指挥也没用。戚继光还发出了"无可奈何吁"的感叹。因此，无论是名将还是兵书，都非常重视旌旗金鼓的训练。我们就先通过《武经总要》的内容来看看北宋是如何教授士兵，通过旌旗和金鼓来训练士兵进行最基本的阵形训练的吧。

《武经总要》在卷二记载了"教例""教旗""旗例""习勒进止常法"等内容，详细记载了北宋士兵的操练流程。

在教例中，北宋教习军阵，临战时少壮者在前，年长者在后，军队回还时，则年长者在前，少壮者在后。继承了自战国以来的传统，北宋同样是"长者持弓矢，短者持戈矛，力者持旌，勇者击鼓"，在兵种顺序上，也与北齐、唐代一样，"刀楯为前行，持稍者次之，弓箭为后行"。教例规定，将帅首先要告知士卒基本的旌旗金鼓信号，比如旗倒跪卧、旗立人起、击鼓则进、鸣金则止这些最基本的原则，之后才是刑罚赏赐、学习军器、战斗技能等内容，可见旌旗金鼓的重要。

教例不过是兵书中陈陈相因的内容，《武经总要》中的教旗法，才能体现北宋特色。北宋教旗，以 500 人为一营。教习时，将所有营分为左右两厢，各营都要建立相应的次序名号以便区分，营垒划定后，各营的军器粮草也要准备妥当。营下有队，以 50 人为 1 队，其指挥机构包括队头 1 人，队副 1 人，执旗 1 人（队旗），傔旗 2 人（掌认旗）。武器方面，一队之内还有枪 15 根，弩 5 具，弓矢 10 具，棒 6 具，陌刀 5 具，拍把 4 具，盾牌 5 具。左右两厢就是两个阵营，因此每厢都会给予一套用于指挥的旌旗金鼓，其中包括异色大旗两面，金鼓各 5 具，大角 4 具，此外还有用于装幡的长矛等军器。

演习时，以角为号，一共十通角。第一通角，各营之中，兵着甲，马装束，整装待发。第二通角，骑兵、步兵都要排列成队，等待命令。第三通角结束，步兵先出发前往战场，各级将领根据地形排布军阵，让每队队头在队旗之前，队副在队后压队，使得所有士兵都要站立得当，两厢之兵，相对而立。第四通角结束，骑兵从营地出发，在距离步兵20 步的地方以鱼丽阵驻立，此时骑兵与步兵都已集结，各级将领宣读军法军令，再次强调"闻鼓即战，闻钲即退"，全军立定。从第一通到第四通角，都是准备工作，是为了将军队从营地开往战场。自第五通角后，两军开始对垒。

第五通角结束，"演习指挥部"大旗向前挥动，步兵骑兵共同向前10 步，接着大旗向后，步兵与骑兵共同停止，大旗放倒，步兵单膝跪地，大旗再举，步兵持枪起立。第六通角结束，大旗按下，左右厢各队都按长矛半跪，大旗复举，左右两厢步兵共同举矛。这两通角可谓是热身运动，让士兵再演练一遍战术动作，第七通角则是两军对战的阶段。

第七通角结束，左右两厢共同击鼓，战队持矛齐声高喊缓步前行，进行"交战"。接着右厢鸣金息鼓，右厢诸队后退，左厢追至右厢阵地。接着右厢鸣金击鼓，战队驻立，持矛呐喊，向前反击。此时左厢鸣金息鼓，退回中央，接着左厢鸣金击鼓，返回与右厢"交战"。两军交战一段时间后，左厢军鸣金息鼓，将之前右厢军的动作再重复一遍。接着，左右两厢都鸣金息鼓，各自回到原先的布阵之地，看大旗听鼓声行动。如果击鼓，左右两厢前后正副3队合作1队，均持矛呐喊至中央"交战"。鸣金时，左右厢歌会本阵举矛立定。接着，听鼓声，看大旗，两队各将300人合为1队作战，且行且合，直入中央交战，接着左右两厢皆鸣金收兵立定。接着两厢再将500人作为1队交战，进行交战。至此，"枪战"结束。两军再次根据指挥大旗进行动作，旗举则枪举，旗降则枪降，大旗摆动，军士大喊，挺枪相刺。接着两军换枪为刀，按照枪兵的演练程序进行演练。最后，两军视旗号立定。

第八角至第十角则是回营的演练。第八通角响后，两厢骑兵从北开始相掩而行，绕行一圈，回旧位立定。接着，步兵看到大旗按下，就从北而南"歌舞还营"。第九角声响后，众军半跪卷旗，看大旗行动，最后步兵、骑兵依次根据信号回营。第十角声响后，士兵解散，马归槽枥。演习结束。

整场教旗，就是要让士兵根据旗帜信号来做出动作。所进行的动作也较为单一，不过这只是第一步，之后，士兵还要学习进止、交战、变阵等诸多内容。

进止法与教旗法类似，不过流程要简化一些，重点在于让兵士能够根据命令在战场上进、退、合队。在演习的前一日，各营将校要分立方位，按照五方五色来布置，东军立青色牙旗，西军立白色牙旗，南军立赤色牙旗，北军立黑色牙旗。大将所居中营立黄色牙旗，为4旗之主，所有军营的行动要看中军黄旗的命令。在每一军的牙旗之侧，则是金鼓号角。演习时，仍然是以50人为1队，分左右厢站立，将校则到大将牙旗处等候。

演习一共有八通角，分为前后两部分。第一部分，一通角后，诸队散立；二通角后，诸队持枪、张弓、拔剑；三通角后，诸队举枪；四通角后，诸队收枪半跪，等待大将黄旗的号令。如果黄旗向前，同时击鼓，两军就到中界"交战"，听到鸣金就要立刻收队，四声角后，诸队要回归本营，不合节度者问罪。除了进止，还要练习合队。如果大将处挥动青白两色旗帜，就要将 5 队合为一个 250 人的大队，如果大将处挥动五色旗帜，就要将 10 队合为 500 人的大队。进止常法仍是比较简单的内容，士兵习得之后，可以在战场上进行基本的动作了。但是实战的操作要复杂得多，还是要看战阵的演练。

首先，无论是教习步兵，还是骑兵，教场要选在有高处的平原之地，这样大将就可以登高指挥所有军士。教习之时，大将居于高处，面南

掌兵图

```
                    告办旗      告办旗
小所由 副使 左五将                             右五将 副使 小所由
小所由 副使 左四将        信旗                  右四将 副使 小所由
小所由 副使 左三将                             右三将 副使 小所由
小所由 副使 左二将        赤旗                  右二将 副使 小所由
小所由 副使 左一将                             右一将 副使 小所由
          左决胜将                                右决胜将
          教练使                                 都知兵马使

角将   鼙鼙鼙鼙鼙鼙     鼓鼓鼓鼓鼓鼓   角将
       鼓                          鼓
       鼓                          鼓
       鼓          五方旗           鼓
       鼓                          鼓
       角                          角
       角           赤              角
       角                          角
       旌                          旌

卫官               青  黄  白               卫官
虞候                                        虞候
虞候                  黑                     虞候
虞候                                        虞候
虞候              节度使                      虞候

小使  监军判官  监军  节度行军司马  节度副使  节度参军  节度判官  节度掌书记  小使

          马队    马队    马队
          马队    马队    马队
```

宋代《武经总要》之《掌兵图》

55

步兵操演图

		土河		鼓角金钲

<table>
<tr><td>战队 战队 战队 战队 战队</td><td>土河</td><td>战队 战队 战队 战队 战队</td></tr>
<tr><td>驻队 驻队 驻队 驻队 驻队 驻队</td><td>土河</td><td>驻队 驻队 驻队 驻队 驻队 驻队</td></tr>
<tr><td>⊙土盆 ⊙土盆 ⊙土盆 ⊙土盆 ⊙土盆</td><td>北　土河</td><td>⊙土盆 ⊙土盆 ⊙土盆 ⊙土盆 ⊙土盆　南</td></tr>
<tr><td>战队 战队 战队 战队 战队</td><td>土河</td><td>战队 战队 战队 战队 战队</td></tr>
<tr><td>驻队 驻队 驻队 驻队 驻队 驻队</td><td>土河</td><td>驻队 驻队 驻队 驻队 驻队 驻队</td></tr>
<tr><td></td><td>土河</td><td></td></tr>
</table>

宋代《武经总要》之《步兵操演图》

而坐，左右立有 6 面大纛，其后是五色旗和 12 面鼓，12 枚角。而监军、副将等军官则呈偃月性居后。士兵位于平地之上，可以看清旌旗，听明鼓角，排列有序，也就是阵法中常常提及的"阵间容阵，队间容队，曲间容曲，人间容人""以长参短，以短参长，回军转阵，以后为前，以前为后，进无奔进，退不趋走，纷纷纭纭，鬭乱而不可乱，浑浑沌沌，形圆而不可败"。军士列阵完毕后，就开始根据旌旗与金鼓的组合信号来进行动作，例如白旗点动，同时击鼓，则左右两厢合为一处，赤旗点动，同时吹角，则左右两厢分离。诸如此类，兵士要根据信号进行离合聚散等动作，"三合三离，三聚三散"之后，检验成果，如果士兵没有达到要求，大将要依据军法治军吏的罪。除了离合聚散，还要演练夺旗，以 50 人守一旗，以 50 人夺一旗，相互争夺。得旗者胜，有赏；失旗者败，有罚。大将通过这种方式让士兵习得"立阵之法"。不过，以上只是最基本的操演，对于步兵阵和骑兵阵，都有不同的演练方式。

步兵阵的操演，首先要根据士卒的多少来划分教场。教场上，要划出 3 道土河，还要划出若干土盆，以 4 队夹一土盆，再将队分为主责

中国古兵阵

进攻的战队和主责坚守的驻队。进入教场后，六纛、五方旗、角、鼓、钲、认旗、左右厢兵马使相继立定。之后，所有将士根据旌旗金鼓的信号来进行操练。对战之时，以擂鼓为信号，先后进行士兵随旗站立，举旗举枪唱喝；弩手上前架箭，模拟射击，退还；弓手上前架箭，模拟射击；陌刀手出。接着再演练左右厢追逐之战，最后依次还营。

基本操演外，步兵还要学习步兵的变阵。步兵变阵分为4步：

第一步，被称为"闭门"。如图所示的阵中，有步兵188人，骑兵27名。第一通鼓后，刀枪兵准备；第二通鼓后，刀枪弩兵皆坐姿，弓手站立，等待信号发箭。

步兵习四变图　第一习　军中呼为闭门

宋代《武经总要》之《步兵习四变图》之一

第二步，被称为"六花"。进退之法与骑兵一样，弓弩于听击木声各发一箭。

第三步，被称为"军阵"。鼓声响起后，执旗者出，以旗为界。此后，一通鼓，刀枪兵执刀枪；二通鼓，刀枪兵呈坐姿，弓弩手站立，以击木声为号，弓弩手射击3发，击鼓，稍往前进，射击3发，鼓声起，全军前行，至到界旗。接着刀枪兵根据鼓声执刀枪，坐下，弓弩手站立，发3箭。鸣金之后，士兵回到原处。

兵变习四变图　第二变　军中呼为六花

■■■■■■■■■■■■■■■■■■■■■■■■　引阵兵校
■■■■■■■■■■■■■■■■■■■■■　旗
■■■■■■■■■■■■■■■■■■■■■■■■■■■■　弩
■■■■■■■■■■■■■■■■■■■■■■■■■■■■　弩
■■■■■■■■■■■■■■■■■■■■■■■■■■■■　弩
■■■■■■■■■■■■■■■■■■■■■■■■■■■■　弓
■■■■■■■■■■■■■■■■■■■■■■■■■■■■　弓

宋代《武经总要》之《步兵习四变图》之二

兵变习四变图　第三变　军中呼为军阵

■■■■■■■■■■■■■■■■■■■■■■■■　引阵兵校
■■■■■■■■■■■■■■■■■■■■■■　旗
■■■■■■■■■■■■■■■■■■■■■■■■■■■　枪、刀
■■■■■■■■■■■■■■■■■■■■■■■■■■■　弩
■■■■■■■■■■■■■■■■■■■■■■■■■■■　弩
■■■■■■■■■■■■■■■■■■■■■■■■■■■　弓
■■■■■■■■■■■■■■■■■■■■■■■■■■■　弓

宋代《武经总要》之《步兵习四变图》之三

　　第四变，阵形与第三变同，只是根据鼓声再进行动作，又被称为"鼓声阵"。

　　骑兵演练则按五方旗、角、鼓、钲、左右厢兵马的顺序进场。一般左右两厢每厢 10 队，也就是 500 人。两厢人马相距 200 步，每名骑兵占地纵横 4 步。吹角之后，青旗点动，大将集，赤旗点动，副将集，黑旗点动，军吏集。将领宣告军法军令之后，第一通角，骑兵列队；第二

兵变习四变图　第四变　军中呼为鼓声阵

引阵兵校

旗

枪、刀

弩

弩

弓

弓

宋代《武经总要》之《步兵习四变图》之四

通角，将士持旗矛；第三通角，将士举旗矛。之后，两厢共同击鼓，两厢骑兵齐声高喊，进军至中央，进行"交战"，接着右厢、左厢先后鸣金，右厢左厢先后退回阵地，接着两厢骑兵也要上演相互追逐、"交战"的戏码。在收军阶段，吹角一声，卷起旌旗驰弓收箭；吹角二声，旗矛尽举，骑兵收队；吹角三声，骑兵回到列队处。两厢骑兵再根据五方旗和认旗合作两队，到中央集合后退场。

基本操演外，骑兵还要学习骑兵的变阵。骑兵变阵分为 5 步。

第一步为"开闭门阵"。骑兵阵一般由 46 名步兵、174 名骑兵组成。鼓声起，步兵射箭 3 发，军门开启；骑兵出发，射箭三发，骑马回阵；背身射箭两发，步兵迎接骑兵；再 3 发箭，骑兵如阵，军门关闭。

第二步为"叠三"。顾名思义，就是将所有骑兵分为 3 部，每部分为 4 行。第一声鼓响后，第一部骑兵出发，射箭 3 发，接着前面两行挺枪大呼 3 刺，后两行大呼，回马背发两箭，之后第一部骑兵返回原地。第二部、第三部骑兵参照第一部骑兵演练。三部骑兵演练结束后，鼓声停止。

第三步为"花六"，乃是在 3 变的基础上，将三部变为 6 部。第四步阵形与第三步一样，同为 6 部骑兵。第五步则是在 6 部基础上再变为

骑兵习五变图　第一习　军中呼为开闭门阵

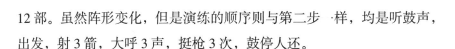

旗头

枪

弓

弓

押队旗头

枪
弓
弓
弓
弓

宋代《武经总要》之《骑兵习五变法图》之一

12部。虽然阵形变化，但是演练的顺序则与第二步一样，均是听鼓声，出发，射3箭，大呼3声，挺枪3次，鼓停人还。

《武经总要》中的旗鼓操演，目的是让将士掌握基本的阵形，不过从《武经总要》的阵形训练来看，其形式大于内容，缺少接近实战的训练，就算北宋军队真的能严格执行书中所记载的演练方法，其战斗力也难以匹敌当时的对手辽军，何况北宋军中能严格进行训练的部队并不算多，加上指挥混乱，北宋军阵的战斗力难以尽如人意。军阵，是战争的艺术，这一艺术还是要从战争实践中来，到战争实践中去。接下来，就让我们看看历朝历代的军阵都有些什么特色吧。

中国古兵阵

60

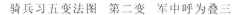

骑兵习五变法图　第二变　军中呼为叠三

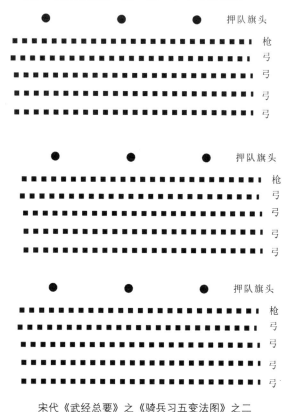

宋代《武经总要》之《骑兵习五变法图》之二

骑兵习五变图　第三变　军中呼为花六

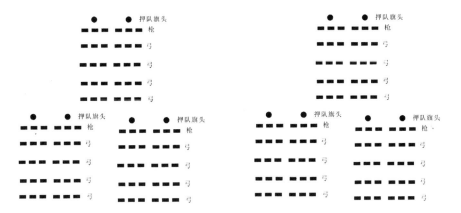

宋代《武经总要》之《骑兵习五变法图》之三

骑兵习五变图　第四变　军中呼为家计

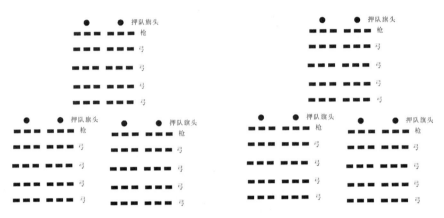

宋代《武经总要》之《骑兵习五变法图》之四

骑兵习五变法图　第五变　军中呼为入二队

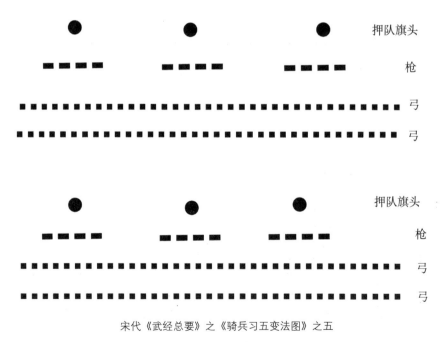

宋代《武经总要》之《骑兵习五变法图》之五

（三）

人马奔驰，战车交锋

——先秦时期兵阵的起源

1.是炎黄二帝，还是大雁鱼群

——兵阵起源的传说

著名历史学家顾颉刚先生曾经提出一个著名的观点，就是"层累构造的中国古史"，其中一个观点就是"时代愈后，传说的古史期愈长"。譬如，周代人心目中最古的人王是禹，到孔子时始有尧舜，到战国时有黄帝神农，到秦时才有三皇，"盘古"开天辟地的传说则始于汉代。国史的起源是这样，阵法的起源也不能免俗。

春秋战国时代的兵家在总结阵法时，连正式的阵名都很少出现，更

法国国家图书馆藏《历代帝王圣贤名臣大儒遗像》中的"黄帝像"

不要提阵法的发明人了。但是到了后世，古人却给阵法"安排"了一个身份高贵的发明人，他就是黄帝的大臣——风后。

在《史记》中有黄帝"举风后、力牧、常先、大鸿以治民"的记载，可见风后在西汉时还只是传说中黄帝的大臣，但是随着时间的推移，加在风后身上的光环越来越多，东汉经学大师认为风后是黄帝的"三公"①之

---

① "三公"最早见于儒家经典对周代官爵的描述。

一。到了三国时期，风后就已经成为了军事家：托名诸葛亮所写的《八阵本始》中说道："《风后握奇经》曰：八阵，四为正，四为奇，余奇为握奇，或总称之。"显然，风后不仅是军事家，更有了军事著作。在将风后塑造为阵法创始人后，古人还不过瘾，觉得八阵这么神奇的阵法怎么能由凡人发明呢？一定是神仙传下来的。于是在宋代《太平御览》中就出现了这样一个故事：黄帝与蚩尤作战，九战九败，黄帝回到泰山，三日三夜后泰山上起了冥雾，出现了一个人头鸟身的女子。黄帝拜服在地，女子说道，我是天上的玄女，你有什么愿望吗？黄帝说，我想百战百胜，于是黄帝得到了玄女传授的阵法。黄帝又将阵法传给了风后。事实上，真实的阵法起源没有这么传奇，而是朴实、实用得多。

在大自然中，尽管存在弱肉强食的法则，但是动物中的"弱者"，往往会形成群体来对抗捕食者，中国春秋时期就有牛群结阵以抗虎的记载，牛群在遇到老虎时，会围成一个圆圈，头向外，把牛角对着敌人，

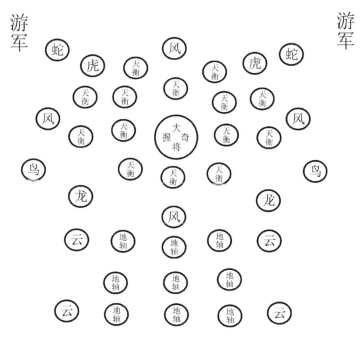

宋代《武经总要》之《黄帝所传风握后奇阵图》

让老虎找不到突破点。猴子则会在休息时派出哨兵，余者则群居一处。而肉食动物也在捕猎中运用阵形，狼、狮子等群体捕猎的猛兽，往往会兵分两路，一方面会派出成员在正面惊吓猎物，另一方面则布下包围圈，等待猎物。原始人类在体力方面远不如这些猛兽，但是他们通过观察动物，以阵形协作捕猎，又以阵形对抗猛兽，从而提高了族群的生存能力。而最早出现的阵法，也多以动物来命名，其中最著名的就是"雁行之阵"。

古人很早就注意到了大雁飞行的阵形，也就是"人"字形。《诗经》中就有《鸿雁》一篇，同样在《诗经·国风·郑风·大叔于田》中，将驾车的4匹马中位于中间的两匹"服马"与边上的两匹"骖马"之间的排列称作"雁行"。而春秋末期的思想家墨子更是声称距其一千多年前的商汤伐夏就是用的"雁行之阵"。据《墨子·明鬼》记载："汤以车九两，鸟陈雁行。汤乘大赞，犯遂下众。"这里说的就是商汤将战车布成雁行之阵，进攻夏军的事。墨子距离商汤年代久远，商汤伐夏未必用的就是"雁行之阵"，但也可以看出，在墨子的时代，"雁行之阵"已经是一种历史悠久的阵法。而且雁行阵的生命力非常强，从先秦到近代，在历代战争中都有雁行阵的身影。

那么，为什么古人要选择"人"字形的"雁行阵"呢？古代兵书为我们提供了答案，《孙膑兵法》："雁行之阵者，所以接射也。"《武经总要》："雁行前锐后张，延斜而行，便于左右，利于周旋。"综合起来，就是雁行之阵有利于集中射击，而且具备左右兼备、利于掩护周旋的特点。这在先秦时代以车战为主的战斗中具有非常大的优势。先秦时期的车战，是以战车为主、步兵为

法国国家图书馆藏《历代帝王圣贤名臣大儒遗像》中的"商汤像"

辅的战斗形式，在商周时期，多采取战车在前，步兵在后的队列形式。将军队排成雁行之阵后，战车在前呈"人"字形排列，每辆战车的前进、周转、射击都不会受到前车的影响，不仅能保证冲击力（人字形保证了冲击的锋锐），同时在接战时，战车上的射手视野开阔，可以充分发挥战车的威力，在此基础上，"雁行阵"的前后左右都能相互支援掩护，在以正面冲击为主要作战方式的商周时期，

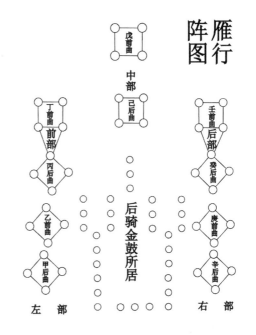

《武经总要》中的《雁行阵图》

其优势是非常明显的。即使到了后代，骑兵取代了战车，坦克取代了骑兵，"雁行阵"因为其便于射击、机动灵活的特点，始终活跃在战场之上。

在战场上，从来没有无敌的阵形，有的是相生相克，"雁行阵"风行之时，另一种"仿生"阵形也应运而生。

公元前707年，东周第二任君主周桓王为了恢复周王室的威严，与当时强势的诸侯——郑国君主郑庄公交恶，双方会战于繻葛。周王室联军分为三个部分，周桓王亲率周军主力中军，居中指挥，左军及陈军由时任周公指挥，右军及蔡、卫军由时任虢公指挥。郑军方面，郑庄公听取大夫子元的建议，将军队一分为三，先攻击周军两翼，再合击周军中军。郑军采用的阵形是，左右两侧分别是由大夫祭足率领的左翼矩阵，即方形军阵，攻击周军右翼，大夫曼伯率领的右翼矩阵，攻周军左翼。中军由郑庄公亲自率领，但是中军的阵形，却不是与左军右军一致的方阵，而是历史上著名的"鱼丽之阵"。最终，郑军击败了周军。在周郑繻葛之战之后，周天子威信尽失，一蹶不振。

67

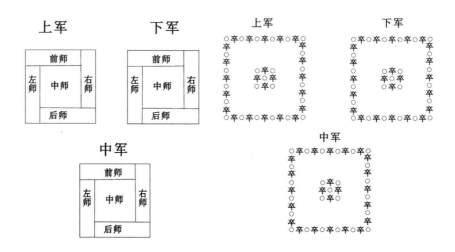

明代《武备志》中的《大国三军阵图》　　　　明代《武备志》中的《郑鱼丽三军阵图》

那么，什么是"鱼丽之阵"呢？鱼不用解释，关键在于"丽"字，"丽"字在这里应作旅行的意思，《诗经》中有《小雅·鱼丽》一篇，鱼丽之阵，实际就是类似于鱼群游动的密集之阵。在"鱼丽之阵"之前，车战的阵形主要是以战车居前，步卒居后的形式，以"雁行之阵"冲锋。而"鱼丽之阵"则是"先偏后伍，伍承弥缝"，偏，是指战车的队列，伍是指步卒的队列，这句话的意思是指战车列阵在前，步卒列阵在后，同时步卒还要填补战车之间的空袭，也就是要紧密地布置在战车的两翼，使得车兵和步兵能够紧密配合，从而击破当时占主流的雁行阵。

除了"鱼丽之阵"，郑军在繻葛之战中采用的是两种阵法结合，即中间的"鱼丽之阵"和两侧的矩阵，郑军对阵法的运用也更为灵活，没

中国古兵阵

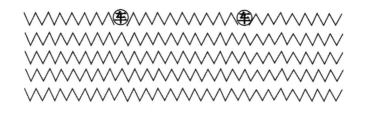

明代《续武经总要》中的鱼丽之阵两车布列法

有选择单纯的冲锋，而是选择了两翼突破、合围周军中军的战法。

2. 我是贵族，我得坐车
——商周车阵的出现

尽管阵形阵法可能在先秦时期就已经出现，但今天的"阵"字却不是先秦时期就有的，在先秦时期，"阵"就是"陈"，后世为了区分，在"陈"的基础上造出了"阵"字，用来专门表示兵阵。从中，我们不难发现"阵"与车的密切关系，最早的阵法正是由战车组成的。先秦时期以车为主的战争，使得兵阵离不开车。

在古装电视剧中，马车很常见，拦一辆马车就和今天拦一辆出租车一样方便。实际上在古代马车一直非常昂贵，平常人家是用不起马车的。那么为什么商周时期的战争要以车战为主要形式呢？有一种说法认为，这是因为商周时期参加战争的多为贵族子弟，他们为了显示自己的地位，也为了显示贵族的风度，才要进行车战。这显然是想当然了，须知，战争的形式，是由生产力水平决定的，商周时期使用车战的根本原因是当时生产力水平的低下。

为什么用昂贵的战车进行战争反而是水平低下的表现呢？这还要从车战的基本形式来看：

首先，商周时期因为冶炼技术的局限，兵器的产量有限。根据考古发现，商周时期的兵器以青铜器为主，我们今天称这种铜铅锡合金为青铜，是因为当我们发现它时，它经过上千年的氧化，呈现青绿色，实际上，青铜在刚出炉时，是呈现金黄色的，成色好的青铜有"美金"之誉。《国语·齐语》记载，"美金以铸剑戟，试诸狗马；恶金以铸锄、夷、斤、斸，试诸壤土"，武器由青铜制造，产量不及后世的铁制兵器。因为产量低下，所以"好钢要用在刀刃上"，只有少数士兵能够使用青铜制造的兵器。等到铁器普及，制作兵器的成本大大减少，军队的规模也就随之上升。当然，兵器简单、产量有限只是一方面的因素，更重要的是因为生产力落后，军队缺少训练的时间，常备军的规模十分有限。在这种条件下，不用训练大量步兵的车战就是最优选择。

车战的核心就是战车，先秦时期的战车以乘为基本单位，一乘既指一辆战车，也是指这辆兵车附属的车兵与步卒。从目前考古的情况看，商代战车一般由两匹马拉动，车上配有甲士两名，一为御手，另一名则负责作战；周代则以 4 匹马为多，车上所载的甲士一般为 3 名，这 3 名甲士基本上是由贵族子弟担任，唯有贵族子弟才能在当时负担起车战的装备与训练。战车上的 3 名甲士，一为御手，负责车辆的驾驶；一为车左，又名甲首，负责指挥，一般持弓；一为车右，一般持戈矛盾牌。车兵的要求很高，要想达到预期的效果，需要经过严格的训练。在《六韬》中记载了选拔车兵的标准：车兵年龄要在 40 岁以下，身高要在 7 尺 5 寸以上，快跑时能追得上奔马，在战车驰骋时能跃身上车，与敌周旋，甲首臂力能拉满 8 石的弩，熟练地向前后左右射箭。

车兵作战时在保证战车的战斗力的同时，还要保证与协同作战的战车与步卒的协调，无论是 1 车 2 马还是 1 车 4 马，作战时御手要保证车辆的速度、方向与稳定性，从而与步兵相互配合。著名的"羊斟以私败国"说的就是宋国的华元没有给他的御手羊斟吃肉让羊斟怀恨在心，在宋军与郑军交战时，羊斟直接驾车冲向郑军，导致华元被俘虏，宋军战败

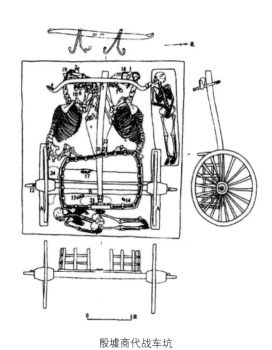

殷墟商代战车坑

的故事。御手的重要性可见一斑，而在御手控制车辆的同时，甲首要在行进中射中目标，车右要使用长兵器杀伤敌军，都是技术含量很高的兵种。

战车的威力是非常可观的，根据《战国策》的记载，齐国的战车有"疾如锥矢，战如雷电，解如风雨"之誉。而根据《六韬》的记载，在平地战斗时，一辆战车相当于 10 名骑兵、80 名步兵，百辆战车能发挥近万人的战斗力。在险阻之地时，只要运用得当，一辆战车也能发挥相当于 6 名骑兵，40 名步兵的战斗力。

商周时期的兵士分为三档，第一档是战车上的 3 名甲士，第二档是车下的甲士，第三档是徒兵。商周时期，每乘战车配备有甲士 10 人，除了 3 名车上的甲士外，车下还有 7 名甲士，这在史籍中被广泛记载，如《史记》描述商汤周武王"汤武之士不过三千，车不过三百乘"，"戎车三百乘，虎贲三千人"。此外，还有附属于车的徒兵，这些徒兵地位较甲士低，多由平民和奴隶充任。军队在战斗时，只有车兵、徒步甲士与步卒达到协同一致才能发挥出战斗力。

在这种条件下，车战一开始就采取了非常简单的战斗形式，也就是冲锋，战车在前，凭借冲击力冲击敌军，同时车左持弓射击，徒步甲士与步卒在后推进，两军一经交锋，阵形即乱，因为战车并不是很灵活，战阵在交战后难以重新排列，因此这一次冲锋就可以决定战斗的胜负，这就要求车阵的结构一定要稳定，结构越稳定，冲击力越强的一方，取胜机会越大。因此，这一时期的战斗时间显得非常短。由此也引发出一起历史谜案，那就是牧野之战的规模。

周革商命的牧野之战，在历史上一直是正义之师讨伐残暴昏君的典型，但是关于牧野之战的规模，却一直存在争议，一种观点认为，牧野之战是一场惨烈的决战，《尚书·武成》以"血流漂杵"形容此战。另一方面，向来以周代为楷模的儒家认为，牧野之战是一场"仁"战，面对周武王率领的仁义之师，商军尤其是其中的徒兵倒戈相向，周军兵不血刃打败了商军，完成了鼎革。孟子针对"血流漂杵"的说法，甚至提

法国国家图书馆藏《历代帝王圣贤名臣大儒遗像》中的"周武王像"

出了著名的"尽信书不如无书"的观点。按照史料出现的时间，显然是"血流漂杵"的说法更早，从常识上判断，打仗不是过家家，不是简单的有道无道能够决定胜负的，不可能正义之师一到，敌军就土崩瓦解了。那么，牧野之战的情况到底如何呢？

关于两军的布阵，《逸周书·克殷解》的记载为"周车三百五十乘阵于牧野"，就是说周军以 350 乘兵车布阵于牧野；而商军这边也是严阵以待，"殷商之旅，其会如林"，显然这不是凭正义的大旗就能击败的。在这种形势下，周武王"既以虎贲戎车驰商师，商师大败"。显然，这就是以车阵冲锋的形式进攻商军。那么又为什么会出现倒戈的记载呢？如果了解车战形式的话，这是很好理解的。车战除了用于冲锋的战车外，还有跟随战车的徒兵。尽管商军布阵如林，军容严整，但是经过周军战车的冲击后，阵形混乱，平时地位低下的徒兵这个时候便倒戈相向。真正印证了"水能载舟亦能覆舟"的真理。值得一提的是，尽管文献没有直接记载周武王所采取的阵形，但从《诗经》"牧野洋洋，檀车煌煌，驷騵彭彭。维师尚父，时维鹰扬。凉彼武王，肆伐大商，会朝清明"的记载来看，很有可能采取了"人"字形的冲锋阵形，也就是前文提及的"雁行之阵"。

这种战车冲锋的形式一直持续到春秋，最详细生动的战例就是曾经入选中学语文课本的《曹刿论战》。《曹刿论战》选自《左传·庄公十年》，讲述的是公元前 684 年，齐桓公与鲁庄公在长勺展开的大战，最终鲁军在曹刿的策划下，先是三鼓不战挫了齐军的锐气，又根据齐军车辙凌乱、旌旗放倒而判断出齐军没有埋伏，于是乘胜追击，大败齐军的故事。这场战斗生动而详细地展示了车战的进攻模式：双方列阵，各自击鼓作为进攻信号，而且，从长勺之战的情况来看，当时的交战冲锋，应该是在双方都击鼓出击之后，如果一方擂鼓即进攻，齐军也不会出现"一鼓作气，再而衰，三而竭"的情况，这从侧面反映鲁军的阵容并不差，在维持阵形的情况下，齐军即使擂鼓也未敢进攻鲁军军阵，直到鲁军击鼓进击，双方才正式交战。

周武王的战车冲锋，奠定了近300年的西周王朝。鲁军的胜利却没有阻挡住齐桓公称霸的脚步。由于周幽王的烽火戏诸侯与犬戎的进攻，西周覆灭，周天子名存实亡，诸侯崛起，齐桓公九合诸侯之后，晋楚争霸，地处山地的晋国，不仅能灵活运用车阵，更善于发挥步兵与骑兵的作用。

郑军在繻葛之战中采用的是突击两翼，合围中军的战法。这一战法在晋楚的鄢陵之战中也大放异彩。在晋楚鄢陵之战中，晋楚双方同样是以三军对阵三军，这实际上是从商代继承下来的对阵传统。在鄢陵之战中，晋军同样是率先击破楚军两翼，最后集中优势兵力攻击楚军的精锐部队"王卒"。在鄢陵之战中，晋军除了展现出高超的进攻阵法外，其在防御阵法上也同样出色。在鄢陵之战正式决战之前，楚军不顾当时会战约定时间的规则，出其不意地于早晨布阵于晋军军营外，对晋军采取压迫态势，而晋军并未惊慌失措，而是在将领的指挥下"塞井夷灶，阵于军中，而疏行首"，即将军营中的水井填平，灶台夷为平地，在平地上直接列阵，同时保持一定的疏散距离，留出通道以便于作战。

晋军能够迅速地在军营中形成阵列，可见此时晋国对于步兵的训练也是十分严格的，而这也是春秋时期军事发展的潮流。无论是牧野之战、长勺之战还是繻葛之战，这些车阵会战都是在平原上进行的，而随着生产力的发展，铁制兵器的出现，各种新法的推行；争霸战争不可避免地扩大了范围，不会再局限在平原上，车兵威力虽大，但是灵活性差，对地域的要求很高，后世有所谓"八战""十不战"之说。

"八战"指的是有利于战车的八种情况。第一种是敌军的阵形尚未布置完毕，要乘机用战车冲击；第二种是敌人旌旗不整，说明敌人正在调动人马，这也是战车冲击的好时机；第三种情况是敌军行动混乱，士兵行动不一；第四种是敌军阵势不稳，兵心不定；第五种是敌军犹豫不决，露出恐惧之态；第六种是敌军乱作一团时；第七种是在平原上作战，日落时还未结束战斗；第八种是敌军长途行军，天黑宿营时。这八种情况都是有利于战车冲击的。

"十不战"指的是战车作战有十种不利情况。第一种是只能前进不能后退，这种情况被称为战车的死地；第二种是跨越险阻、长途追击敌人，被称为战车的竭地；第三种是地形前易后难，被称为战车的困地；第四种是陷于险阻难以自救，被称为战车的绝地；第五种是塌陷积水的泥泞地带，被称为战车的劳地；第六种是边有险坡而我军地处平地，被称为战车的逆地；第七种是草地繁茂且需渡水泽，被称为战车的拂地；第八种是我军战车稀少，地处平地，车兵与步兵配合不畅，被称为战车的败地；第九种是地形周围既有高山，又有水泽还有沟壑，被称为战车的坏地；第十种暴雨不停，道路毁坏，进退失据，被称为战车的陷地。这十种情况都是战车的致命威胁。随着战场的扩大，战车的不利因素越来越多。

在这样的背景下，步兵的重要性逐渐突显，在军阵中的比例逐步提高，牧野之战时，不算徒兵，一乘兵车只有 3 名车兵和 7 名步兵，而到了春秋时，一般一辆兵车配备的步兵已经达到了 72 人，甚至在山地作战时，完全使用步兵作战。作为春秋霸主的晋国，在进攻北狄时，第一次使用了全步兵阵形。公元前 541 年，晋军与敌人交战，因地形狭隘，战车施展不开，形势危急，晋军将领魏舒毅然打破常规，毁弃车辆，将车兵的"五乘"编制转化为步兵的"三伍"，以全步兵阵形取得了胜利，魏舒自言"请皆卒，自我始"。实际上在南方的吴国、越国，则一直是以步兵为主，直到具备争霸的实力后，才制造战车北上。随着步兵的日益发展以及战国时期赵武灵王胡服骑射改革，同样具备冲击力而灵活性在战车之上的骑兵在战争舞台上开始崭露头角，只是当时马镫尚未出现，要实现骑马作战难度仍然很大，没有娴熟的技艺根本难以做到，因此此时骑兵的作用主要是警戒侦查、追击溃军和阻敌粮道。到了战国后期，一个兵阵通常是车兵、骑兵与步兵的组合。

3. 兵不厌诈，我爱发明
——兵家与新阵法

从商周进入春秋战国，战争的规模在扩大，兵种的运用也日益复杂，兵家开始对以往战争的规则进行总结，其中自然也包括对阵的总结。兵家对兵阵的总结，按照时间看，可以分为三个阶段，第一阶段是总结兵阵的规则，第二阶段是总结分析具体用阵的情况，第三阶段则是总结出狭义的阵法。

第一阶段的代表著作是署名春秋时期军事家司马穰苴的《司马法》，司马法是否是司马穰苴所著，历史上尚有争议，但是《司马法》反映的是中国早期的军事思想则是无疑的，它既包含商周时期的军事思想，也包含了司马穰苴所处的春秋时期的军事思想，是中国古代著名兵书。

在《司马法》中，兵阵的核心就是"巧"与"练"。首先，"巧"是布阵的总则，也就是从宏观层面阐释如何布阵，怎么样才能布好阵。《司马法》开宗明义，"阵，巧也。"那么，什么样的阵才能算得上是巧呢？《司马法》给出了三条标准：强大坚固、力量雄厚、繁复多变。强大坚固指的是兵阵的攻守能力，车兵与步兵行动迅捷，具备强弓利箭足以固守；力量雄厚指的是军队既能保持安静又保持了强大的实力；繁复多变则是指上级对下级没有多余的干预，士兵训练有素，就能操练繁复的阵形。在这个基础上，还要做好情报工作于多兵种的配合，既要在布阵前估算敌我双方的力量，也要勘探地形，根据力量对比和地形选择阵形；又要让车兵和步兵相互配合，无论是进攻防守还是前进后退，都要配合有序，这样才能发挥兵阵的威力，而且，在布阵的选择上，行进时要稀疏，战斗时要密集，兵器要配合使用。《司马法》列出的布阵总则堪称精要。

"练"则是阵形的具体操练。《司马法》非常重视阵形的演练，认为列阵作战，难的并不是阵法本身，也不是让兵士学习阵法，而是让兵士将阵法运用到实战中，让兵士知道阵法是容易的，但要让兵士能够操演阵法却不是易事。为了让兵士能把阵法用之于实战，就要正确操练士兵。其中第一要务就是将士兵编队，让他们编成队形，了解各种信号的含义。然后要根据实际的战况来安排阵形。比如军心畏惧时要采取密集的阵形，车阵采取密集队形易于镇守，同时步兵要采取坐姿，要甲胄重而兵器轻。此外还有阵形的细节，比如安营时要注意兵器甲胄的放置，行军时要注意阵形的整齐，作战时要注意前进与停止的节奏。《司马法》还提到了战争中立阵与坐阵的用法，只是未加以阐述，之后的《尉缭子》，则对其进行了继承与发扬：《尉缭子》提出"阵以密则固，锋以疏则达。"也就是阵形密集有利于坚守，行列疏散则有利于进攻，布阵要注重结构。立阵用于进攻，使用戟弩等用于远战的兵器；坐阵用于防守，使用剑斧等近战兵器。采取立阵还是坐阵，应该根据军队的攻守来决定。

做到了这些，就能充分发挥兵阵的威力，就能明白为什么《孙子·军争》中提及"无邀正正之旗，勿击堂堂之阵。"只是无论是《司马法》还是《孙子兵法》，都未能对阵法进行具体记载与分析，这些事只能等待后起的军事家们了。

进入战国以后，战国七雄形成了各自的战斗风格，战争的规模与日俱增，战斗的兵种日益丰富，作战地域的种类日渐增多，因此，第二阶段的军事家们，对阵法的总结多重于具体用阵的方法。

战国初期，与孙武并称"孙吴"的军事家吴起在《吴子》中对军阵的描述就涉及了战国七雄军阵的特点，以吴起与魏武侯对话的形式记录下来。

魏武侯问吴起，现在秦国威胁我的西边，楚国在我的南边，赵国居于我的北部，齐国与我东境相临，燕国绝断我的后路，韩国据守在我的前部。我国要防守六国的军队，非常麻烦，该怎么办呢？吴起对魏武侯分析了六国的兵阵："夫齐陈重而不坚，秦陈散而自鬬，楚陈整而不久，燕陈守而不走，三晋陈治而不用"，也就是说，齐国的阵势庞大但不坚固，秦国的军阵分散但各自为战，楚国军阵整齐但不能持久，燕国的军阵擅长防守但不擅长运动，赵、韩两国军阵严整但无用处。接着，吴起分析了造成六国军阵上述特点的原因和破解之法。军阵的特点由国家的特点决定。齐国人性格刚直，国家富足，但是君臣骄奢，不治民生，政令松弛而待遇不公，因此军阵内兵心不稳，前重后轻；秦国人性格强悍，地形险要，政令严苛，赏罚分明，士兵争先恐后，战斗意志旺盛，因此秦军可以分散各自为政；楚国人性格柔弱，地域广阔，政令混乱，人民疲敝；燕国人性格诚实，做事谨慎，好勇尚义，缺少诡谋；赵、韩两国地处中原，人民性格温顺，政令平和，民众熟悉战事，因此轻视将帅，兵士不满待遇，国家缺乏忠臣。

所以战胜六国军阵，要"因材施教"：对付齐军，要兵分三路，两军攻其两翼，一军正面攻击，可以破阵；对付秦军，要用利诱，引得士兵争利阵形散乱就可以攻击他们并设伏袭击；对付楚军，要袭击驻地，挫败楚军的气势，急进速退，疲敝它又不与它决战，就可以将其击败；对付燕军，在接战时要压迫它，一击就走并奔袭它的后方，使它将士疑惧，再将车骑部队埋伏在燕军撤退的必经之路上，就可以俘虏敌军；对付赵军、韩军，用坚强的阵势迫近它，敌军来攻就阻击它，敌军撤退就追击，以此来疲敝它们。

除了六国军阵，吴起也提出了训练魏国军阵的办法：首先要选拔力能扛鼎，行动迅速，能斩将夺旗的虎贲之士，作为军队的精英。对这些善于战斗又斗志旺盛的兵士，要给予他们官爵，优待他们的家人，用奖赏鼓励他们，用惩罚警诫他们。有了这些增强军阵的精英，就可以进行持久的战斗，打败成倍的敌人了。同时，还要正确使用不同阵形对应不同的环境，假如战场在谷底，那么兵力多也无用，要选择精锐与敌军对抗，以善于运动的士卒配备精良武器作为前锋，再将车骑分散隐蔽在四周，与前锋相隔数里，不要被发现。只要敌人坚守阵地，不敢轻举妄动，就将军队开出谷地，让敌军产生恐惧，此时车骑要不断骚扰敌军，让敌军不得休息而产生疲态，以此战胜他们。

相对于《吴子》，托名姜子牙的《六韬》对阵形的运用描述得更加详细，以《六韬》中的车兵战法为例：如果深入敌境，遇到大量敌军，敌军的战车和骑兵环绕我军，军心震动，这个时候我军就要埋伏步兵与弩兵，并把威力大的战车和骁勇的骑兵配置在左右两翼，伏击地点一般放在距离我主力前后约3里的地方。敌人如果前来追击，就出动我的战车和骑兵，攻击敌人的左右两侧，这样，敌军就会陷于混乱，我军则军心稳固，士气大增。如果敌我双方的战车和骑兵相遇，敌众我寡，敌强我弱，而且敌军阵势整齐，士卒精锐，难以抵挡，这时我军应挑选步兵强弩，埋伏在左右两侧，并把战车和骑兵布成坚固的阵势进行防守。当敌人通过我埋伏的地方时，就用密集的强弩射击敌人的左右两翼，并出动战车和骑兵以及勇锐士卒猛烈地攻击敌军的正面与侧后。这样，敌人虽然众多，也必定会被我打败。这种战法非常有效，三国时期汉中之战赵云面对曹操追击，正是利用这种战法，将弓弩手埋伏在两翼，将兵士隐藏在军营中，等到曹军因为面对空营犹疑不定时，赵云令弓弩手猛烈射击，再派将士猛攻，成功击退曹军，被誉为"一身是胆"。

除了对阵形的具体应用外，《六韬》也实现了第二阶段到第三阶段的演变，在《六韬》中，出现了狭义上的阵法，其中就包括大名鼎鼎是"三才阵"。三才，即天、地、人，三才阵将之后还出现在很多小说中，作为有"姜子牙"加持的名阵，似乎威力无穷。实际上，《六韬》中的"三才阵"，"天阵"指的是观察星象知晓天气，"地阵"指的是行军布阵的地形要素，而作战时的车马军备、文治武功则是"人阵"。《六韬》中的"三才阵"与其说是阵法不如说是布阵的总纲。相比之下，另外两种阵法——"鸟云阵"与"四武冲阵"则具象得多。

《六韬》在论述军事时，与《吴子》一样喜欢用问答的形式。"周武王"提出具体的问题，"姜子牙"
给出解决的办法。《六韬》的作者
就借用这一问一答的形式，用"姜
子牙"之口，为我们展示了"鸟
云之阵"。

在《六韬·豹韬》中周武王
描绘了这样一幅场景：我军引兵
深入敌境山地，山上草木皆无，
我军四面受敌，军心不稳。这种
情况下该如何固守，如何制胜？
"姜子牙"给出的药方是：军队处

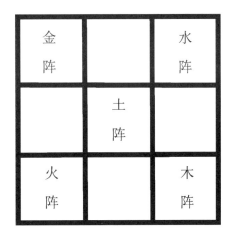

替代姜子牙像：明代《武备志》中的
"太公开方教阅五行阵图"

在山下，是被敌人囚禁的态势，这种情况下就要用"鸟云之阵"，"鸟云
之阵"，阴阳皆备，随机应变，这里的阴阳指的是山水方位，山之南水
之北为阳，山之北水之南为阴。换言之，"鸟云之阵"的特点是能灵活
应对多方面情况。

"鸟云之阵"只是破敌的一部分，在用"鸟云之阵"前，我军要在
所有敌军能攀登的山峰上派兵驻守，用战车阻隔所有通道，部队间要高
置旗帜，保持军队联络通畅，利用地形组成一座"山城"，让敌人不知
道我军的虚实。然后排列军阵，明确法令，安排好迎击部队和奇袭部
队，在山上布置冲阵，将车兵和骑兵部署成"鸟云之阵"，三军猛攻，
就算敌军人数占优也可以将其打败。值得一提的是，这里的"山城"原
理，正是三国时期诸葛亮第一次北伐时让马谡当道而守的原因，只可惜
马谡言过其实，没有领会其中深意，导致诸葛亮出师不利、痛失先机。

除了山地，泽地也有鸟云之阵的用武之地。在《六韬》中，"周武
王"又抛出了一个问题：如果我军与敌军隔河而对，敌众我寡，敌人
物资充足而我军缺少粮草，要渡河攻击而不能，要据守而粮少地贫，
四周没有城邑也没有草木，既不能掠夺物资又不能放牧牛马，该怎么
办呢？"姜子牙"认为，在这种情况下，就要诈败而逃，吸引敌军追

击，再设伏袭击。如果敌军先派小部队试探，我军应部署为"四武冲阵"，也就是用战车围绕核心的冲击阵形，将其配置在便于作战的地方，等到这部分敌军全部渡河后，发动伏兵，猛烈攻击敌人侧后方，强弩从两旁射击敌人。同时把战车和骑兵布列为"鸟云之阵"，戒备前后，使全军猛烈战斗。敌人发现我军与试探部队交战，必率大军渡河前来。这时再次发动伏兵，猛烈攻击敌军侧后，并用战车和骑兵冲击敌军两翼，这样，敌军虽然人数众多，定会被打败，其将领也必然逃走。

"姜子牙"总结了"鸟云之阵"的用武之地：当军队为冲击阵形时，将战车和骑兵布成"鸟云之阵"，能够出奇制胜。鸟云，就是像鸟散云合那样，灵活机动，变化无穷。从中，我们可以得出结论，"鸟云之阵"，是一种由车兵和骑兵组成的冲击阵形，且具备变阵能力，既能像鸟一样散开进行分散战斗，也能像云一样聚合进行合力进击，说明其兼顾了分散队形与密集阵形的特点，中国古代兵阵变化多端的特点初露锋芒。

而"鸟云之阵"中一笔带过的"四武冲阵"，实则是《六韬》中"出镜率"最高的阵法。无论是丛林作战还是突围作战，甚至以步兵克制车骑部队，都能使用"四武冲阵"。"雁行阵""鱼丽阵"与"鸟云阵"都与动物有关，"四武冲阵"又是因何得名呢？这还要从战国后期战车的种类说起。

随着战场形势的复杂，战车的种类日益丰富，在《六韬》中记载了"武冲大扶胥①""武翼大橹矛戟扶胥""提翼小橹扶胥""大黄三连弩大扶胥""大扶胥冲车""辎车骑寇""矛戟扶胥轻车"7种战车及其配属的武备。"武冲大扶胥"，是备有大盾的大型战车，左右两翼配有手持强弩矛戟的勇士，车轮高8尺，车上立旗帜战鼓，要用24人推动，可用来攻陷坚阵，击败强敌。"武翼大橹矛戟扶胥"，是备有大盾牌和矛戟的

---

① 扶胥，即战车的别称。

战车，左右两翼有手持强弩矛戟的勇士，车轮高 5 尺，附有绞车连弩，可攻陷坚阵，击败强敌。"提翼小橹扶胥"，是备有小盾牌的小型战车，附有绞车连弩，车轮像鹿车那么大，可攻陷坚阵，击败强敌。"大黄三连弩大扶胥"，是备有大黄连弩的大型战车，左右两翼有手持强弩矛戟的勇士，附有飞凫旗和电影旗，飞凫旗红竿白缨，用铜作竿头，电影旗青竿红缨，用铁作竿头，白天用红绢，6 尺长，6 寸宽，称为光耀，夜里用白绢，6 尺长，6 寸宽，称为流星，可攻陷坚阵，击败步兵骑兵。"大扶胥冲车"，大型战车，车上载有善战的武士，可用纵列冲击敌军横列，可以击败敌人。"辒车骑寇"，是轻迅快捷的战车，又叫电车，兵法上称它为电击，可攻陷坚阵，击败敌军中夜间前来劫寨的步兵骑兵。"矛戟扶胥轻车"，是备有矛戟的轻型战车，车上载有善战的武士 3 人，兵法上称它为霆击，可攻坚陷阵，击败步兵骑兵。

这其中，"武冲大扶胥"就是"四武冲阵"的得名来源，所谓"四武冲阵"，就是四面装备武冲战车以侧卫核心之阵形，多用于敌强我弱的不利态势。在不同的情境下，"四武冲阵"有不同的配置。

突围作战时，"四武冲阵"的精要在于利用武冲车掩护己方，集中力量冲击，同时以弓弩手伏击敌军。突围作战，一方面要侦察敌情，选择敌军的弱旅，乘虚而入；另一方面要保持隐蔽，最好选择在夜晚进行，这样对兵力的部署讲求前后两端精锐，中间薄弱。因为一旦突围行动被敌军发现，前锋就要迅速发起冲击，占领敌营，打开通道，只有具备强大的战斗力才能打开缺口，中间则是老弱士卒与战车部队，让装备大盾的武冲车在前后左右护卫，快速跟进，这样可以抵挡敌军弓弩的射击，再派一支精兵持强弓劲弩在后隐蔽护卫，一来可以作为奇兵，出其不意掩其不备，二来关键时候可以用作断后。

在以步兵对战骑兵时，"四武冲阵"的精要在于以车马器具制造险阻。从"武冲大扶胥"需要 24 人推动这一记载来看，其平时运输应有牛马作为运输动力，战时才由步兵推动作战。因此，如果步兵在无险可守之地遇到远胜于己的敌军骑兵部队，且敌军骑兵试图采用两翼包夹的战术，就要以军队中的战车、牛马和其他器具组成"四武冲阵"，同时设下陷阱，挖掘壕沟。"四武冲阵"犹如行进的营垒一般，同时阵内的弓弩手可以不断杀伤敌军，而敌军骑兵却不能攻破"四武冲阵"。

在林战时，使用"四武冲阵"的精要在于用其防备敌军，而我军则能轮流作战。如果我军带兵深入敌国林地，与敌军分别占据森林相对抗，那么全军都要布置"四武冲阵"。在林地中布置"四武冲阵"的原因是森林当中林木众多，阻挡视线，又便于偷袭，组成"四武冲阵"能够防备四周。与突围和对战骑兵不同，此时的弓弩手配置在外，盾兵与戟兵反而在内。同时，还要将车、骑、步组成混合编队，相机而动，轮流作战，就可以打败敌军。

而战国时期的《孙膑兵法》则专门开辟篇章，论述阵法。孙膑，据《史记》记载为孙子之后，有"齐孙子"之称，也是"围魏救赵""田忌赛马"等典故的主人公，是战国时期杰出的军事家。只是虽然史籍中记载孙膑有兵法传世，但是一直未见其书，使得孙膑和《孙膑兵法》一直饱受质疑。幸运的是，1972年4月山东临沂银雀山汉墓出土了一批竹简，其内容正是孙膑的军事思想，这批竹简，正是沉睡了两千余年的《孙膑兵法》。

孙膑非常重视阵的作用，在《势备》篇中，孙膑认为"凡兵之道四：曰阵，曰势，曰变，曰权。察此四者，所以破强敌、取猛将也。"在四者中，孙膑将兵阵列为第一。而《孙膑兵法》对于兵阵的开创性在于其将"阵"独立成篇，在整理后的《孙膑兵法》中，有《八阵》与《十阵》两篇，单独论述阵法。

《八阵》篇以八阵为名，让人联想到著名的"八阵图"，但是残存的《孙膑兵法》中的《八阵》篇，并不是介绍八种阵法，也不是介绍名为"八阵"的阵法，而是为将用阵的总纲，从文中内容来看，或有八种阵法的内容，只是可惜今人无缘得见了。在《八阵》的总纲中，孙膑提出能够定国安邦的将领，一定是明了"道"的，"道"包含了天文地理，民心敌情，以及八阵的用法。要使用八阵，一定要能够因地制宜，选择阵

中
国
古
兵
阵

法。布阵时应该将阵分为三部分，做到"有锋有后"，也就是说既要有勇猛刚健的前锋，也要有坚实可靠的后卫。两者都要听从命令，三部分中，用于进攻的前锋为一，用于防守的后卫为二，用三分之一的兵力攻破敌阵，用三分之二的兵力歼灭敌军。当敌军兵弱且阵形混乱时，就派精锐前锋攻击。如果敌军兵强且阵形严谨时，就先示弱诱敌来使敌军混乱。用战车和骑兵出战时，也要把兵力分为三部分，一部部署在右侧，一部部署在左侧，最后一部分断后。针对不同的地形，要使用不同的兵种，平地当用战车，险阻之地用骑兵，险要之地则要用步兵弓弩手。打仗，要分清何处是生地，何处是险地，我军要占据生地，而把敌军置于死地而灭之。

《八阵》篇体现了孙膑关于布阵的思想：首先就是"有锋有后"，将兵力分类分组使用，尤其重视后备队的作用；其次是展现了把握机会和创造机会的思维，最后则是强调了地形的重要性。而在《十阵》篇中，孙膑为我们展现了战国时代丰富的阵法，如果没有发现《孙膑兵法》，我们只能从典籍中找出"鱼丽之阵""雁行之阵""鸟云之阵""四武冲阵"等寥寥阵法，而《十阵》篇中，除去"雁行之阵"与"方阵"，尚有"圆阵""疏阵""数阵""锥行之阵""钩行之阵""玄襄之阵""火阵""水阵"等新阵法。在孙膑看来，"十阵"有其各自的用途，不同的目的要使用不同的阵法。

截击敌军应用"方阵"，集中防守应用"圆阵"，壮大声势应用"疏阵"，保存我军应用"数阵"，切断敌军应用"锥形阵"，接射应用"雁形阵"，变更作战应用"钩形阵"，迷惑敌军应用"玄襄阵"，攻陷营寨应用"火阵"，巩固防守应用"水阵"。

"方阵"必须中间兵力少，四围兵力多，将帅指挥位置靠后。中间布兵少是为了便于发号施令。四周兵力多而强，是为了便于截击敌军。

"圆阵"的记载缺失了，但从后世圆阵的记载来看，圆阵阵形密集而四周都能兼顾，因此利于防守。

"疏阵"是在我军装备和兵力都不足的情况下用来壮大声势的一种

阵法，即用多设旗帜和兵器来显示我军阵容威武。因此，布阵时必须加大士兵的间距，在空地上多设旗帜羽旄，同时把锋利的兵器布置在外侧，让敌军认为我军兵精将足。"疏阵"要注意深思熟虑，谨慎施行，使得阵形疏密适当，既不至于受敌军的威逼，更不至于被敌军包围。疏阵，不只是阵形疏散，要旨是疏而不散，看似分散，实则是把士兵分编为若干个战斗群，可进可退，可攻可守，既可以和敌军对战，也可以截击疲弱的敌军。

"数阵"与"疏阵"相反，不是加大间距，而是要使行列相互靠近，排列有序，兵器要密集而又便于施展，前后要互相保护。最重要的是稳重，让敌军在阵前如遇山一般，无处下手。

"锥形阵"则势如利剑。要旨在于如同剑矛一般，前锋锐利，两翼轻灵锋利，主体兵力雄厚。

"雁形阵"，除了上文提及的特点外，《孙膑兵法》还提出了"前列若镰，后列若狸"的特点，也就是像猿猴、狸猫一般灵活，伺机而动。

"钩形阵"，前部成方形，左右两翼相对应必须布成钩形。指挥用的金、鼓、角等器具要齐全，五色旗帜必须齐备，要让自己的士兵能辨别本军指挥的声响号令和指挥旗帜。"钩形阵"因为需要变阵，因此用于指挥的金鼓旗帜必须完备，士兵则必须熟悉号令，否则变阵不成反而容易被敌军攻破。

"玄襄阵"，同样是利用旗帜与金鼓，但与钩形阵用来指挥不同，"玄襄阵"是利用他们来壮大声势，同时士兵表面散乱实则稳定，战车表面杂乱实则有序，让士兵故意喧闹杂乱，络绎不绝，整日不断，从而起到迷惑敌军的效果。

"火阵"则是利用火来进攻的办法。简言之就是火攻要利用风向，纵火点要均匀，注意天气地理等要素。

"水阵"则与陆上用兵类似，只是水战要以步兵为主，多备船用器具，进退有序，要适时收缩队形顺流而下，以敌军为射杀目标。水战的要旨在于用轻便船只作指挥船，用快船作联络船，敌军后退时就追击，敌军进攻时就收缩队形迎战，要根据形势变化而谨慎指挥进退应敌，敌军移动就加以钳制，敌军密集就分割。一定要查清敌军有多少隐蔽的战车和步兵，在攻击敌军船只、控制渡口时，还要调动步兵在陆路配合作战。

从雁行阵到孙膑十阵，变化的不仅是阵形，也是先秦时期的军事技术，从单一的车兵冲锋，到复杂的车、骑、步混合阵形，都是当时生产力与军事思想的反映。

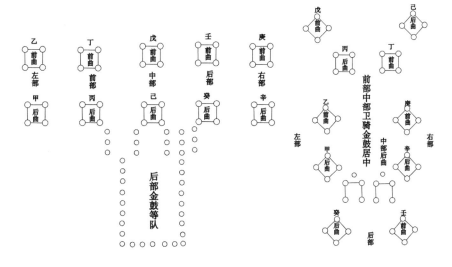

宋代《武经总要》之《方阵图》　　　　宋代《武经总要》之《圆阵图》

4. 古人考古

——明代复原的先秦阵法

今天的读者对于古代的阵法很感兴趣，同样的，古人对于比其更早的古人的阵法同样很感兴趣，而且往往是厚古薄今，认为古人的东西一定是好的。复原古阵法的工作并不是当代才有的，历代的军事家、文人都对前代的阵法充满了好奇，试图将一些失传的阵法复原，例如北宋君臣就热衷于复原诸葛亮八阵法。而对于喜欢厚古薄今的古人来说，先秦阵法自然是非常重要的，只是，"阵"这个字都是后出的，先秦时期的典籍之中自然也不会有太多阵法的记载，前文所列举的"雁行之阵"、"鱼丽之阵"、"鸟云之阵"、"四武冲阵"以及孙膑兵法中的"十阵"，都是为数不多有据可考的阵法。不过，正如前文所说，阵，是兵力的布置，有些军阵虽然当时没有阵名，但是在典籍中留下了阵形的内容，而古人中的"好事"者，就根据这些记载，复原了先秦时期的部分兵阵，并为其取了名字。在南宋的《玉海》之中，就记载了不少先秦时期的阵法，不过也是真假参半，既有"黄帝八阵图""风后八阵图""风后握机文"这样后人伪造的古阵，也有根据典籍记载"复原"的"楚阵法""吴方阵"等阵法。但论数量和内容，还是以明代的兵书为最。

通过对明代《阵纪》《武备志》《续武经总要》《登坛必究》等兵书的整理，去伪存真，可以知晓楚、吴、晋等国阵法的形制。

楚国，在西周时期就与周王室产生了冲突，到了春秋时期，楚国不断兼并周围小国，北上和晋国争霸，因此在先秦典籍之中就记载了楚军的军阵的内容。在《玉海》以及明代兵书中，楚国的阵法被称为"荆尸"，这个名字是有据可查的，根据《左传》记载："楚武王荆尸，授师孑焉以伐随。"荆，是楚的别称，尸在此处就是阵的意思，因此"荆尸"实际就是楚阵。在后人看来，"荆尸"是楚武王在征服汉水诸姬的过程中所改进的楚军阵法。

不过，无论是《春秋》《左传》还是《国语》《战国策》，这些先秦的史书的记事重点都不是兵阵，只有只鳞片羽的记载，后代兵书的作者则根据这些零星的记载，结合当时的军阵，力图将其复原，虽然不能说是百分之百的还原，却也颇具先秦阵法的精髓。

根据明代人的"考证"，楚武王的"荆尸阵"，其编制不同于前文提到的《周礼》"两二十五人，卒百人，旅五百人，师二千五百人，军万二千五百人"。而是以50人为两，百人为卒。因为当时楚国的地形多山泽而少平地，因此楚军之中，一辆战车对应的人较多，楚军以15乘战车为一偏，每乘战车后跟 150 人（一卒一两）。"荆尸阵"分为三军，上军、中军与下军均为方阵。其中上军和下军分列左右，位居阵前。中军为大将亲自指挥，位居中央，又别置左右二广作为亲军，位居中军左右。每广各有一偏的编制，即 15 乘战车和附属的士兵。在中军之后，还有一支预备部队，被称为游阙，游阙有车 40 乘，其阵形如图所示：

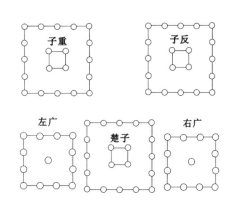

明代复原的"楚荆尸阵图"

在行军时，楚军则分为五军，即前、后、左、右、中五军。前军为先锋，备有茅草做的旗帜，作为信号，前军之后是右军，中军居中掌握全局，中军之后是左军，左军之后是后军。当看到前军的遇敌信号后，左军、后军即刻向前，形成上图所示的阵形。明人认为"荆尸阵"成于楚武王，因此只有楚武王才能运用自如，这是因为楚武王有"敬事而惧之心"。而后世的楚王则是"虽有其法而无其心"，因此不能发挥"荆尸阵"的妙用。

看过了楚军的阵形，再来看看楚国争霸的对手——晋军的阵形是怎么样的吧。晋军的阵形在前文已经有所提及，如鄢陵之战中的"三军阵"，在《武备志》等明代军事著作中，晋军则以步兵阵为其代表，这就是被称为"崇卒阵"的晋军步兵阵。正如上文所说，晋军第一次摒弃了战车与步兵配合的阵形，而是采用了全步兵阵形。

公元前 541 年，晋军主帅荀吴率军与北狄作战，众所周知，山西的地形有"表里山河"之称，极为险要，因此当时占主流，适合平原作战的车阵难以展开作战，因此晋军将领魏舒建议毁车步战，依靠步卒作战。当时，晋军的编制是参照周代制度进行的，也就是"五人为伍，十伍为两，百人为卒"，同时以车 25 乘作为一"偏"。在与无终山北狄

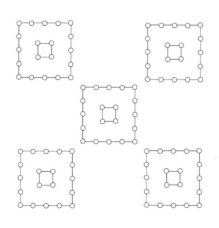

明代复原的"晋五军阵图"

作战时，魏舒首先将自己的部队车兵改编为步兵，不过布阵之法仍然是按照当时流行的三军阵布置的。具体而言，是以5乘为单位（每乘车兵3人），将车兵分为3伍（每伍5人）的编队，也就是说将车兵编队转化为步兵编队。这在今天看来自然是适应地形的创新之举，但在当时，对于作为贵族子弟的车兵来说，与平民组成的步卒为伍是降低身份的事情，因此荀吴的亲信违反命令，拒不下车。荀吴将其斩首，命令才得以推行。根据《左传》的记载，晋军将所有步卒分为5个小阵，分别是"两""伍""专""参""偏"，"两"居中，"伍"为后卫，"专"为左翼，"参"为右翼，"偏"为前锋。狄人笑话晋军的反常行为，结果还没来得及列阵就被晋军攻击，被杀得大败。明人认为晋军全步兵的"崇卒阵"，是真正符合《孙子兵法》与《六韬》随机应变思想的阵法："崇卒阵"可以根据地形的不同，随机应变，根据时势和地形增减兵力，既达到了"水因地而制流，兵因地而制形"，又实现了"鸟云之阵"的"如云飞鸟散"。故"崇卒阵"并不局限于五阵的形制，还可以变为四军阵、六军阵等形制，这全依赖随机应变的布阵思想。

在晋楚争霸之前，中原还有一个霸主之国，那就是齐桓公和管仲主政下的齐国。齐桓公作为春秋时期第一个霸主，齐军也必然有优秀的战斗力，而在明代兵书中，将齐桓公、管仲治下的齐军被称为"内政阵"。为什么一个军阵会取"内政"这样一个看起来与军事并不相关的名称呢？与楚国"荆尸阵"和晋国"崇卒阵"一样，"内政阵"这个名字也是后人根据先秦典籍的记载命名的。之所以取这样一个名字，是因为管仲在进行军队的编制时参考了齐国的内政制度，也就是所谓的"作内政而寄军令"。管仲对齐国内政的改革，一个非常重要的内容就是"叁其国而伍其鄙"，"叁其国"，就是把国都附近区域分为21个乡，其中士农15乡，工3乡，商3乡。"伍其鄙"则是在国都以外区域分为5属，每属长官为大夫，下辖10县；每县长官为县帅，下辖3乡；每乡长官为乡帅，下辖10卒；每卒长官为卒帅，下辖10邑；每邑长官为司官，下辖6个轨，每轨5户人家。管仲的军事改革正是建立在内政的"叁其国而伍其鄙"上。"叁其国"对应的是齐国三军，齐桓公帅中军，中军由11个乡的兵力组成；上卿高子与上卿国子各帅5乡，分别为左右军。"伍其鄙"对应的是五家为轨，一伍5人；10轨为里，一里50人；四里为连，一连两百人；十连为乡，一旅两千人；五乡一帅，一军一万人。齐军三军共3万人，车600乘，以此分配，一军辖5旅，一旅配小战车40乘，一乘车配步卒50人，50人分为10伍。齐军内政与军令相连，实现了军政合一。军政合一的优势在于每一伍的士兵都是同气连枝，福祸相依。也就是《国语》中的"居同乐，行同和，死同哀，是故守则同固，战则同强。"齐国遂以此三军"横行天下"。不过，《国语》中的内容，只能算是军事编制以及"内政阵"的得名，至于兵阵的形制，明人则是从《左传》之中齐庄公（后庄公）伐卫的内容中获得的。

齐桓公去世约90年后，齐庄公征伐卫国，在这一过程中，齐军列出了包含"先驱、申驱、启、胠、广、戎、驷乘、大殿"在内的8个小阵名，根据《左传》的描述，先驱即先锋，申驱即副先锋，启为右翼，胠为左翼，广为中军最外侧的左右亲军，戎在中军与广之间，驷乘为后军的战车部队，大殿为后军。明人认为，齐庄公伐卫的兵阵是继承了管仲时期齐军的阵法，因此配合齐军三军的编制，明人绘制了两种内政阵的阵图，第一种就是"管仲内政阵"：这一阵形以中军居中，左前方为左军，右前方为右军，中军正前方依次为先驱和申驱，中军两侧分别以左广、左戎和右广、右戎作为卫队，启和胠分别为左右后卫，最后以大殿居后，驷乘在大殿之前。这一阵法是以三军为正军，8个小阵作为奇兵布列的，其特点是大阵之间有小阵，可以相互救援，攻守自如。第二

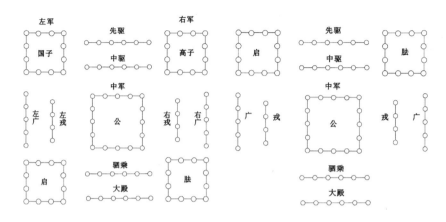

明代复原的"管仲内政阵图"　　　　明代复原的"齐庄公伐卫阵图"

种则是"齐庄公伐卫阵",相比之下,删去了左右两军,先驱、申驱、广、戎、驷乘、大殿位置不变,启和肱移动到了左前方和右前方,十分符合《左传》的描述,在其他国家还在以三军阵、五军阵为主流的时代,齐军已经能够布置由8个小阵组成的大阵,就阵法而言,确实是领先于时代的,也无怪齐国能够率先称霸。

春秋时期,先是齐桓公尊王攘夷、九合诸侯,再到晋楚之间的长期争霸,到了春秋后期,霸主之争开始在南方的吴越两国之间展开,而其中又以吴国率先称霸。吴国称霸时的国君就是著名的吴王阖闾,其实在他执政之时,任用伍子胥为相,孙武为将,向西击败楚军,一度占领郢都,向东则压制越国,风头之盛,一时无两。不过,常被人忽略的是,阖闾,也是一名能征善战的将领。在阖闾还是吴公子光的时候,就屡次领兵击败楚军。其中在鸡父之战中,吴军以巧妙的阵形战胜了以楚国为首的七国联军,明人将吴军在这次战争中所列的阵形称为"鸡父之阵"。鸡父,是古地名,其地在今河南省固始县东南。

公元前519年,吴军向北进攻楚国州来(今安徽凤台县),楚将薳越奉楚平王之命,率领楚军及顿、胡、沈、蔡、陈、许6国联军救援州来。吴王僚见联军兵盛,就撤了州来之围。两军对峙于钟离(今凤台东北)。正巧楚国的令尹子瑕死去,楚军士气低迷,回师鸡父。公子光向

中国古兵阵

吴王僚分析形势，认为七国联军中除了楚国外都是小国，是迫于楚国的压力而参与此次战争，而且7国各有弱点，可谓"同役而不同心"，而且楚军士气正低，可以各个击破，奇袭取胜。公子光的计谋为吴王僚所采用。吴军挥师挺近，于古代用兵所忌的"晦日"突然出现在鸡父。楚军主帅薳越仓促之下令六国军队列阵迎敌以掩护楚军列阵。而吴军则由吴王僚率中军、公子光率右军、公子掩余率左军，三路主力隐藏在3千名囚犯后。囚犯未经训练，只是一个诱饵。三千囚犯看见

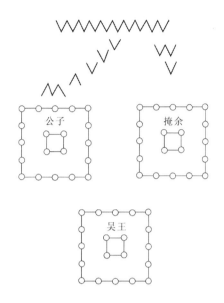

明代复原的"吴鸡父阵图"

沈、胡、陈3国军队，连忙后退，三国军队见状纷纷追击，以为能够获得军功，却没想到正中吴军下怀。贸然追击的三国联军被吴军伏兵痛击，胡、沈两国的国君及陈国大夫被俘。之后吴军又释放沈、胡两军的战俘，让他们高喊着"沈、胡国君被杀"奔向许、蔡、顿三国军队，使得许、蔡、顿三国军队大乱，吴军趁机进攻，大败三国军队，而楚军此时仍然没有列好阵形，遭到吴军猛烈进攻后，惨遭溃败，吴军顺利占领要地州来。此战过后，吴楚在争霸中的攻守之势发生改变，楚军陷入守势，逐渐丧失了在与吴国争霸过程中的主动权。

　　吴国军阵能够击败楚军及其所率领的六国军队，除了公子光的谋略这一决定因素以外，吴军本身的战斗力也是很重要的。吴人身处南方，原先以步兵为阵，以1万人为一军，列为纵横均是100人的方阵，这样的方阵过于规矩，难以发动奇袭，加上没有战车，其北上争霸之路所经又多为平原，因此吴军一直无法与中原诸国一战。直到公元前583年，从楚国叛逃至晋国的申公巫臣被晋国派到吴国，联络吴国在楚国背后与

91

晋国夹击吴国。巫臣到了吴国后，将车战之法传授给吴军，才使得吴军有了与中原诸国一战的资本。此后，公子光派专诸将剑藏在鱼腹中，趁上菜之机刺杀了吴王僚，公子光即位之后，即是吴王阖闾，阖闾在位期间，请孙武训练吴军，进一步提升了吴军的实力，使得吴军在争霸战争中大放异彩。

可惜的是，因为文献与实物的缺失，我们只能从只言片语以及后人的考证中了解先秦阵法的样貌，难以一睹先秦时代兵阵的真身，但当历史的车轮走向第一个大一统王朝时，也为我们在地下保留了堪称奇迹的军阵，那就是秦始皇兵马俑。

四

三军列阵，奇正相合

——秦汉时期兵阵的运用

1. 虎狼之师，一统天下

——秦始皇兵马俑展现的秦军兵阵

战国时期，兵法中关于阵的描述逐渐丰富，对于阵形和兵力布置的记载也日渐清晰，但是对于兵阵的具体形态，我们仍然只能从只言片语中拼凑。例如《吴子》中提及的齐军"前重后轻，一阵两心"问题，齐军是如何"前重后轻"的？又为什么"一阵两心"？吴起只是给出了国情层面的原因，而没有给出军事上的解释。现代学者根据《孙膑兵法》《荀子》等资料，认为"前重后轻，一阵两心"是齐军兵力配置的形态以及因为军功制度而产生的结果。

首先，齐军更重视善于格斗的步兵，《汉书》有"齐愍以技击强，魏惠以武卒奋，秦昭以锐士胜"的记载，这里的技击，指的就是善于格斗的甲兵。齐军在对战时，将大量善于近距离格斗的甲士放在阵形前面，而将弓弩手这类轻装步兵放在甲士之后，造成了齐军军阵的"前重后轻"。这种阵形前部厚重，但后方与两翼缺乏护卫，所以吴起才要兵分三路，以两路兵攻击齐军的两翼，让其顾此失彼。其次，齐国的军功是以"斩首"论功的，这样位处前部的格斗甲士显然有更多的奖赏机会，而处在后面的轻装弓弩兵，本身出身低下，又难以凭军功晋升，难免心生不满，与前军离心离德，也就"一阵两心"了。

尽管现代学者能利用散在史籍中的只言片语对齐军军阵做出细致的推理考证，但是对于想一睹军阵全貌的读者来说，仍然觉得意犹未尽。

幸而，在 1974 年，一个规模宏大的地下军阵重见天日，为我们揭开了公元前 3 世纪军阵的神秘面纱，这就是秦始皇兵马俑。

秦始皇兵马俑位于秦始皇陵东 1.5 公里处。目前发现 3 个兵马俑坑，一个无俑坑。其中一号坑东西长 230 米，南北宽 62 米，平均深 5 米，面积 14260 平方米，为一长方形地下土木结构建筑。在东西(南北走向)长廊和十一条过洞里放满了排列有序、如真人真马大小的陶俑陶马约 6 千件，还出土有铜剑、铜矛、弩机、铜镞等实战兵器。二号俑坑在一号俑坑的北侧以东，东西长 124 米，南北宽 98 米，面积约 6000 平方米，呈曲尺形，骑兵、步兵（含弩兵）、战车兵混合编组，陶俑、陶马近千件。三号俑坑，在二号俑坑的西面，面积 520 平方米，呈凹字形，有卫士俑 68 件，战车 1 乘，陶马 4 件。四号坑有坑无俑。整个兵马俑中，人俑主要有将军俑、武官俑、御手俑、战袍武士俑、铠甲武士俑、跪射武士俑、立射武士俑、骑士俑等。[①] 从秦始皇兵马俑的形态来看，可以

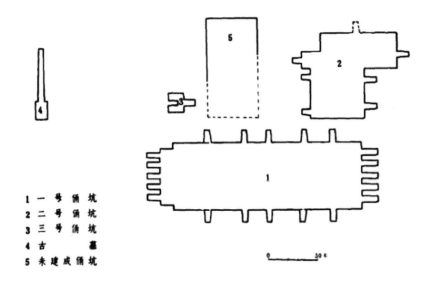

1 一 号 俑 坑
2 二 号 俑 坑
3 三 号 俑 坑
4 古　　　墓
5 秦建成俑坑

《秦始皇陵兵马俑一号坑发掘报告（1974—1984)》中的兵马俑坑位置示意图

---

① 以上内容摘自《中国丝绸之路辞典》。

发现，兵马俑中展现的就是一支由步兵、骑兵、车兵组成的混合阵形，其中，步兵又分为轻装步兵与重装步兵。

从整个阵形来看，一、二、三号坑各代表了军阵的一部分，而四号坑则引起了不小的争议。对于四号坑，因为有坑无俑，学者们纷纷对四号坑的作用产生了猜想，有的学者认为，四号坑或许是后勤部队，有的学者认为秦始皇兵马俑的军阵或许是按"五军"排列的，除了四号坑，在计划中应该还有五号坑的存在。同时也有学者根据新近的考古发现认为，四号坑内没有秦时期的文物，或许是其他朝代的遗存，只是恰好在秦始皇兵马俑坑附近而已。无论如何，四号坑目前没有出土兵马俑，也就无法证明其在兵马俑军阵中的作用，对于兵马俑展现的秦军军阵，还是只能从一、二、三号坑内的兵马俑来还原。

一号坑，是兵马俑面积最大的坑洞。一号坑展现的军阵，是一个由步兵与车兵组合而成的阵形，具备攻守兼备的特点。一号坑中的兵马俑面朝东方，呈纵横排列。排在最前面，也就是东边走廊的是3列轻装步兵，呈南北向排列，这些轻装步兵从兵种上来说应属于弓弩兵，在3列弓弩手后，是指挥他们的军吏。而在最南与最北两侧，同样是弓弩手，

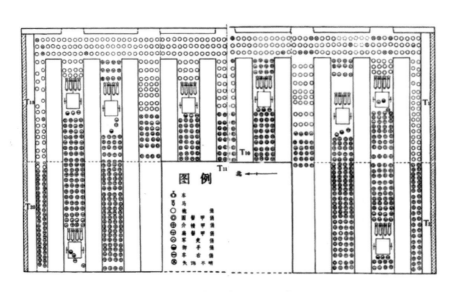

《秦始皇陵兵马俑一号坑发掘报告（1974—1984）》中的 1 号坑示意图

只是不同于东端的轻装步兵，南北两侧的弓弩手均为甲士，具备较高的防护力。最后是西端走廊，也就是一号坑阵形的后卫，站立着 3 列甲士弩兵，最后一列向西警戒，前两列面向东方。一号坑的东南西北均分布着手持弓弩的警备部队，在这些弓弩手之后，则是呈纵队形式的攻击部队。除去南北两侧的弓弩手，一号坑军阵内还有 9 列纵队。这些纵队由战车和步兵组成，其中以步兵为主力，武器以戈、矛、剑为主，纵队附属有不等数量的战车，少则二三乘，多则 7 乘，在战车前部，有 3 排步兵以为前拒，后则配备数量不等的步兵跟随战车作战。

二号坑，不同于一号坑的规模宏大与阵容方正，二号坑呈曲尺形，面积也不及一号坑的一半，但是二号坑的兵种却远比一号坑丰富。二号坑内包含有车兵、骑兵与步兵，其中车兵又分为轻装车兵与重装车兵，步兵则可分为弓弩手与随车步兵。二号坑的军阵呈现一种待命姿态。在二号坑的 14 个过洞中，有 8 个过洞为轻装车兵，3 个过洞为重装车兵，3 个过洞为骑兵，在整个阵形的前方，还有一支弓弩部队。轻装车兵呈

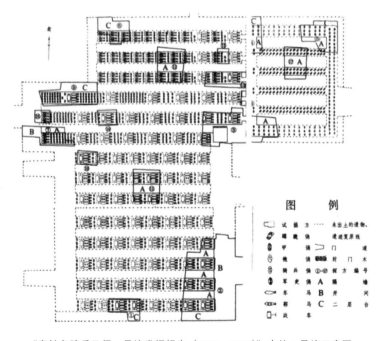

《秦始皇陵兵马俑一号坑发掘报告（1974—1984）》中的 2 号坑示意图

8列分布，每列8辆战车，共计64辆，呈小型方阵，布于整个阵形的南部。重装车兵阵，以重装车兵即带甲车兵为主，辅以步兵、骑兵，战车19辆呈3列纵队分布，每乘战车之后，附有步兵，前14辆车为1辆战车配属8名步兵，后5辆战车两辆配属28名步兵，3辆配属32名步兵。指挥车位于左路纵队的最后。在重车兵阵形的最后还配有8名骑兵，或许是用于通讯。在二号坑的左翼则是骑兵方阵，由6乘战车和108名骑兵组成，其中6乘战车分为两列与一列骑兵处于阵的前部，剩余96名骑兵分为8列紧随其后。在二号坑军阵的东端，是弓弩手组成的阵形，与一号坑阵形一样，二号坑阵形的最前端，同样是弓弩手。

三号坑，与一号坑和二号坑不同，三号坑所展现的军阵不同，三号坑并非作战阵形，而是整个秦俑军阵的指挥所。在三号坑中心，是一辆指挥战车，周边则是等待命令的甲士与正在戒备的部队，同时三号坑内还有祭祀遗迹，说明秦军在作战时仍保留了向天祭祀的传统。

现在，秦始皇兵马俑所展现的军阵已经还原在世人眼前，可是，秦始皇兵马俑所展现的到底是什么阵法呢？说到这里，不得不再提一下四号坑，因为四号坑的存在，使得对于秦军阵法的判断产生了些许干扰。有的学者认为，秦军继承了自商周时期以来的三军传统，应该是一个"三军阵"（上文提及的繻葛之战，正是三军对阵三军），秦始皇兵马俑所发掘的三个有俑坑中，三号坑职责明确，是军中负责指挥所在，但是规模太小，称不上中军，所以应该还有一个"中军"，四号坑可能就是"中军"。但正如前文所说，四号坑极大概率并不是秦始皇兵马俑坑的一部分，在这个前提下，使用三军阵来形容整个秦军军阵，或许并不恰当。

实际上，我们并不用拘泥于秦军军阵是后世所称的哪种阵法，行军布阵最讲究的不是"正名"，而是因地制宜，随机应变。在战国时期，军事发展已经摆脱了条条框框的限制，晋军毁弃战车改用步兵，赵国胡服骑射都是最好的证明，秦国是战国时代变法最为彻底的国家，更不会拘泥于三军对阵这样的老皇历，秦军军阵，更是从精神上继承了《孙子兵法》的"以正合，以奇胜"。整个秦始皇兵马俑军阵正是根据这一精神排布的。为了行文方便，我们不妨将一号坑军阵称作一号阵，二号坑为二号阵，三号坑为指挥阵。

一号坑拥有6千人，远超二号阵与指挥阵，是当之无愧的主阵，其呈现的是攻守兼备的特点。在一号阵的阵表，东南西北四个方向均配有弓弩兵，这显然是呈警戒状态，一旦秦军发起进攻或者敌军来攻，都是由弓弩兵首先接阵，发起进攻。在火器出现之前，弓弩，尤其是弩的射程与威力是无与伦比的。根据秦始皇兵马俑的考古发掘，秦弩制作精良，配备了望山，不仅射程远，而且精度高，一次齐射能造成敌军不小的伤亡，且不论被打败的六国军队，即使是以骑射著称的匈奴军队，也败在秦弩之前。在接阵时首先使用弓弩进行齐射，能最大限度地发挥威力，给敌军造成伤亡。这一点，东西方是相通的，在"西方兵圣"克劳塞维茨的《战争论》中就提出："炮兵的火力比步兵的火力有效得多。用炮兵开始战斗，而且一开始就使用绝大部分炮兵。"这一点可以说与秦军军阵是不谋而合的。这些位于阵表的弓弩兵，除了用于首先接阵外，同时还起着稳定阵脚的作用，维持阵形的稳定。东边弓弩手在射击完毕后，立即快速向南北两侧移动，露出身后的9列进攻编队。在最南和最北的4列纵队是纯步兵，是进攻阵形的两翼，中间的5列纵队，战车和步兵呈梯次分布，战车在前，轻装步兵在后，保证了部队的速度与灵活性。这些进攻纵队既可以全队出击也可分批出击。出击后，战车在前，轻装步兵在后，紧密排列，这种形式，正是前文所说的"鱼丽之阵"的特点："先偏后伍，伍承弥缝"，可见秦军充分吸收了先代军事技术。战车配合步兵的速度进行冲锋，步兵则在战车后部与两侧，一方面护卫战车，另一方面也可利用战车作为掩护，在进攻时这种阵形能够形成强大的合力冲击对方，在防守时则凝聚为一体，可谓攻守兼备。这种战车与步兵协同作战的方式，在第二次世界大战中仍然可以看到。既然提到第二次世界大战，那就不能不提到古德里安所提倡的闪电战，古德里安将坦克装甲车集中编队使用，实现了火力、装甲与机动的一体化，在第二次世界大战初期击败了还在配合步兵行进的他国坦克。而两千年前的秦军同样也明白机动部队独立编队进攻的重要性，这在二号军阵中得以充分体现。

二号阵是由步兵、车兵、骑兵组成的混合阵形，大阵内有序分布着4个小阵。相对于一号阵的主军地位，二号阵则是明显的佐军。位于阵形最前方的同样是弓弩手，这些弓弩兵与一号阵的弓弩兵一样，既可以率先射击，又可以护卫全军。而二号阵的最南端的8列轻装车兵，堪称秦国的装甲集群，64辆速度、防护、火力兼具的战车，并没有附属步兵，可以充分发挥战车的速度与威力，在骑兵还在担任辅助的时代，这8列同时出击的战车对敌军的冲击和伤害是无与伦比的。而阵中的重装车兵则可以发挥"鱼丽之阵"密集坚固的特点打击敌军，骑兵部队既可以扰乱敌军阵形，也可以袭击敌军后方，截断通讯，每个兵种都是机动灵活，根据实际战况调配使用，二号阵有极强的应变能力。

而决定一号阵与二号阵如何出击的，就是配备了完善通讯系统的三号指挥阵了。

综合看来，秦始皇兵马俑所展现军阵的基本战术是在秦军与敌军接战后，首先由一号阵前部的弓弩手进行齐射，在对敌军进行杀伤的同时也破坏了敌军的阵形，随后弓弩手向两翼后撤，让出空间，让一号阵内的进攻纵队向敌军冲锋，切割其阵形，分离其兵力，由步兵与敌军进行白刃战，根据战况，若敌军所有部队均在与一号阵部队战斗，则可使用二号阵的骑兵部队进一步切断敌军间的联系，彻底扰乱其阵形，再由战车部队冲锋击溃敌军；若敌军安排了奇袭部队向本阵袭来，则二号阵内骑兵与车兵可利用速度与威力优势迅速迎击，打破敌军的袭击。整个战术可谓攻守兼备。这种阵形正是"奇正思想"的体现。

《孙子兵法》虽然没有具体描述过阵形，却为自春秋末期以来的军事变革中崭露头角的新型军阵注入了灵魂。在《孙子兵法》中，奇正结合的战术思想在《势篇》中得到了集中体现，除了耳熟能详的"凡战者，以正合，以奇胜"外，还有"三军之众，可使必受敌而无败者，奇正是也。"以及对"奇正"的具体解释："战势不过奇正,奇正之变,不可胜穷也。奇正相生,如循环之无端,孰能穷之哉!"奇正相生,变化无穷就是两军对阵胜利的诀窍。

奇正思想对于军阵的影响在于两军对阵,不再局限于商周春秋时期的左、中、右三部相互捉对厮杀的状态,而是将军队按照实际作用分为正兵与奇兵两部分,相互配合,择机而动。正兵正面迎敌,需要密集坚固,整体行动,攻可以正面攻坚,守则能坚守阵地。奇兵则需机动精锐,出其不意掩其不备,向敌军刺上致命一刀。秦始皇兵马俑所展现的军阵完美契合这一精神,正可谓是"奇正之阵"。在秦赵长平之战的最后,白起正是利用这样的战术,先将赵军引出,再以营垒坚阵阻挡赵军,同时派出部队截断赵军后路,分割赵军军阵,由骑兵彻底阻断赵军的粮道。在赵军断粮乏力时,又以坚阵挡住赵军的突围部队并以强弩射杀主帅赵括,迫使剩余赵军投降,随后又坑杀赵军,搬开了秦统一六国之路上最大的绊脚石。

2. 背水一战,十面埋伏
——楚汉战争中的阵法运用

正所谓军事是政治的延续,当秦国政治清明时,秦军可以一扫六合,一统天下,但是秦二世登基以后,屡施暴政,迫使陈胜吴广揭竿而起,始皇帝期许中的千秋万代并没有出现。楚汉争雄的时代来临。

相对丁秦统一六国之战,楚汉战争的记载更为生动详细,也为我们留下了诸多战争典故,如"破釜沉舟""暗度陈仓""背水一战""十面埋伏""四面楚歌",这些典故背后都是一段惊心动魄的战事。楚汉之争成就了诸多名将,其中最耀眼的莫过于被后世称为"兵仙"的韩信。韩信作为汉军最杰出的统帅,不仅向刘邦建言一方面在荥阳一带正面阻击楚军,另一方面由偏师平定北方与齐国,同时在楚军身后以游击形式断其粮道,最终实现战略包围楚军的策略,而且身先士卒,亲自领兵平定了魏、代、赵、燕、齐诸国,最终与刘邦会师后,在垓下之战一举击溃楚军,平定天下。在这一过程中,韩信也展示了自己强大的布阵能力,其中最为人所称道的,就是在灭赵过程中的"背水列阵"与垓下之战的"五军之阵"。

在《尉缭子》等兵法中,背水之地是兵家死地之一。韩信能背水列阵而得胜,人们津津乐道的往往是韩信在战胜后总结的"置之死地而后生"的胆略,却忘了"置之死地而后生"并不是任何人都能做到的,被钉在"言过其实"耻辱柱上的马谡,除了不懂当道阻敌的道理外,更是盲目迷信"置之死地而后生"能激发蜀汉军队战斗力,将自己置身于死地,不仅未能后生,更是一举葬送了诸葛亮的北伐事业。而韩信之所以能"置之死地而后生",是因为其既治军严整,又谋略十足,做好了充分准备。

在井陉之战中,韩信的条件堪称恶劣,地利、人和均不在汉军一侧。汉军的任务是要向东消灭赵国,但此时韩信兵力短缺:为了加强荥阳正面战场的兵力,刘邦将大将曹参及其部队以及在灭代之战中俘获的俘虏全数带走,韩信实际能投入到灭赵之战的部队不过3万人,而赵军则有20万人;比起人少,更糟糕的是地利,要攻击赵国,井陉隘口是必经之路,可是井陉道路狭窄,易守难攻,且韩信孤军深入,粮道危险,赵军李左车也发现了这一致命弱点,提出派轻骑袭击汉军后路的奇策;人和方面,汉军是在赵地作战,除了补给困难,更是难以获得友军支援。韩信的优势除了统帅的能力外尚有天时:一方面,汉军刚刚经历了灭代之战,士气正旺;另一方面,赵军统帅刚愎自用,没用李左车之计,而是倚仗兵力优势企图与韩信决战。韩信在此条件下充分展示了其排兵布阵的智慧。

井陉之战的战斗从复盘的角度来看并不复杂,首先,韩信派出两千轻骑手持汉军军旗埋伏于赵军营地附近,再派一万汉军渡过绵蔓水,背水列阵,天亮后,韩信亲率部队挑衅赵军,引其出战,再佯装不敌,引敌军至背水阵处，与列阵汉军合力对抗赵军，此时两千轻骑趁赵营空虚攻占其地并插满汉军旗帜，未能攻下背水一战汉军的赵军，在返回营地时发现大营被占，顿时溃退，韩信趁机追击，杀陈余，擒赵王歇，一举平定赵地。

此战看起来行云流水，但是能顺利运作，需要准备周全。首先，军阵实际上就是战斗队形的排列与组合，韩信的第一个优势就是治军严整。在先秦兵法中，兵家非常重视士气与军心，要让己方军队在面对占巨大优势的敌军时，仍能保持队形，不会溃退。汉军以绝对劣势对战赵军，在赵军围攻下坚守阵地，爆发出强烈的战斗欲望和强大的战斗力，在数倍于己的敌军面前死战不退，直至反击赵军，正是治军严整的表现。相比之下，赵军占据人数优势，在攻击受挫大营被占的情况下就军心溃散，可谓是高下立判。另一方面，汉军战术运用配合极其熟练。3万汉军分为3个部分：两千轻骑、一万前锋、韩信本部。韩信本部要与背水列阵的一万前锋密切配合，转逃为攻，与追击而来的赵军决战。两千轻骑则是汉军的奇兵，也是制胜的关键，要充分把握韩信本部及前锋与赵军决战的时机：袭击赵营，若出击得早，赵营尚未空虚，难以攻克不说，若出击的赵军向后攻击，则将全军覆没；若出击得晚，赵军攻击受挫，已然回营，更是难以进攻。当然，如果没有背水阵在前"以正合"，是不可能有两千轻骑的"以奇胜"。韩信背水列阵，除利用了人心，更是利用了地利。汉军背水列阵，虽然身旁身后都是山川河流，无处可逃，堪称绝地，但是从另一个角度来说，在这种地形下，敌军除了正面攻击外，也无攻击军阵背后的可能，大大缩小了汉军的防御圈，只要在正面加强兵力的纵深配置，就能有效抵挡赵军的进攻，这就好比处于封口窄巷之中，无处可去但是只要守住一条路，敌军也攻不进来。当敌军撤退时也能即刻追击。

韩信的"背水阵"虽然出奇制胜，但是实施难度太高，过于惊险，未能传世。但是后世兵家却记录了韩信的另一阵法："五军阵"。根据《武备志》卷五十五《阵练制》之"韩信垓下五军阵图"："垓下之阵，汉淮阴侯韩信开国之所作也。《尉缭子》曰：'兵法：左、右、中、前、后军各有分地，分地者，东南为前，西南为右，东北为左，西北为后，左右前后之中为中。'故汉高帝垓下之战，韩信为大将，信乃以孔将军将左而居东南，费将军将右而居西南，自将前军为先锋而居汉王之前，绛侯在后，汉王在韩信、绛侯之间，左右所以为拒先锋，所以为致师也。项羽之阵亦五军而已。项羽气骄而轻进，陷于二拒之内，为左右所乘，是以取败。使项羽之右军能攻汉王之左军，则汉左军必敛兵自救，而信或反为项所败矣。此二将贤愚优劣之辨，马隆曰淮阴用之，鲁公莫测是也。厥后诸葛亮、曹操皆因之。诸葛有五军师，曹操以前、后、中为三覆，大略无不相似也。而司马懿畏亮如虎，三追三失，其将何欤？韩信之前有伏，诸葛之后有伏，项羽不识韩信之前，司马懿不识诸葛之后故也。"

《武备志》在介绍"五军阵"之后，还对项羽如何用"五军阵"对战韩信五军阵作出了猜想，但是其却将项羽失败的原因归结于"气骄轻进"，则有失偏颇。垓下之战的背景，是项羽被战略合围在垓下之地，刘邦、韩信、彭越、英布、刘贾5路大军合围项羽，楚军无处可退，且"兵少粮尽"，只能在垓下与汉军决战。在这种情况下，韩信将30万军与十余万楚军决战，项羽首要考虑的是如何"出奇制胜"。项羽最擅长的并不是阵地战，而是突袭。彭城之战，项羽率3万军千里奔袭，一举杀败刘邦联军50余万人，险些活捉刘邦。即使在垓下之战失败后，其犹

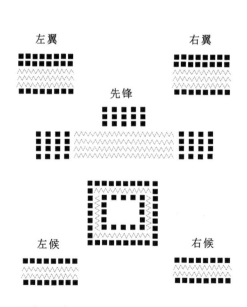

明代《武备志》复原的韩信"垓下五军阵图"

能带领 28 人在 5 千汉军骑兵中斩将夺旗，可见其深谙此道。而在垓下之战前，无论是巨鹿之战还是彭城之战，项羽都有以少胜多的经历，因此在垓下之战这样关乎生死存亡的决战中，项羽必定是选择其最擅长的战法。而韩信对于项羽非常了解，这从"五军阵"的配置可以看出来。"五军阵"由韩信率领先锋，刘邦本部在韩信先锋之后，刘邦之后是由周勃、柴武分率的预备队，在韩信的左前方，是孔藂率领的左翼部队，在韩信的右前方，是陈贺率领的右翼部队。汉军正面，有韩信的前锋，刘邦的本队，还有周勃、柴武的预备队，呈现纵深配置。从中不难发现，韩信是针对项羽的突袭猛击制定的战术：韩信先率先锋与项羽战，自然不是项羽对手，韩信退却，项羽率军追赶，可以判断，项羽这个时候必定是率领骑兵先行追击，这样易与后部步兵脱节，这个时候埋伏在两翼的汉军纵兵出击，打得楚军措手不及，韩信再率军回师进攻项羽，终于杀败项羽，"十面埋伏"实际上只有"三面"而已。一代西楚霸王，在韩信的精心准备下，也只能虞兮虞兮奈若何，自刎以谢江东父老了。

3. 师夷长技，强汉难犯
——汉军的骑兵运用

在井陉之战、彭城之战、垓下之战中，都有一个异常活跃的兵种：骑兵，在战国末期还是辅助兵种的骑兵，在楚汉战争中已经崭露头角，开始位居主力部队之列。这一点，在目前发掘的早期汉墓中都有体现。

在 1984 年发掘的徐州狮子山汉墓随葬坑中，出土了随楚王刘戊下葬的兵马俑，虽然数量和大小都不及秦始皇兵马俑，但是其仍然组成了一个壮观的地下军阵。狮子山汉墓中的兵马俑，由两个方阵组成，与秦始皇兵马俑一样，同样是奇正结合的军阵，正阵由 3 列纵队和 1 列横队组成，纵队前部是密集的步兵，后部则是车兵，在 3 列纵队的最后，是负责后卫的 1 列横队步兵，与秦军军阵不同的是，楚王的奇阵是由纯骑兵组成的。

狮子山汉墓的主人楚王刘戊虽然参加了七国之乱的反叛，但是汉景帝没有剥夺他入葬王陵的特权，因此才能保留了这样一个还原西汉早期地方军队军阵的兵马俑。无独有偶，楚王的对手，平定七国之乱的周亚夫及其父亲绛侯周勃的墓葬群杨家湾汉墓，也突显了骑兵在汉军中的作用。

杨家湾汉墓兵马俑，是由11个兵马俑坑组成的，除了1个战车坑外，其余全是由步兵与骑兵组成的方阵。杨家湾汉墓兵马俑的战车坑位于整个军阵的中心，坑内有战车3辆，显然是作为指挥之用。从整个军阵来看，阵形前半部分为步兵，后半部分为骑兵，呈纵深配置。在步兵方面，杨家湾汉墓步兵俑可以按武器装备分为持矛步兵与弓弩兵。持矛步兵，即"材官"，又可以分为轻装与重装。轻装持矛步兵无铠甲，无冠，身着虎纹衣，手持长矛；重装持矛步兵则身披铠甲，是整个军阵的主体。值得一提的是弓弩兵，与文献一致，弓弩兵俑展现出了汉代弓弩手弓、弩分编的特点，弩手称为"蹶张"，弓兵称为"引强"，弩威力大，精度高，但是发射间隔长，尤其是"蹶张弩"装填一次需要大量时间，弓则装填快，但是精度与威力逊于弩。弓弩分列合击，可以最大限度地发挥弓弩的威力。骑兵可以单独使用，从阵形后部独立出击。值得一提的是，杨家湾汉墓的骑兵俑，身后已经背负箭囊，结合文献可知，在西汉初期，就已经有使用臂张弩的骑射轻骑兵。这些轻骑兵不着铠甲，手持弓弩，背负箭囊，所乘马匹较为矮小。既然称其为轻骑兵，那么与之相对的还有重骑兵。重骑兵俑骑乘高头大马，身披铠甲，手持长矛，不同于轻骑兵以弩箭杀伤敌人，重骑兵主要依靠速度与冲击力。在6个骑兵部队中，1个由轻骑兵组成，4个由重骑兵组成，1个由两者混合组合。可见汉初的重骑兵已经占据了主要地位，轻骑兵则处于辅助的地位，近战与远战相结合，充分提升了骑兵的杀伤力，也使得骑兵能在更复杂的环境下作战。

西汉初期的军阵之所以已经开始大量使用骑兵，与当时的历史条件密不可分。刘邦在结束楚汉战争后，北上抗击匈奴，却不意遭受白登之围，屈辱而回。从此以后直到汉武帝北击匈奴，汉王朝都无力对匈奴发动大规模打击，但是汉军也充分认识到了骑兵的威力，通过"文景之治"与"复马令"，汉朝的马匹数量大量增加，达到 40 万匹。一个新的时代来临了。

汉文帝时期的晁错曾作《言兵事疏》，论述汉军与匈奴作战的优势与劣势，其认为匈奴的优势是"今匈奴地形技艺与中国异，上下山坂，出入溪涧，中国之马弗与也。险道倾侧，且驰且射，中国之骑弗与也。风雨疲劳，饥渴不困，中国之人弗与也。此匈奴之长技也。"简而言之，匈奴的优势是地利与擅长骑射。相比之下，汉军的优势则是"若夫平原易地，轻车突骑，此匈奴之众易挠乱也；劲弩长戟，射疏及远，则匈奴之弓弗能格也；坚甲利刃，长短相杂，游弩往来，什伍俱前，则匈奴之兵弗能当也；材官驺发，矢道同的，则匈奴之革笥木荐弗能支也；下马地斗，剑戟相接，去就相薄，则匈奴之足弗能给也；此中国之长技也。"简而言之，就是兵种丰富、训练有素、装备精良。

晁错根据汉匈军事能力的分析，向汉文帝谏言，认为虽然汉军占有优势，但是战场形势瞬息万变，以优势兵力的汉军北击匈奴仍然存在风险，"万全之策"是"今降胡义渠蛮夷之属来归义者，其众数千人，饮食长技与匈奴同，可赐之坚甲絮衣劲弩利矢，益以郡之良骑，令明将能知其习俗和辑其心者以将之，即有阻险则以此当之，平地通道则以轻车材官制之，两军相当，表里各用其技横加之，以众此万全之术。"也就是守边备塞配合以夷制夷之术。

但是历史告诉我们，"以夷制夷"从来不能真正解决问题，北宋联金灭辽，南宋联蒙灭金，无一不是加速了自身的灭亡。晁错的本意也是阻止汉文帝在时机不成熟的条件下贸然与匈奴开战，要想真正战胜匈奴，不能只是"以夷制夷"，还要"师夷长技以制夷"，发展汉军骑兵，抵消匈奴的优势。

汉武帝元光二年（前 133 年），汉武帝凭借"文景之治"留下的雄厚国力与本身的雄才大略，采纳了大行令王恢的计谋，在境内马邑设围，企图凭借地利与人数优势全歼被利诱的军臣单于及其军队。自韩信以五军阵在垓下击败项羽以来，汉军出征，往往也按五军布局。马邑之围汉军的布局，与韩信"五军阵"也有相似之处。汉武帝以李广为骁骑将军，公孙贺为轻车将军，王恢为将屯将军，李息为材官将军，韩安国为护军将军统领全军。在这5名将领中，统领全军的韩安国是平定过吴楚七国之乱的名将，李广更是当时抗击匈奴的名将，有"飞将军"之称，王恢是本次战役的计划者，公孙贺和李息都是将来在汉匈之战中拜将封侯之人。在兵力配置上，韩安国、李广、公孙贺伏兵于马邑山谷中，王恢与李息则埋伏于代郡，准备攻击匈奴的辎重部队，亦可截断匈奴后路，这种三军迎击、两军袭击后方的战法可谓与韩信"五军阵"一脉相承。马邑之围因为消息走漏，未能一举围歼军臣单于，但是汉匈之战的大幕已经正式拉开。

马邑之围失败后，在长城内伏击匈奴的战法已不可行，汉武帝转而使用骑兵主动出击，元光五年（前130年），汉武帝以卫青为车骑将军击匈奴出上谷，公孙贺为轻车将军出云中，公孙敖为骑将军出代郡，李广为骁骑将军出雁门，4将各领1万骑兵出击。因为李广名声重于匈奴，引得匈奴重兵围攻李广部，而当时尚无功名的卫青，则避开了匈奴主力，直捣匈奴祭天重地龙城，斩首数百而归，此后，卫青又率军夺回河套，修筑朔方城，解除了匈奴对长安的威胁，继而突袭右贤王，加封大将军。然而，因为史料的缺失，卫青在这几次战争的具体战法并未能流传下来，汉军以何种阵法迎击匈奴也不得而知，只能从蛛丝马迹中去探寻。

在卫青获封大将军后的第二年，元朔六年（前123年）春，卫青再率大军10万出击，以公孙敖为中将军，公孙贺为左将军，赵信为前将军，苏建为右将军，李广为后将军，李沮为强弩将军，是在前后中左右五军的基础上，加上了一支"特种"部队：尽管到了后世，杂号将军往往名不副实，但在汉武帝时，将军的号名还是能够代表其部队的属性

中
国
古
兵
阵

的，强弩将军李沮的部队，当是由弓弩手所组成，这支弓弩部队应该是从属于大将军本阵。而在这一年的战争中，作为前锋的前将军赵信遭遇单于主力，战败投降，右路出击的苏建仅以身免，后将军李广无所建树，可见五军各司其职且各分其地，确实如《尉缭子》所述"左、右、中、前、后军各有分地"。卫青"五军阵"与韩信"五军阵"不同，韩信的"五军阵"是两军对战时的阵形，采用的是后三左右各一的"钳"形阵，而卫青的"五军阵"是行军阵，五军呈菱形分布。卫青五军阵目的明确，即以严整队形寻求单于主力决战。在元朔五年（前124年）春的抗击匈奴作战中，卫青并未采取"五军阵"，而是以苏建为游击将军，李沮为强弩将军，公孙贺为骑将军，李蔡为轻车将军，加上李息与张次公，卫青本部自领3万骑，将6将军所率部队，出朔方郡攻击右贤王。此战卫青率军出塞六七百里，乘右贤王饮酒不备，奇袭右贤王所部，大获全胜。而元朔六年（前123年）的两次出击以及漠北大战，汉军都是以寻求单于主力决战为目的。在这种情形下，大军的行踪难以隐藏，保证军队严整与战力是第一位的，采用前后左右中的五军阵形，既能保障与敌决战时拥有梯次战斗的能力，又能保证行军与宿营的安全。

元朔六年（前123年）的出征，卫青并未实现与匈奴主力决战的目的，反而损失了赵信、苏建所领的两军，更严重的是熟悉汉军军情的赵信，也就是阿胡儿回归匈奴。因此在接下来断匈奴右臂、打通河西走廊的河西之战，汉军由霍去病担任主帅。霍去病在元朔六年之战中任骠姚校尉，率800轻骑，斩首两千余，其中包括了单于的祖父辈与叔父，被封为冠军侯。河西之战，霍去病更是转战千里，战无不克。霍去病与卫青不同，善于因粮于敌，因此其没有辎重部队的拖累与干扰，加上霍去病率领的均为汉军精锐，战力极强，更有不少匈奴人。在漠北之战中，霍去病部就有两员大将是匈奴降将，因此霍去病部熟悉匈奴地形。这正是利用匈奴的战法对付匈奴人，而相比匈奴，汉军装备更为精良，训练更为有素。只是可惜的是，《史记》与《汉书》未能留下霍去病的阵形战法，即使是在漠北决战中，也只留下了卫青一方的作战经过。

在元狩四年（前 119 年）春，汉武帝令卫青与霍去病各率 5 万骑兵加上步兵后勤数十万人入漠北与伊稚斜单于决战，试图一举消灭匈奴主力。阴差阳错之下，更为精锐的霍去病部并未碰上单于本部，而卫青却在出塞千里后遇到了严阵以待的单于主力。卫青出塞之时依旧以"五军阵"行军，此次出征的分别是前将军李广，左将军公孙敖，右将军赵食其，后将军曹襄，卫青自率本部。在遇到单于本阵之前，卫青通过俘虏知晓了单于的位置，将五军一分为二，前将军李广与右将军赵食其自成一队向右迂回，当卫青本阵遇到单于时，李广与赵食其因为路远且缺乏向导，并未如期赶到，卫青只能以中、左、后三军迎敌。在此次决战之前，之前投降匈奴的赵信为单于献计，认为汉军远来，人困马乏，应该坚壁清野，以逸待劳，单于采纳了赵信的计谋，将所有辎重运至漠北，列阵等待汉军前来。卫青所面临的情况是，一方面，汉军主力不全，援军不知何时能至，且劳师远征；另一方面，匈奴占据地利，以逸待劳。在这一情况下，卫青首先是集中军中的武刚车，即装备了盾牌的轻装战车，将其环绕为营，以阻挡匈奴骑兵的冲击。在保证了本阵安全的前提下，卫青让 5 千汉军骑兵（应为重骑兵）冲击匈奴本阵，试探匈奴实力，这两步都体现了卫青谨慎严谨的作战风格。匈奴亦派 1 万骑兵与汉军骑兵会战，而在此时，突如其来的风沙遮天蔽日，两军不能相见，陷入混乱，此时汉军的战斗力与兵力优势抵消了匈奴的地利。5 千汉军骑兵凭借强悍的战力与 1 万匈奴骑兵鏖战不休，卫青则派出左右两翼部队将匈奴本阵团团围住，伊稚斜判断匈奴无法取胜而趁乱率数百骑兵逃遁。这场大战直至日落方才结束，汉军发现单于逃遁，连夜追击也未能追上，只能追击至匈奴堆放粮草的赵信城休息一日后，烧毁匈奴粮草而还。

漠北大战的结束并不是汉匈战争的结束，汉军骑兵与匈奴骑兵的战斗直到东汉时期北匈奴为汉军和南匈奴联合击败，远走西方才算告一段落，在这几百年的斗争中，汉军骑兵北逐匈奴，征服西域，将"犯强汉者，虽远必诛"的声威传遍敌营。

4. 勒以八阵，莅以威神

——汉军的阵法运用

行文至此，读者或许疑惑，在先秦时期的兵法里，有各种各样的阵法，这些阵法到了汉代是否有被继承和创新呢？正如前文所言，兵阵是要与当时的兵种相适应的。先秦时期用以车战的"雁行阵""鸟云阵"，在汉代都随着战车主力地位的消失而退散，但是以霍去病为代表的擅长骑兵作战军事家所用的兵阵也未流传下来，汉墓中的阵形只能说是汉代兵阵的吉光片羽，汉代兵阵仍然充满了谜团，其中最大的谜团，恐怕还是扑朔迷离的"汉八阵"。

在《孙膑兵法》中，不仅有《八阵》篇，《十阵》篇中留存的 10 个兵阵，去除水火 2 阵之后也是 8 个阵法。无独有偶，在汉代文献中，也出现了"八阵之名"，其中最著名的就是班固所作的《燕然山铭》。《燕然山铭》是东汉大将军窦宪联合南匈奴击破北匈奴后命班固所作。其中有"元戎轻武，长毂四分，云辎蔽路，万有三千余乘。勒以八阵，莅以威神，玄甲耀目，朱旗绛天"一段。可惜《后汉书》没有进一步记载这八阵为何阵。在《后汉书》中，还有一条援引《魏书》的注文："汉承秦制，三时不讲，唯十月车驾幸长安水南门，会五营士为八阵进退，名曰乘之。"可见，汉代将士确实习练八阵，那么这八阵为何阵呢？南朝梁昭明太子萧统主编的《文选》中，对《燕然山铭》中的"勒以八阵"作出了注释："八阵者：一曰方阵、二曰圆阵、三曰牝阵、四曰牡阵、五曰冲阵、六曰轮阵、七曰浮苴阵、八曰雁行阵。"萧统是公元 6 世纪的人，距离东汉灭亡已经 300 余年，《文选》对 8 阵的解释，本身是有疑问的，然而一项考古发现，却为《文选》中的"汉八阵"正了名。1978 年，青海大通县孙家寨汉墓出土了一批记载汉代军事制度的木简，部分简文记载，汉军之中，有"圆、方、牝、兑武、浮苴"5 种阵法，5 种阵法

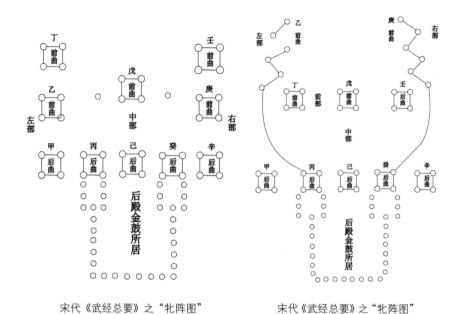

宋代《武经总要》之"牝阵图"　　　　　宋代《武经总要》之"牝阵图"

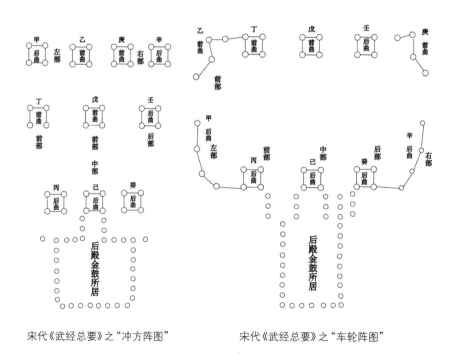

中国古兵阵

宋代《武经总要》之"冲方阵图"　　　　宋代《武经总要》之"车轮阵图"

中有 4 种与"汉八阵"同，可见《文选》所言是信而有征的。而"汉八阵"中，"方阵"、"圆阵"、"雁行阵"都在《孙膑兵法》八阵之列，而"牡、牝、冲、轮、浮苴"5 阵则是新出现的阵法，可见"汉八阵"是对战国时期八阵的继承与发展。

可惜的是，因为汉简残缺不全，难以一睹这些阵法全貌。但是，我们仍然能从汉代文献探究汉代兵阵的威力。

在晁错《言兵事疏》中就提到了汉初汉军的兵种运用问题。在《言兵事疏》中，汉军根据装备，可以分为车骑、长戟、弓弩、枪矛、剑盾等兵种，这些兵种在不同的地形下能发挥各自的威力，以步兵的优势而言，在沟壑纵横，山林积石之地，当使用步兵，骑兵在这种地形下对战步兵是"二不当一"。具体到步兵而言，不同地形又应该使用不同的兵种：在山谷幽涧、居高临下之地，当用弓弩，敌军若没有射击武器，只能是"百不当一"；而在平地之上，两军对阵，最有利的是长戟兵，敌军若是使用剑盾则不是对手；在树木繁盛的林间，则应使用矛兵，而不能使用戟兵；而在道路曲折的险要之地，则应使用剑盾。在平原广野之地，则是车骑部队争雄之地，步兵是难以抵挡的。同时，晁错还强调了汉军的训练与装备，认为训练不精，不能根据指令进退的士兵，"百不当十"；武器不利，与空手无异，并引用兵法的结论："器械不利以其卒与敌也，卒不可用以其将与敌也，将不知兵以其主与敌也，君不择将以其国与敌也。"再次强调了兵器、训练、选将的重要性。

《言兵事疏》虽然记录了汉军的诸多兵种，但也未能反映汉代军武的全貌，在东汉末年的《释名》中，则记录了汉军的武器装备。在《释名》卷第七之《释兵》中，作者刘熙列举了汉军的各项装备。汉军的远射兵器为弓、弩、箭，放置箭的装具为箙。短兵器有刀、剑，汉代环首刀可斩可刺，《释名》中还提到了一种容刀，有刀形而无刃，用以礼仪。长兵器有矛、戟：矛长丈 8 尺，用于马战的为稍，用于截击敌阵；矛长丈 6 尺为夷矛，用于与夷人作战，也可用于车战；矛长丈 2 尺的殳矛，无刃，用于撞击车上敌人；铁柄短矛则为鋋。戟，丈 6 尺或丈 8 尺为车戟，用于车战，还有手持短戟，即手戟。盾按产地分有吴地的吴魁、蜀地的须盾、羌地的羌盾；按材质分，则有木盾和犀牛皮制成的犀盾，木盾中用板编成的名为木络；按用途分，陷阵破敌的盾为陷房，步兵所持与刀相配的为步盾，车上所持的为子盾。在这些盾之外，还有一种盾与钩的复合防具：钩镶。《释名》对钩镶的描述是："钩镶，两头曰钩，中央曰镶，或推镶，或钩引，用之宜也。"钩镶的用途，是以两头的钩钩住敌人的长戟，再以刀剑劈砍敌人，也可以用中间的铁盾推挡敌人的兵器，再劈砍敌人，是汉军独特的兵器，尔后因为长戟逐渐退出主战兵器的地位，钩镶也逐渐退出战场。

而以战例诠释汉军多兵种阵形运用的则是李陵浚稽山之战。

天汉二年（前99年），李陵率领麾下5千荆楚勇士与少量骑兵从居延出发，向北到达浚稽山，驻营于此。李陵此行的目的并非决战，而是侦查。按照常理，此类侦查活动应该由轻骑进行，但是一来经过历次大战后，汉军骑兵锐减，二来李陵所部荆楚勇士武艺精湛，甚是精锐，加之士气高昂，所以汉武帝同意李陵以5千步兵出塞侦查。正当李陵遣轻骑回报浚稽山地形时，单于率3万骑兵出现在了李陵面前。面对单于的威胁，李陵可谓临危不惧。晁错曾言："平陵相远，川谷居间，仰高临下，此弓弩之地也，短兵百不当一。两阵相近，平地浅草，可前可后，此长戟之地也，剑盾三不当一……曲道相伏，险隘相薄，此剑盾之地也，弓弩三不当一。"在此战中，李陵充分运用了弓弩、长戟、剑盾三个兵种的威力。李陵所率领的荆楚勇士，乃是"奇材剑客也，力扼虎，射命中。"既擅长近距离格斗，又擅长远距离射击。而李陵地处山谷，虽然是劳师远征，却占据地利。面对占据数量优势的匈奴骑兵，李陵先是与卫青一样，环车为营，结成圆阵，以营垒抵消匈奴的骑兵优势。车营完成后，李陵以步兵列阵，长戟在先，弓弩在后，匈奴骑兵在万箭齐发下死伤惨重，正是《言兵事疏》中"材官骤发，矢道同的，则匈奴之革笥木荐弗能支也"的最生动写照。李陵一战而灭匈奴数千人，汉军士气高涨。然而，李陵孤军出塞，后无援兵，敌众我寡之下，只能且战且走。匈奴尾随李陵军阵，屡战屡败，在李陵车营、长戟、剑盾、强弩的配合攻击下，匈奴损失过万。在胜利的天平向汉军倾斜时，一个小人物再次演绎了什么是祸起萧墙，李陵军中的斥候管敢投奔匈奴，泄露了李陵后无援兵的境况。匈奴再次围攻李陵，并截断了李陵军队的后路。此时的李陵军，因为长途作战，士兵疲乏，箭矢用尽，连短兵器都已缺乏。李陵只能趁夜化整为零撤退，5千壮士只有400回到塞内，而李陵则兵败投降。

李陵虽败，但他此战在阵形运用上是非常成功的。李陵身处敌境，麾下绝大多数都是步兵，面对数倍于己的敌军，李陵环车为营，一是可以阻挡骑兵对本阵的冲击，二是可以稳定军心维持士气，再以长戟剑盾之兵在前阻挡骑兵，弓弩齐发，大量杀伤敌军；阵形运用得当，使得李陵在劣势下仍然能撤退近千里，最后因为外无援军，内有叛徒才失败。因此司马迁这样评价李陵："陵提步卒不满五千，深踩戎马之地，抑数万之师，虏救死扶伤不暇，悉举引弓之民共攻围之。转斗千里，矢尽道穷，士张空拳，冒白刃，北首争死敌，得人之死力，虽古名将不过也。身虽陷败，然其所摧败亦足暴于天下。彼之不死，宜欲得当以报汉也。"只可惜，汉武帝并未能听取司马迁的意见，反而将司马迁处以宫刑。而李陵，也只能终老于匈奴，可悲可叹。

总而言之，秦汉时期缺少阵名的记载，是因为秦汉时期鲜有兵家著作传世，史书对于一些大战经过的描述又往往语焉不详，使得秦汉时期的阵名阵形都难以流传，但是这并不意味着这些阵法都失传了，《文选》中汉八阵的准确记载就是一例。中国古代兵阵是在不断传承的过程中发展的。秦始皇兵马俑的正阵，就是具备了"鱼丽之阵"特点的方阵。而卫青、李陵环车为营的阵法虽俱无阵名，却具备圆阵的要义。汉军的八阵阵法，虽然未能流传下来，但在三国时代，八阵的名号将从此闪耀在历史的天空中，也为其增添了更为神秘复杂的面纱。

名成八阵，龙飞凤翔

——魏晋时期兵阵的探索

1. 功盖三分国，名成八阵图
——"八阵图"是什么

在明代以前，"八阵图"是晋代以来历代兵家推崇的御敌之阵，在明初《三国演义》诞生后，"八阵图"更是"大名垂宇宙"。在探究"八阵图"的真身之前，我们不妨先来看看演义中的"八阵图"：

却说陆逊大获全功，引得胜之兵直往西追袭，前离夔关不远，逊在马上看见前面临山傍江一阵杀气冲天而起，遂勒马回顾众将曰："前面必有埋伏，三军不可进矣。"即倒退十余里，于地势空阔去处摆成阵势以御敌军。即差哨马前去探视。回报曰无军屯在此。逊不信，遂下马登高望之，杀气复起。逊再令人仔细观之，回报曰一骑之迹也无。逊见日将西沉，杀气越加，心中犹豫，又令人探之。回报曰江边止有乱石八九十堆，并无人马。逊大疑，寻土人问之，须臾有数人到。逊问曰："乱石作堆者何也?"土人曰："此石乃诸葛丞相入川之时，驱兵到此，取石排成阵于沙滩之上。自此常常有气如云，从内而起。"陆逊听罢，上马引数十骑来看石阵，立马于山坡之上，但见四面八方，皆有门有户。逊笑曰："此乃惑人之术耳，有何益焉!"遂引数骑下山坡来，直入石阵观看。部将曰："日暮矣，请都督早回。"逊方欲出阵，忽然狂风大作，一霎时，飞沙走石，遮天盖地。但见怪石嵯峨，槎枒似剑;横沙立土，重叠如

山；江声浪涌，有如剑鼓之声。逊大惊曰："吾中诸葛之计也！"急
欲回时，无路可出……于此布下石阵，名八阵图。反复八门，按遁
甲休、生、伤、杜、景、死、惊、开。每日每时，变化无端，可比
十万精兵。

根据《三国演义》的描述，"八阵图"是诸葛亮在今天重庆市奉节
县江滩上所部的乱石阵，能够抵挡十万敌军。众所周知，《三国演义》
素有"七分实，三分虚"之称，"八阵图"的实在于历史上确有诸葛亮
留下的"八阵图"石阵遗迹，虚当然是这个石阵的威力了。

较早记载诸葛亮"八阵图"石阵的是北魏时期郦道元的《水经注》。
郦道元距离诸葛亮所处的时代已经过去了近300年，很多历史细节已经
遗失，但是郦道元还是为我们留下了关于"八阵图"石阵的记载。在《水
经注》中，八阵图石阵共有两处，奉节"八阵图"，根据《水经注》的记载，
"八阵图"得名是因为"聚石八行，行间相去二丈。因曰八阵"。郦道元
同时认为奉节"八阵图"石阵的玄机，当时人已经不能了解了。除了奉
节一处，"八阵图"石阵还有定军山一处，定军山乃诸葛亮坟茔所在，
此处的八阵图更是"遗基略在，崩褫难识"，当时就已经无法窥得原貌
了。郦道元虽然未能记录下"八阵图"石阵的阵形，但是有一个人在郦
道元之前就已经看过了"八阵图"石阵，并看出了其中的奥妙。这个人
就是东晋军事家桓温。

桓温曾经镇守荆州并西征平定了割据蜀地的成汉政权，因此其有机
缘见证奉节"八阵图"石阵，且桓温距诸葛亮不过百余年，石阵也比郦
道元时更为完整。作为军事家，桓温对"八阵图"石阵的评价是"此常
山蛇势也"。常山蛇势，出自《孙子兵法》："善用兵者譬如率然，率然
者，常山之蛇也。击其首则尾至，击其尾则首至，击其中则首尾俱至。"
换言之，"八阵图"石阵具备环环相扣、首尾相顾的特点。那么，"八阵
图"石阵是不是就是后世所谓的"常山蛇阵"呢？从随桓温征蜀的其余
诸将均识不得"八阵图"石阵来看，"八阵图"石阵并非"常山蛇阵"

而是具备"常山蛇势"之精要。尽管郦道元见到的"八阵图"石阵已经无法展现诸葛武侯用兵的机要，但是这并不阻碍世人借"八阵图"石阵歌颂诸葛亮，诗圣杜甫留下了传诵千年的诗篇《八阵图》："功盖三分国，名成八阵图。江流石不转，遗恨失吞吴。"既然"八阵图"石阵早在北魏时期就已经"莫得其要"了。那么，传世的诸葛亮"八阵图"又是什么呢？实际上，我们在提到诸葛亮"八阵图"时，指代的是两样东西，第一个就是"八阵图"石阵，另一个，就是记载诸葛亮所创制使用"八阵"的阵图，也可以将其中记载的阵法称为"八阵法"。

最早也是最直接记载诸葛亮"八阵图"的是《三国志·蜀书·诸葛亮传》："（诸葛亮）推演兵法，作'八阵图'，咸得其要。"在整部《三国志》中，直接记述诸葛亮"八阵图"的仅此一句而已。从中可知，诸葛亮根据先代兵法，取其精华，制成了名为"八阵图"的阵图。阵图，是以图片形式记载阵法的文献。根据《汉书·艺文志》的记载，《孙子兵法》也是附有阵图的，只是未能流传至今。诸葛亮所作的"八阵图"同样未能流传至今，但是"八阵图"中阵法的思想与形制却被历史记录下来。

首先，流传下来的《诸葛亮集》中的《军令》《兵要》等辑佚内容保存了诸葛亮的布阵思想。在《军令》中，记载的有对敌之法，例如与敌接战后，要以鹿角相持，鹿角之后的步兵以蹲姿用矛戟刺敌，后面的弩兵以弩箭射敌。亦有布阵之形："连冲之阵，以狭而厚，为利阵。"强调的是进攻阵形的纵深。还有严明之纪律"凡战临阵，皆无欢哗，明听鼓音，静视幡麾，麾前则前，麾后则后，麾左则左，麾右则右，不闻令而擅前后左右者斩"。这里强调的是军队要根据调令行动。此外还有"军列营，步骑士以下皆着兜鍪"以及"帐下及右阵各持彭排"，记述的则是诸葛亮军中的装备。《兵要》则记载了诸葛亮行军驻营的法则，诸如：行军垒营，要先派心腹及向导审视，仔细检查。要让侦察骑兵携带青红皂白黄五色旗帜先行，以旗色对应地形"见沟坑揭黄，衢路揭白，水涧揭黑，林薮揭青，野火揭赤"，本阵则以鼓声应对。在"渡水逾山，深薮林薮"之地，则要让精锐骑兵搜索周围，在制高点派人监视，精兵在四处防御。在行军过程中要整肃队列，在经过险要之地时、回转时要"以后为前，以左为右，行则鱼贯，立则雁行"。《兵要》的这些内容显示了诸葛亮治军严整与小心谨慎。从留存的诸葛亮著作来看，诸葛亮的军事思想是非常谨慎而周全的，这必然也反映在"八阵图"之中。

遗存的《诸葛亮集》只是记载了诸葛亮军事行动的细节以及其所反映的思想，并没有具体记载"八阵法"的形制。要想还原"八阵法"的形制，反而要从诸葛亮的对手——魏晋军中去找寻。

诸葛亮数次北伐，虽然未能实现光复汉室的理想，但是诸葛亮治军的才能却令兵力、国力均数倍于己的魏国畏服。诸葛亮八年北伐之役，阵斩魏军名将张郃、王双，屡败司马懿、郭淮，让司马懿获得了"畏蜀如虎"之名，只能以拒战坚守消耗蜀汉军队粮草的办法让诸葛亮退兵。在诸葛亮病逝五丈原后，司马懿观看诸葛亮的营垒，留下了"天下奇才"的美誉。也正是因诸葛亮的才华令司马懿折服之故，司马懿之子司马昭在破蜀之后，特地令被其看中的陈勰学习诸葛亮"围阵用兵倚伏之法，又甲乙校标帜之制"。而西晋太傅掾李兴①，在《诸葛亮故宅铭》中，更是称赞诸葛亮"推子八阵，不在孙、吴；木牛之奇，则非般模；神弩之功，一何微妙！"认为"八阵图"是区别于先秦兵法的创新之作。"八阵图"中的阵法精要，尽在晋朝军中了。而历史马上也给了晋军以八阵法实战的机会。

公元 279 年，即西晋咸宁五年，反叛的凉州鲜卑秃发部首领秃发树机能占据凉州。秃发树机能连败西晋大将，听闻又有一支晋军向西进发，便率万余骑兵前往险要处据守，同时又派一支部队去截断晋军的后路。当他看到来袭的晋军时，不禁放下心来，原来这支晋军不过 3000 余人，且以步兵为主，虽然晋军摆出的阵形颇为奇特，但在人数优势

---

① 也就是《陈情表》作者李密之子，巧合的是，李密与《三国志》作者陈寿都曾求学于谯周。

下，似乎也不值得放在心上。但是让秃发树机能没想到的是，正是这3000余人与这个奇特的阵法彻底击败了他。这支军队的统帅名叫马隆，而这个阵法正是大名鼎鼎的"八阵法"。

马隆，西晋名将。但当秃发树机能在凉州叛乱时，马隆并未建立过大的军功，但马隆才识过人，早就看出了凉州的危险。在司马炎环顾群臣寻找平定凉州的良将时，群将无人敢答，马隆则毛遂自荐。司马炎力排众议，赋予马隆自行募兵之权。马隆没有挑选既有的军队，而是以能拉动36钧的弩和4钧的弓为标准自行招募了3500人。马隆之所以能拉动强弓硬弩为标准，是因为马隆"八阵法"的战法正是以强弩弓箭为主要杀伤武器，而马隆选择新募壮士，恐怕也是为了操练阵形。司马炎又给予了马隆3年的军资，马隆在准备万全后，率军西行。

秃发树机能并非泛泛之辈，在马隆之前他已经击败了包括胡烈、苏愉、牵弘、杨欣数位西晋名将，其中胡烈曾随钟会平蜀汉，在钟会谋反时，正是胡烈之子胡渊击杀钟会。牵弘则是曹魏名将牵招之子。魏晋名将文鸯动用20万大军也未能将其彻底消灭。正因为秃发树机能连败晋军名将，才出现了前文中无人敢西征凉州的情况。秃发树机能军力数倍于马隆且派兵扼守险要，又派兵袭扰晋军后路，对于孤军深入的马隆来说，情况并不乐观。

然而马隆敢于以3500人西征秃发树机能，则是因为其精研诸葛亮"八阵法"。面对占尽优势的敌军，马隆布下"八阵法"，在阵形外围配备偏厢车，即在战车一侧配有装备的轻型战车。晋军阵势严密，阵形独特：在地形平坦之处，就以鹿角放于偏厢之上，环车为营；地形狭窄之处则在偏厢车上配置木屋，无论是鹿角还是木屋都有效防御了游牧民族最擅长的骑射之术，同时，在鹿角木屋之后，马隆指挥弓弩手以强弓硬弩射杀敌军。鲜卑骑兵无论是冲击还是抵近射击都被击溃，而晋军且战且行，"弓矢所及，应弦而倒"。马隆不仅善于使用"八阵法"，更是别出心裁。他命令晋军换上皮甲，而在道路两边放置磁石，秃发树机能士兵的铁甲被磁石影响，乱其阵形，而晋军则行动自如。不明就里的鲜卑军队以为马隆是天神下凡，进一步丧失了士气。马隆以此阵形，转战千里，战无不胜，屡败鲜卑军，最终阵斩秃发树机能，一举平定凉州，马隆也一战名扬天下。

马隆以 3500 步兵击败秃发树机能，无疑归功于其对诸葛亮"八阵法"的精研。根据《晋书·马隆传》对此战的描述，马隆

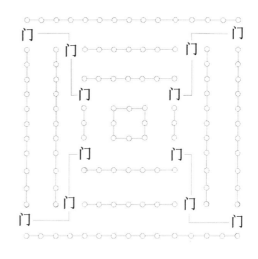

明代《武备志》中复原的《马隆偏厢车营图》

"八阵法"有两处是与《诸葛亮集》中的记载相符的。一是《军令》中的以鹿角为先，步兵在后，弓弩手射杀敌军的接敌战法；二是在《贼骑来教》中，以步兵应对敌军骑兵的办法："若贼骑左右来至，徒从行以战者，陟岭不便，宜以车蒙阵而待之。地狭者，宜以锯齿而待之。"可见马隆深得诸葛亮兵法真传。

在马隆之后，"八阵图"的传奇沉寂了一段时间，八王之乱可谓"衅发萧墙，而祸延四海也。"随之而来的是五胡乱华与永嘉南渡，晋王室渡过长江，偏安一隅，从此晋军将领再也未能施展"八阵图"的奥妙，桓温也只能从八阵图石阵领会。然而"八阵图"并未失传，而是在北朝流传开来。根据《通典》记载，北魏献文帝时，大臣刁雍[①]上书建策对付柔然："宜发近州武勇四万人，及京师二万人，合六万人，为武士，于苑内立征北大将军府，选忠勇有志干者以充其选，下置官属分为三军，二万人专习弓射，二万人专习戈盾，二万人专习骑矟，修立战场，十日一习。采诸葛亮八阵之法，为平地御敌之方，使其解兵革之宜，识

---

① 《魏书》则记为孝文帝时高闾。

旌旗之节。兵器精坚，必堪御寇。"

无论是刁雍也好，高闾也罢，都说明北魏朝廷仍然掌握着"八阵图"的阵法。而且，这段文字为我们揭开了一个谜团，那就是"八阵法"到底为何而存在："采诸葛亮八阵之法，为平地御敌之方"说明"八阵图"就是用于平地御敌的。而"八阵图"的构成，结合《诸葛亮集》《晋书·马隆传》与《通典》，应是由盾、长兵器、弓弩、战车、骑兵组成的，其中起决定作用的还是弓弩兵。无论是蜀汉、西晋还是北魏，在运用"八阵图"御敌时都有一个共同点，那就是敌军拥有胜于己方的骑兵。诸葛亮的兵员主要来自于益州与汉中以及南中地区，但是这些区域并不盛产骑兵。而对手魏国则掌握着牧区，曹魏的虎豹骑更是骑兵中的精锐，诸葛亮北伐，魏国的骑兵是必须克服的难题。因此一向以周全著称的诸葛亮才以车兵环车为营，配合弩兵，尤其是诸葛亮发明的元戎连弩，威力更甚，诸葛亮凭此万全之策以弱胜强，打得司马懿坚守不出。马隆的西征，也是以游牧骑兵为对手，柔然骑兵更是北魏的噩梦，因此马隆和北魏才要学习诸葛亮"八阵图"，以"八阵图"对抗骑兵。那么，还有一个问题，就是八阵图到底是 8 个阵还是 1 个阵呢？

北魏分为东魏、西魏之后，又分别为北齐和北周所取代，北周攻灭北齐，隋又代北周而起并最终统一天下，在隋军之中，有名将韩擒虎，正是他率军攻下建康，消灭陈朝，而韩擒虎本人精通"八阵法"，并将"八阵法"的精要传授给了他的外甥——唐朝名将李靖。李靖著有诸多兵法，传世的有后人辑要的《李卫公问对》。在《李卫公问对》中，李靖阐释了"八阵法"的精要："八阵本一也，分为八焉，若天地者，本乎旗号，风云者本乎幡名，龙虎鸟蛇者本乎队伍之别"；"及乎变化制敌，则纷纷纭纭，斗乱而法不乱，浑浑沌沌，形圆而势不散，此所谓散而成八，复而为一者"；"臣所本诸葛亮八阵法也，大阵包小阵，大营包小营，隅落钩连，曲折相对"。可见，李靖所习的"八阵法"，是一阵八体，且能因势变化，是一个复合阵。北宋《武经总要》则记载："八阵用方圆阵法，以寡御众，阵法面面相向，背背相承，骑出其间，出奇突击。"

综上所述，"八阵法"应该是一个以步、弩、车、骑多兵种构成的复合阵形，或为方阵或为圆阵。按照《水经注》的描述以及"八阵法"之名，八阵法的常态应是方阵，中军在中，8个小阵环绕中军。而方阵与圆阵本来就易于转换，"八阵法"为方为圆，是根据战况布列的，因此不必纠结于"八阵法"的形状，更重要的是其战法。"八阵法"在一个大阵之中，包含了各个兵种形成的独立小阵，整个大阵面向八方，无所谓前后，在面对不同的敌情时可以随机应变，相互配合，尤其擅长平地阵战，对抗骑兵。结合史料，我们可以假设"八阵法"的接敌之法：在敌军骑兵进攻时，阵中车兵首先出阵，环车为营，阻挡骑兵的攻势；随后步兵持鹿角接战，一方面以鹿角阻敌，另一方面则以矛戟刺杀敌人；在阻挡住敌军攻势后，阵中的弓弩兵以密集弓箭射杀敌人，同时破坏敌军阵形，瓦解敌军士气；最后，阵中的骑兵与步兵发起反击，取得胜利。

那么，为什么八阵法后来就"失传"了呢？实际上，"八阵法"并未失传，而是经过李靖等人的改造后，更适应唐军的作战需要，因此"八阵法"之名不存，但其精髓仍然为"六花阵"以及后世的阵法例如戚继光"车营"所继承。一如一些小型恐龙为了适应环境进化成鸟类，恐龙虽然灭绝了，但是鸟类存活至今的道理一样。

2."兵阵"还是"仙阵"
——后世的"八阵图"复原之路

在对"八阵图"的还原过程中，我们利用了《三国志》《诸葛亮集》《晋书》《魏书》《通典》《李卫公问对》等资料，继而整理出了八阵图从诸葛亮——魏军——晋军（马隆）——北魏军——隋军——唐军（李靖）的传承脉络。然而，李靖之后，真实使用以"八阵图"为名的阵法的战

五、名成八阵，龙飞凤翔

125

例就几乎不存在了，到了北宋，就已经说不清"八阵图"到底是什么形制了。而"诸葛大名垂宇宙"，"八阵图"的大名也引得历代兵家和文人纷纷展开对"八阵图"的研究、复原。在这些研究中，有些得到了"八阵图"的真谛，有些则使得"八阵图"不像一个兵阵，而更像是一个"仙阵"。

而引出这些猜想的，正是《李卫公问对》。《李卫公问对》一般认为是后世对李靖兵法的辑要之作，换言之，这是经过加工的，不是李靖的原著，甚至也有说法认为这是宋朝人托名李靖所作的伪书。但是通过对《李卫公问对》原文的阅读，可以肯定，作者是深谙军事的，并非夸夸其谈，其对"八阵图"的阐释也是合理的。因此我们仍然假定这是李靖所作。在《李卫公问对》中，明确指出了所谓"天地风云龙虎鸟蛇"是旗号旛名、队伍之别，而非阵名，这是正确的。在《诸葛亮集》的《兵要》中，有以旗色对应地形"见沟坑揭黄，衢路揭白，水涧揭黑，林薮揭青，野火揭赤"的内容。古人以"青红皂白黄"为五色，对应五行，除去中央的黄色，"青红皂白"又分别对应四方与四象，也就是说青色对应东方、木以及青龙，红色对应南方、火以及朱雀（鸟），皂也就是黑色对应北方、水以及玄武（龟和蛇），白色对应西方、金和白虎，黄色对应中央与土。诸葛亮以"青红皂白"四旗对应不同的环境，在布阵中以其代表队伍的名称是完全合理的。然而后世的文人不懂得这个道理，而是望文生义，造出了"天覆、地载、风扬、云垂、龙飞、虎翼、鸟翔、蛇蟠"8个阵名，使得"八阵图"的面貌变得扑朔迷离。

首先对"八阵图"进行研究的就是唐代的"兵家"。首先是托名"风后"的《握奇经》，《握奇经》为古人对"八阵法"的研究开启了一条岔路，那就是以"天衡地轴"驱动"八阵法"。所谓的"天衡地轴"，衡是指车辕前的横木，明代学者解释"衡者，车驾马以行，天衡十六阵包阵外，犹天之运乎外，故曰衡"，天衡十六阵，既如天一样在阵表运行，又如车衡一样起到引领全阵的作用，因此名为天衡。轴则指轮轴，"轴者，车持轮不动，而轮之运由之，地轴十二阵主阵内，犹地之静，而化生万物，故曰地轴"。地轴十二阵在阵内，如地一般安静，如车轴一般居中，因而名为地轴。具体而言：

《握奇经》的"八阵法"，讲述的是天、地、风、云、龙、虎、鸟、蛇8个阵法变化配合的方法。然而，这些内容晦涩难懂，不要说普通人，就是久经战阵的武将恐怕也不能理解《握奇经》中的阵法是什么。如果要做一个比喻的话，就好比让普通读者根据金庸先生《倚天屠龙记》中"他强任他强，清风拂山岗；他横任他横，明月照大江。他自狠来他自恶，我自一口真气足""阴到极盛，便渐转衰，少阳暗生，阴渐衰而阳渐盛，阴阳互补，互生互济，少阳生于老阴，少阴生于老阳。凡事不可极，极则变易，由重转轻，由轻转重"这些口诀去修炼武功一般。读者不可能根据"他自狠来他自恶，我自一口真气足"这一句话就"提炼真气"来抵御物理进攻，因为口诀既没有说明什么是真气，也没有说明怎么"真气足"，同样的，《握奇经》中大谈正奇，绘声绘色地描述天、地、风、云、龙、虎、鸟、蛇8个阵法的变化，然而，天阵是什么阵形？配备什么兵种？这些问题的答案书中只字未提，将领又怎么可能根据它来还原、操练八阵法呢？当然，《握奇经》并非一无是处，其对于兵阵之中如何以金鼓旌旗发布号令的记载是可以操作的：

角音二：初警众，末收众。

革音五：一持兵，二结阵，三行，四趋走，五急斗。

金音五：一缓斗，二止斗，三退，四背，五急背。

麾法五：一玄，二黄，三白，四青，五赤。

旗法八：一天玄，二地黄，三风赤，四云白，五天前上玄下赤，六天后上玄下白，七地前上玄下青，八地后上黄下赤。

阵势八：天，地，风，云，飞龙，翔鸟，虎翼，蛇蟠。

二革二金为天，三革三金为地，二革三金为风，三革二金为云，四革三金为龙，三革四金为虎，四革五金为鸟，五革四金为蛇。其金革之间加一角音者，在天为兼风，在地为兼云，在龙为兼鸟，在虎为兼蛇。加二角音者，全师进东。加三角音者，全师进南。加四角音者，全师进西。加五角音者，全师进北。鞞音不止者，行伍不整。金革既息而角音不止者，师并旋。

三十二队天冲，十六队风，八队天前冲，十二队地前冲，十二队地轴，八队天后冲，十二轴地后冲，十六队云。以天地前冲为虎翼，天地后冲为飞龙，风为蛇蟠，云为翔鸟。

通过操练，让将士根据不同的声音与旗号来进行不同的行动是完全可行的，而《握奇经》中关于变阵的内容也具有参考价值。如果说《握奇经》是真假参半，那么李筌的《太白阴经》更是直接把八阵带入了"玄幻"阵营，在《握奇经》玄幻的基础上，直接将八阵按照八卦的方位排列。在《太白阴经》中，李筌描绘的八阵分为八门："天阵居乾为天门，地阵居坤为地门，风阵居巽为风门，云阵居坎为云门，飞龙阵居震为飞龙门，虎翼阵居兑为虎翼门，鸟翔阵居离为鸟翔门，蛇蟠阵居艮为蛇蟠门。天地风云为四正，龙虎鸟蛇为四奇。乾坤艮巽为阖门，震离坎兑为开门。"对于八阵之合，李筌是这样记载的："从一阵之中离为八阵，从八阵复合而为一。听音望麾以出四奇，飞龙、虎翼、鸟翔、蛇蟠为四奇，天地风云为四正。夫善战者，以正合以奇胜，奇正相生如环之无端，孰能穷之？奇为阳，正为阴，阴阳相薄而四时生焉。奇为刚，正为柔，刚柔相得而万物成焉。奇正之用无所不胜焉。所谓合者，即合奇正八阵而为一也。"这些乍看之下理论正确，兵家不就是奇正兼用吗，但是仔细一看，实际上李筌与《握奇经》的作者一样，通篇都未提及"八阵法"的具体部署，而是纯理论的探讨。究其原因，李筌并不是一个军事家。李筌的一生并未有实际领兵争战的记录，相反，李筌本人倒是有不少求仙问道的记录，这也不难解释为什么《太白阴经》中的"八阵法"如此"玄幻空虚"了。李筌的"八阵法"虽然荒诞，在后世反而很受欢迎，明代学者就说"今论兵者，俱以唐李

中国古兵阵

李筌演诸葛亮天覆阵图

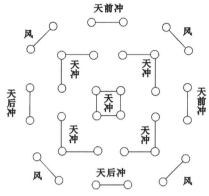

李筌演诸葛亮地载阵图

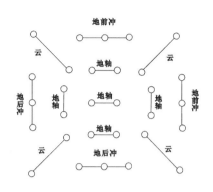

李筌演诸葛亮风扬阵图

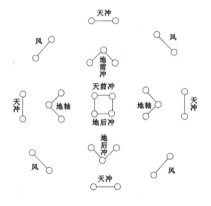

李筌演诸葛亮云垂阵图

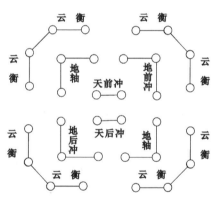

李筌演诸葛亮龙飞阵图

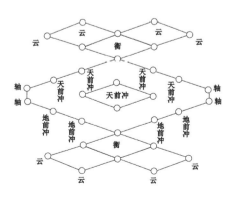

李筌演诸葛亮虎翼阵图

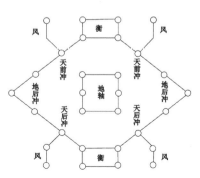

129

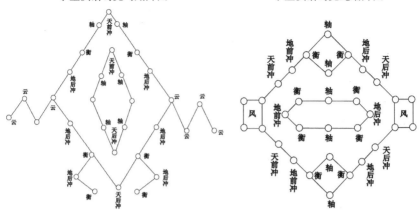

李筌演诸葛亮鸟翔阵图　　　　　李筌演诸葛亮蛇蟠阵图

唐代李筌《太白阴经》所载"八阵图"

筌《太白阴经》中所载阵图为法"。

当时间推移到了北宋，由于北宋缺乏优秀的骑兵，加上失去了燕云十六州作为天然屏障，在对抗北方少数民族政权的骑兵时往往力不从心，因而北宋君臣对能够"平地制敌"的"八阵法"非常在意，其中代表就是宋神宗君臣。宋神宗是北宋王朝为数不多锐意进取、有志于开疆拓土的君主，因此其也对"八阵法"极具兴趣。当时有名为赵离的将领曾花费 5 年的时间研究推广"八阵法"，最后也只得到了"八阵之法，久失其传"的结论。然而宋神宗并未死心，而是令文臣武将继续进献"八阵法"的研究成果，其中最得宋神宗赏识的应属郭固以"八阵法"为原型的"九军阵"阵法。只可惜宋神宗的"八阵法"阵图也未能传世，宋代对"八阵法"的复原集中体现在宋仁宗时期的《武经总要》中。

北宋八阵法是根据《李卫公问对》记载的"九军阵"变化而来。通过《武经总要》留下的阵图可以判断，北宋"八阵法"的八阵分别是中军、左虞候军、右虞候军、左军、右军、前军和后军等。在文字描述中，北宋"八阵法"的布阵原则应该是遵循"八阵法"本意的，"面面相向，背背相承，阵间容阵，队间容队"。北宋"八阵法"也是一个

中国古兵阵

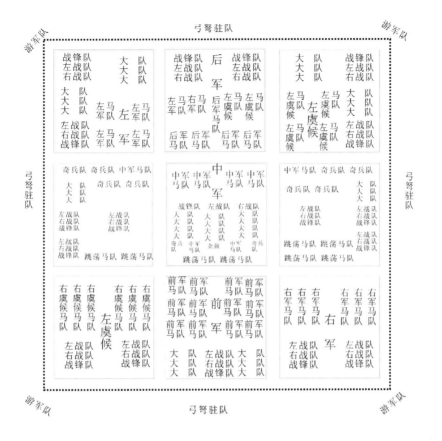

宋代《武经总要》中的"牝阵图"

复合阵形，同时兼顾四面八方；"四头八尾，触处为首，敌冲其中，两头俱至者"说明北宋"八阵法"也是一个随机应变之阵。这些特点都符合诸葛亮"八阵法"的精神。而北宋八阵法的具体形态，则被保留在阵图之中。

以八阵的"牝阵图"为例，在阵表，与秦始皇兵马俑一号阵一样，由弓弩手护卫全阵，被称为"弓弩驻队"。在整个阵形的前端，还有两支"游军"，每支游军又分为 6 个大队、两个先锋队与 4 个战队。本阵之中，按"井"字形分为 9 个方阵：右军方阵、右虞候军方阵、后军方阵均是由马队、战队和战锋队组成；左军方阵、左虞候军方阵、前军方阵均是由马队、大队、战队和战锋队组成；剩余3个方阵均隶属于中军，中军左、右阵配置相同，均由一个中军马队、大队、奇兵队、跳荡马队、战锋队和战队组成；最核心的方阵为中军内阵，装备了金鼓旌旗指挥系统以及大队、中军马队、奇兵马队、战队和两个战锋队。结合文本，北宋八阵法在出击时是以马军和步军交替使用，而每个小阵都配备的战锋队和左右战队则是用于变阵"战锋队出则为锐阵，状如鼎足，左右战队各分为两列，如雁行翼之"。北宋"八阵法"的取胜之道是在交战之中，依托整个大阵的严密防守与阵形转换，寻机出奇兵攻其不备而取胜。

除了"牝阵"外，北宋"八阵法"还包括"牡阵"、"冲方阵"、"车轮阵"、"罘罝阵"、"雁行阵"以及"容辎方阵"等形态，均是在牝阵的基础上加以变化。阵图如下：

通过阵图不难发现，北宋的"本朝八阵"与诸葛亮"八阵法"区别很大，诸葛亮"八阵法"以鹿角、盾车为表，弓弩手在内，而北宋"八阵法"则是以弓弩手在阵表，再是步兵，骑兵处于阵的最核心处，这也是北宋军队根据自身实际所作的调整。

到了明代，各路学者依旧对"八阵法"保留着热情，其中既有大量诸如"武侯八阵图其法六十四阵，天衡十六阵居两端，地轴十二阵居中间……天衡并前后冲二十四阵合风八阵为三十二阳，地轴并前后冲二十四阵合云八阵为三十二阴"这样的"天衡地轴"说，也有"虽然论其深妙，固未易以立谈，判考其大纲，则不过奇正二字而已""氤氲变化，为方，为圆，为曲，为直，为锐，其变无穷，不外八阵分合而已"的中肯之作，但其中集大成者，则是嘉靖年间晋江学者赵本学所著的《续武经总要》。在《续武经总要》中，赵本学从夔州"八阵图"石阵开始论述，将"八阵图"出自"河图洛书""井田制""四象八卦"等观点糅合，得出"八阵图"是方圆之制，正奇变化之阵，认为八阵法的神奇之处不过是"为方、为圆、为曲、为直、为锐、其变无穷，不外八阵分合而已"，并抨击了"天衡地轴"说"后世有以天地衡轴冲分配者，有演为天覆、地载、风扬、云垂、龙飞、虎翼、鸟翔、蛇蟠八形者，又为三百六十四变合天度之数者，不足信也。"不仅如此，赵本学还专门对风后《握奇经》作了考辨，认为这些说法都是文人的"妄自揣度"，并不具备战阵的实际意义，这一考辨精神是难能可贵的。

诸葛亮鱼香江八阵图　　诸葛亮八阵开门分四正四奇四冲图

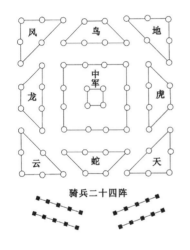

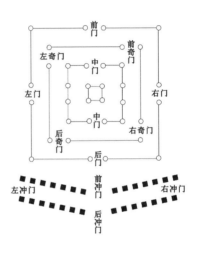

诸葛亮方阵图　　　　　　诸葛亮曲阵图

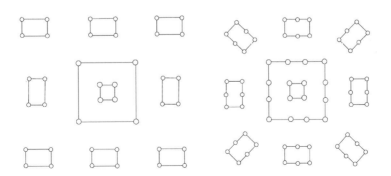

諸葛亮圓圖　　　　　　　　　諸葛亮直陣圖

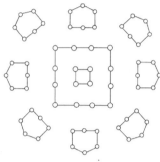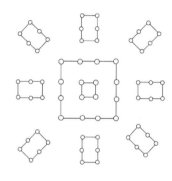

諸葛亮銳陣圖　　　　**諸葛亮游騎二十四陣分屬各陣圖**

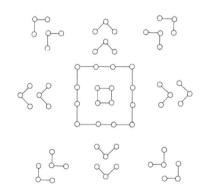

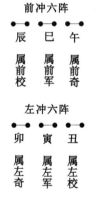

前沖六陣			右沖六陣		
辰	巳	午	未	申	酉
屬前校	屬前軍	屬前奇	屬右校	屬右軍	屬右奇

左沖六陣			后沖六陣		
卯	寅	丑	子	亥	戌
屬左奇	屬左軍	屬左校	屬后奇	屬后軍	屬后校

中国古兵阵

诸葛亮骑兵滚阵图   诸葛亮骑兵归营图

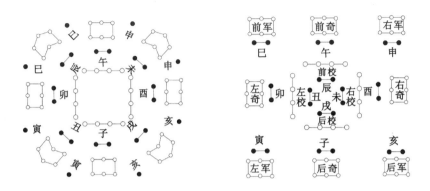

明代《武备志》中的诸葛亮"八阵图"

3. 甲马却月，难平乱世

——魏晋南北朝的各色兵阵

如果说要评选中国历史上最著名的兵阵，当数诸葛孔明的"八阵图"，然而，也正因为八阵图太过耀眼，使得魏晋时期其他战阵显得"默默无名"。从黄巾起义到隋文帝统一南北，在近400年的时间里，中华大地统一之时只有西晋的数十年，在这漫长的战乱之中，涌现出的战阵也绝非"八阵法"一种，结阵应敌是战场常态，在史料中，将领成则如张辽威震逍遥津时"先登陷阵"一战破敌，败则是无数将领用血书写的"没于阵"。这些兵阵或因克敌制胜而名传千古，或因不堪一击而致霸业成空。

在除却"八阵图"的魏晋南北朝诸多兵阵中，知名度最高的应属"连环甲马阵"。托《水浒传》的福，"连环甲马阵"可谓"天下皆知"，在《水浒传》中，"双鞭"呼延灼率军进攻梁山泊，以连环马大破梁山军，最

135

后还是吴用设计赚得"金枪手"徐宁上山，用钩镰枪破了连环马。这段情节虽然是小说之言，但是"连环马阵"却是真实存在的，只不过最早使用这一阵法的不是呼延灼而是前燕名将慕容恪，而深陷此阵的则是建立冉魏的冉闵。

西晋永嘉二年（308 年），内迁的匈奴贵族刘渊反晋称帝，立国号为汉，8 年后西晋灭亡，中原地区进入少数民族争战的局面。匈奴建立的汉赵政权几经更迭，最后为羯族后赵所灭。后赵石虎死后，诸子争权，政权为石虎养孙冉闵取得，冉闵改国号为魏，在邺城称帝。同时，鲜卑族慕容儁称帝建立前燕国，定都蓟城，魏燕两国相互攻战。

公元 352 年，冉闵亲率魏军与前燕军队会战于魏昌城，前燕统帅是善于使用骑兵的慕容恪。冉闵骁勇善战，作战风格类似项羽、孙策，其威名令燕军颇为忌惮。在与燕军的交锋中，冉闵连胜 10 战，锐不可当。在此情形下，燕军统帅慕容恪并未慌乱，而是分析敌我态势，认为冉魏将士疲敝，且以步卒为主，加上冉闵有勇无谋，可以战胜。他采纳了参军高开的建议，采用诱敌之策。

在决战之时，慕容恪将军队分为 3 个部分，成掎角之势。其中慕容恪自领中军，与冉闵正面交锋。在开战之前，慕容恪亲自巡阵提升士气："冉闵勇而无谋，一夫敌耳！其士卒饥疲，甲兵虽精，其实难用，不足破也！"而在魏军这边，冉闵也意识到了燕军的骑兵优势，意图将燕军引至林地之中，以此抵消燕军骑兵优势。关键时刻，慕容恪的参军高开建议用轻骑与冉闵接战，然后佯装败走，将冉闵引到平地上。慕容恪听从了这一计策，而冉闵果然中计。冉闵身骑名为"朱龙"的赤色千里马，左手执双刃矛，右手持钩戟，冲入燕军大显神威，斩首 300 余。冉闵远远望见象征主帅的大幢，率军猛冲而去。然而慕容恪所率领的前燕军队早已严阵以待，慕容恪用来克制冉闵的正是"连环甲马阵"，他选取 5000 勇猛机智，善于骑射的骑兵，身穿重甲，再用铁索将马匹联结起来，布成方阵。"连环甲马阵"挡住了冉闵的冲击，将冉魏军队挡在阵前，而之前埋伏在两侧的两军在此时从两侧包围夹击魏军，魏军大

中国古兵阵

败，冉闵凭借勇武突围而去，却因"朱龙"暴毙而被俘虏。冉魏也因此灭国。

慕容恪以"连环甲马阵"对抗冉闵与韩信以"五军阵"对抗项羽可谓同出一辙，同样是在正面阻挡勇猛的敌军，再以两侧部队攻击敌军侧翼，一举战胜敌军，只不过韩信是以五军的三军为"盾"，而慕容恪则是以具备强大冲击力和防护力的5000连环马为"盾"。

前燕虽然攻灭了冉魏，但是统一北方的并不是前燕，而是攻灭前燕的前秦。公元383年，苻坚率步兵60万、骑兵27万，加上苻融的25万前锋，百万大军南下攻击东晋。东晋方面则以8万人应战，最终战胜了前秦军队。在淝水之战中，有一支部队崭露头角，那就是刘牢之统领的北府兵，北府兵由谢玄创立，因谢玄镇守京口而东晋将京口称为北府，所以称这支军队为北府兵。北府兵在淝水之战中作为主力大胜前秦军队。而出身于北府兵的刘裕更是凭借这支军队逐渐取得了东晋的实权，为之后刘裕以宋代晋奠定了基础。刘裕为了树立权威，在代晋之前共进行了两次北伐，第一次北伐在义熙五年（409年），南燕袭扰江淮，刘裕率军大破南燕军队，擒获南燕国主慕容超，将之斩首。第二次北伐是在义熙十二年（416年），因后秦收留逃亡的东晋皇室，并屡次袭扰东晋边界，阻挠刘裕的军事行动，加上后秦皇帝姚兴新亡，诸子争立，刘裕决定趁机北伐后秦。此次北伐历时一年，刘裕克洛阳，收长安，灭亡后秦，取得东晋历次北伐的最大战果，南宋诗人辛弃疾的"想当年，金戈铁马，气吞万里如虎"描绘的正是此次北伐，刘裕也在4年之后取代司马氏，建立了刘宋政权。

在北伐后秦的过程中，刘裕军队布下了一个以少胜多的名阵，这就是"却月阵"。义熙十三年（417年）春，当刘裕的军队沿着黄河南岸行进时，北魏明元帝拓跋嗣因是姚兴女婿，便派10万大军驻守黄河北岸，并派数千骑兵沿着河岸跟随东晋军队，但凡漂流到北岸的东晋军士都被其所杀，刘裕派大军渡河追击，北魏骑兵则立刻退走，不久又回来跟踪晋军，可谓深谙"敌进我退，敌疲我扰"之法。

为了断绝魏军的袭扰，刘裕派遣白直队将领丁旿率领 700 卫士与 100 乘战车渡过黄河，到达北岸。白直队，是北府兵中的精锐，因刘裕"选白丁壮勇者入直左右"而得名。白直队过河后，在离河岸数百步的地方摆成半月形的阵形，形如却月，因而得名"却月阵"。阵形的两端位于河边，100 辆战车展开后每车配备 7 名卫士，布阵完毕后，晋军在阵中竖起象征指挥的白旄大旗。魏军对晋军的这一举动非常疑惑，因此未敢擅动。而早在南岸等候的晋军名将朱超石见白旄旗立，立刻率两千军士渡河，这样一来"却月阵"的人数到达了两千七百人，朱超石将两千人平均分配，每车 20 人，每车增设强弩，并在车辕上安置大盾，除了强弩大盾，朱超石还准备了大锤与千余根长矛。魏军到此时才反应过来，立刻进击围营。朱超石为了将魏军吸引至阵前以发挥强弩的威力，先以弱弓小箭射击魏军，魏军以为晋军众少兵弱，于是四面包围"却月阵"，北魏名将长孙嵩也率 3 万骑兵前来攻阵。此时晋军换上强弩，百弩俱发，魏军死伤无数。朱超石还挑选善射军士一弩多箭射杀魏军。只是魏军兵力优势极大，晋军强弩渐渐不支，朱超石又下令将长矛断为三四尺长，以大锤击发，一支断矛能够洞穿三四名敌军，魏军震慑之下难以抵挡，"一时奔溃，死者相积"，晋军反击，阵斩魏军大将阿薄干。此后朱超石又率军杀败魏军。此战之后，魏军不敢再袭扰北伐的刘裕军队，刘裕成功解除了后顾之忧。

而此战之关键"却月阵"却是昙花一现。从记载来看，"却月阵"之阵形与"八阵法"有异曲同工之处。都是以战车大盾阻挡骑兵攻势，再以强弩击杀敌军。只不过"八阵法"在于且战且行，而"却月阵"则是一个坚固的桥头堡。却月阵的初期只有 700 人，目的在于麻痹魏军：军少则易被魏军攻杀，军多则魏军退走。"却月阵"阵形独特，魏军不解其意，这给了朱超石率军渡河的时机，完善"却月阵"。完善之后的"却月阵"给魏军传达了两个信息：第一，晋军要以此阵为桥头堡，以楼船输送军队渡河；第二，就算朱超石的 2000 人加入战阵，"却月阵"仍然只有 100 车，看起来阵形单薄，人数太少，可以一举攻破；因此魏军才四面攻阵。而晋军则在"却月阵"阵形完备之后，再次示弱吸引敌人靠前，将阵形的威力发挥到最大，最终利用强弩飞矛击败魏军。然而"却月阵"是一个"可遇不可求"的战阵。"却月阵"的成功，除了以车制骑的战法外，还有三个因素。首先，过河列阵的白直队是晋军中的精锐，朱超石也是一代名将，在"却月阵"之后，朱超石率军追击复被包围，仍能破围而出大败魏军；其次，"却月阵"需要多兵种的配合，除了车兵与弩兵外，还需水军密切配合，正因为有水军的配合，朱超石才能迅速渡河增援，让魏军措手不及；第三点则是地形，若是在平地之上布成"却月阵"，则阵形后部极易遭到骑兵的袭击，而"却月阵"背靠河流则无此风险，而且背水列阵可以激发将士背水一战的斗志。综合看来，"却月阵"可谓是圆阵与韩信背水阵之结合。

战车，虽然退出了战争的主导位置，但是在兵阵之中仍是不可或缺的重要力量，在对战之外，战车也肩负着掩护运输的任务，魏晋南北朝时，军中就出现了名为"函箱阵"的运输阵形。

还是从刘裕北伐说起，刘裕在攻灭后秦后并未巩固战果，而是匆匆赶回建康控制政局，关中在一年多后即被赫连勃勃攻破，而北魏则愈加强盛。在刘裕的"金戈铁马，气吞万里如虎"之后，紧接着就是刘义隆"元嘉草草，封狼居胥，赢得仓皇北顾"。元嘉二十七年（公元 450 年），刘宋东路军北伐失败，北魏太武帝拓跋焘乘机南征，镇守彭城的江夏王刘义恭因为彭城军多粮少难以防守，企图撤军南归，此时参军沈庆之建议以"函箱阵"护卫刘义恭前往军少粮多的历城。沈庆之的"函箱阵"以车为营，营内为刘义恭及其妃嫔，在车营外部署精兵为外翼，这就是"函箱阵"的形制。

因为东路军的失败，原本高歌猛进的西路军也不得不率军撤退。西路军统帅之一的柳元景令部将鲁元保守函谷关，鲁元保因敌众我寡不得不撤军。与沈庆之一样，鲁元保同样采用"函箱阵"作为撤军阵形，并且增设旗帜，虚壮声威，同时依凭险要行军，以此保障安全。撤军途中，正值西路军薛安都部与北魏军交战，北魏军望见鲁元保部队的旗帜，以为柳元景率大军前来，加上天将入夜，北魏军于是退去。

"函箱阵"并非南朝刘宋军队首创，在刘裕北伐后秦时，后秦征北将军齐公恢就率领安定镇户3万8千，以车为方阵，从北雍州前往长安。齐公恢的以车为方阵，率军民前行可谓是"函箱阵"的雏形了。但让"函箱阵"留名青史的，还是南朝刘宋军队，在元嘉北伐时东西两路军的"函箱阵"前，青州刺史竺夔就在撤离青州时使用"函箱阵"。

南朝宋少帝刘义符景平元年（423年），北魏叔孙建率军东征隶属于刘宋的青州，青州刺史竺夔率1500人守城。竺夔坚壁清野，并屡出奇兵击破魏军，然而魏军凭借兵力优势将竺夔所挖战壕逐一填平，日益逼近青州城。竺夔于是挖掘地道准备退路。此时，刁雍，也就是提出"采诸葛亮八阵之法，为平地御敌之方"的东晋降将，建议立刻攻城，不然宋军就会撤退，而主帅叔孙建因为害怕伤亡而没有采纳。最终名将檀道济率军来救，而竺夔则"以锁连车为函阵"东撤。

当然，以"函箱阵"运输也不是万无一失的，前文提到的沈庆之、竺夔都是一代名将，自然能够全身而退，而"函箱阵"到了庸人手中，也会不堪一击。

刘宋泰始二年（466年），刘宋宗室刘子勋被部下"拥戴"即位，叛军逼近建康，宋明帝以刘休佑坐镇历阳，统帅诸军，刘勔为主攻大将迎战叛军。两军相持之下，叛军将领刘顺的8000精兵粮草不支，叛军首领杜叔宝以1500乘兵车布"函箱阵"和5000精兵运送粮食。这一消息为刘勔探知后，刘勔认为刘顺兵精，只能以袭击粮道、断其粮草的方式击败他，于是让部将吕安国与黄回截取刘顺军的粮食。

吕安国与黄回率领精兵一战击溃杜叔宝部下杨仲怀，全歼其部，吓得叛军弃粮撤走。吕安国遂焚烧叛军粮草，刘顺得不到补给，全军溃败。

除了上述临战兵阵，各国在举行庆典时也会列阵阅兵。

例如，北魏文成帝拓跋濬在和平三年（460年）岁初瘟疫而耀兵示武。拓跋濬令步兵布阵于南，骑兵布阵于北，步兵身着青红皂白4色衣以区别部队，步兵持盾矛等兵器运动回转，列为"函箱"、"鱼鳞"、"四门"等十余个阵形。列阵完毕后，拓跋濬又让南北两军对阵，以6000骑兵对阵步兵。此后更是以为常例。

北齐则在秋季列阵阅兵，"命将教众为战场之法"。北齐的军阵以少壮者在前，长者在后，撤还时则长者在前少壮者在后。长者持弓箭，短者持旌旗，勇士持军乐。在兵种布置上，刀盾在前，长矛在后，弓箭最后。演练阵法时以旌旗金鼓为令：挥旗则军队行动，旗倒则军士跪立；击鼓则进，鸣金则止。阅兵之时，一通鼓军士准备，二通鼓将士穿甲，三通鼓各军列为竖阵。各军大将立于旗鼓之下，皇帝在大司马陪同之下巡视诸军。

（六）

天圆地方，七军六花

——唐代兵阵的发展

1.五行四兽，虚实相参

——唐代"战忽局"的作用

正所谓"天下大势，分久必合，合久必分"，从永嘉之乱到隋文帝平定陈国，在经历了两百多年的分裂后，中国重新归于一统。隋代国祚短暂，代之而起的唐则开创了一代盛世。在这一时期，涌现出了韩擒虎、贺若弼、史万岁、李靖、徐世勣、苏定方、王孝杰、郭子仪、李光弼等诸多名将。而随着明清时期《隋唐两朝志传》《唐书志传通俗演义》《说唐》《隋唐演义》等小说的流传，隋唐时期的名将与战争故事可谓是耳熟能详，在其中也有不少关于战阵的情节，例如《说唐》中的"破阵图杨林丧师""元庆惨陷火雷阵""八阵图大败五王"，分别描写了"一字长蛇阵""火雷阵""八阵图"3个阵法，小说中的阵法自然是有虚构的部分，例如"八阵图"在《说唐》中被描绘成一个"八面埋伏"的战法，与历史自然是不符的。那么，这些看起来有些玄幻的战阵到底是怎样的呢？

首先，让我们来看看《通典》中记载的唐代阅兵阵形——"讲武五阵"。"讲武五阵"，得名于《通典》卷一百三十二之《皇帝讲武》，而五阵分别是"方阵"、"圆阵"、"直阵"、"锐阵"、"曲阵"。

根据《通典》记载，在仲冬，也就是阴历十一月，唐朝皇帝要在都城外讲武阅兵，观看步骑演练阵法。在讲武阅兵前11日，兵部会挑选将士，布置场地。阅兵场长宽皆为1200步，四周设置军营之门，在场地中布有步军与骑军共 6 军，6 军分为左右两厢，各为上、中、下 3 军，呈南北向分布，上军在北，下军在南。两部之间，东西相向，中间相隔 300 步，又在每 50 步设立一表作为行进的标记。在阅兵前一日，参与阅兵的将士根据与五行五方对应的青、红、皂、白、黄五色树立旗帜，同时准备好演练阵法所用的旗帜、金鼓、甲胄、武器、仪仗。

在布置好场地后，进行将士演习。自大将以下，按章程组织指挥机构。马步军大将皆身披甲胄骑马教习士兵战队布阵之法。在讲武五阵的队形布置上：唐军以少壮者居前，长者在后，撤军时则是长者在前，少者在后；身高者持弓弩，身矮者持矛，力大者持旌旗，勇者持金鼓刀盾为前卫，后为矛兵，最后为弓手。将领还要教授士兵根据旌旗金鼓行动的方法：挥旗则军队行动，旗倒则军士跪立；击鼓则进，鸣金则止。此外，将领还要教授刑罚、赏赐、兵器、战斗等内容。这些内容都与前文提及的北齐秋季阅兵一致，可见唐代的大阅讲武与前代是一脉相承的。虽然准备的程式相同，但是阅兵时的阵形历代却是不同，前文提及的北魏阅兵使用的是"函箱"、"鱼鳞"等阵，而唐代则是"方、圆、直、锐、曲"5 阵。

在阅兵之日，众将士身穿甲胄，列成纵队，严阵以待。播鼓一通，宫城开启，皇帝銮驾出宫；播鼓二通，文武百官到场准备；播鼓三通，众将士入场列队。这三通鼓即为"三严"。皇帝在兵部尚书的陪同下到达阅兵场，百官、藩国使臣依次入场。之后，吹大角三通，受阅军队击鼓传令，放倒旗帜，步兵跪地，

将士跪地，放倒旗帜，宣读军誓，两军果毅都尉以上的将领集中在各自中军大将的旗鼓之下，聆听大将宣誓："今行讲武，以教人战；进退左右，一如军法；用命有常赏，不用命有常刑，可不勉之。"果毅都尉再将誓词向所部士兵宣告。宣誓完毕后，阅兵列阵正式开始。击鼓之后，各军立起旗帜，骑兵步兵开始行动，以旌旗金鼓演练行进停止，紧接着，两军各自变为 5 部，进行变阵演示。

原先的左右两厢各自为左、中、右 3 阵，此时变为东、西、南、

北、中5阵，其中东西南北4阵要根据鼓声和旗帜转换阵形。首先一军的东军击鼓后，举青旗（青代表东方，五行为木），列为"直阵"，也就是纵队；二军的西军则一通鼓举白旗（白代表西方，五行为金），列为"方阵"与东军相应。二军的南军则击鼓举赤旗（红代表南方，五行为火），列为"锐阵"；一军的北军则击鼓举黑旗（黑代表北方，五行为水），列为"曲阵"与南军相应；二军的东军击鼓举黄旗（黄代表中央，五行为土），列为"圆阵"；一军的西军击鼓举青旗，列为"直阵"相应；二军的西军击鼓举白旗为"方阵"，则一军的东军击鼓举赤旗为"锐阵"相应；二军的东军击鼓举黑旗为"曲阵"，则一军的西军击鼓举黄旗为"圆阵"相应。先举旗者为客军，后举旗者为主军，主次相迭。五色旗对应5种阵法，黄旗为"圆阵"，青旗为"直阵"，白旗为"方阵"，黑旗为"曲阵"，赤旗为"锐阵"，五阵虽有变化，旗色与阵形的对应却是不变。

之所以如此，是为了对应五行相克之法，木克土，土克水，水克火，火克金，金克木。具体而言，一军东军为"直阵"属木，则二军西军为"方阵"属金，是为金克木；二军南军为"锐阵"属火，则一军北军为"曲阵"属水，水克火；二军东军为"圆阵"属土，则一军西军为"直阵"属木，木克土；二军西军为"方阵"属金，则一军东军为"锐阵"属火，火克金；二军东军为"曲阵"属水，则一军西军为"圆阵"属土，土克水。当然，这只是阅兵之时的操演之法，是一种表演，实战并不能按五行相生相克的道理变换阵形。

每次变阵之时，为了模拟实战，每军均要挑选50名刀盾之士在两军之前对战。第一战为一方勇敢一方怯懦之状，第二战勇怯方互换，第三战为势均力敌之状，第四、第五两战则互为胜负。马步军皆模拟变阵对战完毕后，两军收队而还，阅兵结束。

讲武五阵虽然热闹，但这只是在阅兵时进行的模拟演练，是为了"好看"，实际上不能等同于实战，但是"方、圆、曲、直、锐"五阵却是实战之阵。在《李卫公问对》中，"讲武五阵"则被称为"五行阵"。

在书中，唐太宗问李靖"五行阵"的效果如何，李靖回答到，虽然"五行阵"是以五方五色为名，实际上"方、圆、曲、直、锐"5个阵形是要根据不同的地形转换的，而且这5个阵形是最基本的阵形，不熟习不能临阵对敌。之所以用五行相生相克的理论来解释它，不过是为了迷惑敌人的宣传罢了，"兵形象水，因地制流，此其旨也"。

李靖不愧是深谙诸葛亮"八阵法"的军事家，在诸葛亮《兵要》中"见沟坑揭黄，衢路揭白，水涧揭黑，林薮揭青，野火揭赤"实际上也是根据五行五色的原理，除了衢路以白对应外，沟坑为土，对应黄色；水涧为水，对应黑色；林薮为木，对应青色；野火为火，对应赤色。因此，李靖没有囿于"五行相生相克"的阴阳学说，而是敏锐地指出"五行阵"不过是根据地形布阵而已，阴阳学的理论只是为了增加阵法的迷惑性。"五行阵"的五色旗除了用于表明地形外，也可用来指示敌军来袭的方位。《玉海》中记载，五行阵中五色旗，以土不动而中军配黄旗，其余四方，若有敌军来袭，就要举起相应的旗帜。

除了"五行阵"，"四兽阵"也是同样的原理。"四兽"，也称"四象"，即青龙、白虎、朱雀、玄武，实际上也是五行学说的延伸，只不过，四兽阵除了四兽外，还配合上了五音之中的四音。尽管在今天看来，五行学说是缺少科学根据的，但是这一学说作为哲学思想，则是深刻影响了中国文化的方方面面：五音，即宫、商、角、徵、羽，相对于今天流行的七阶音"1 2 3 4 5 6 7"，五音只有五阶，宫、商、角、徵、羽分别对应"1 2 3 5 6"。而这5种音阶，也被古人配上了五行的属性，分别是宫土、商金、角木、徵火、羽水，四兽阵用的是后四者。

那么为什么使用最基础的阵形却要配上一个玄乎的名字呢？究其原因还是一个"诡"字。今天的军事行动往往要在行动开始之前散布各种假情报，即使在和平年代，也存在被昵称为"战略忽悠局"的各种进行迷惑性分析的军事评论员。而李靖等军事家，就是古代的"战忽局"了。将基础阵法配上一个玄乎的名字，可以让不明阵法的敌军摸不透我军真正的意图。而之所以沿用五行四兽这样的传统名称，则是如李靖所说的

"此皆兵家自古诡道，存之则余诡不复增矣，废之则使贪使愚之术从何而施哉"。一方面不用再费神思考阵名；另一方面，用同样的名，用不同的阵，则进一步增进了迷惑性。

然而，无论是"五行阵"还是"四兽阵"，都没有阵形的构成与兵种，这样让我们对唐代的阵法"只可远观，不可亵玩"，这样不免有些遗憾，实际上，尽管唐代典籍没有解释"五行阵"、"四兽阵"等名阵的构成，但是却记载了唐代基本战斗队列的组成，实际上也就是临战兵阵的组成。

2. 我没有宝塔，但我有阵法
——李靖"六花阵"漫谈

唐代一军约为两万人，这两万人既包括了战斗人员，也包括了后勤人员。根据《通典》的记载，在两万人的一军之中，战斗人员约为1万4千人，而基本的作战单位则为队。而将诸多兵种融合为一，名垂青史的，正是前文提及的李靖"六花阵"。

李靖，唐初名将，隋代名将韩擒虎的外甥，在唐高祖时期历经平定萧铣、辅公祏等战役，唐太宗李世民即位后，与徐世勣，也就是《说唐》中著名的瓦岗寨军师徐懋功，共同击破东突厥，俘虏颉利可汗，之后又击灭吐谷浑，封卫国公，世称李卫公。后人更是将毗沙门天王与李靖合二为一，制造出了著名神话人物——"托塔天王"李靖。历史上的李靖自然是没有"七宝玲珑塔"，但是留下了著名的"六花阵"。

前文在介绍"八阵法"时曾提到，李靖从韩擒虎处习得并且精通诸葛亮"八阵法"，而深谙军事的李靖在"八阵法"的基础上，进一步创造了自己的"六花阵"，而"六花阵"作为"八阵法"的传承者，进一步影响了宋代对"八阵法"的复原，所谓的北宋"本朝八阵法"，实际上的母本是李靖的"六花阵"。

　　根据宋代《九朝编年备要》的记载：宋神宗对"八阵法"深感兴趣，因此让文武官员研究复原"八阵法"，通过一番梳理，神宗认为"八阵法"的复原还是要从通晓"八阵法"的李靖所流传下的"六花阵"入手："大抵八阵即九军，九军者方阵也；六花阵即七军，七军者圆阵也。盖阵以圆为体，方阵者内圆而外方，圆阵即内外俱圆，故今以圆物验之，则方以八包一圆，以六包一，此九军六花之大体也。"根据这一思想，宋神宗以左虞候军一、右虞候军一、左厢军一、右厢军一、左厢军二、右厢军二加上中军为 7 军，再加上前后 2 军，共为 9 军。之后宋神宗以"六花阵"为蓝本演练"八阵法"。"六花阵"也是上一章中"宋代本朝八阵法"的雏形。但是北宋的"本朝八阵法"只是根据"六花阵"所改编的，并不是原本的"六花阵"，要想探究李靖"六花阵"的原本面貌，还是要从唐代典籍中寻找。

　　在《李卫公问对》中，李靖所描述的"六花阵"是以"大阵包小阵，大营包小营，隅落钩连，曲折相对"为内核，以外方内圆为形的复合阵。而在队列方面，则是每队之间相隔 10 步，阵表驻队距离前队相隔 20 步，在驻队与前队之间隔有战队，阵形前进以 50 步为基本单位。号角一声，则各队散开立定，当吹到第四声号角时，步兵收拢长枪跪坐于地。此时击鼓，步兵呼喊出击，骑兵则从阵形背后出击，一次出击以 50 步为止，此时正兵（步兵）与奇兵（骑兵）呈前后分布，在观察敌情之后，再下达指令，直击敌军的薄弱之处。李靖在教习"六花阵"时，选取 3 万人，每 5000 人组成一阵，每阵都可变为"方、圆、曲、直、锐"5 种阵形，整个"六花阵"的变化共有 25 种。如果光看这些记载，我们仍然很难了解"六花阵"的真身，幸运的是，李靖所著的兵法虽然大部分遗失，但是《通典》中恰好保留了"六花阵"的阵形。

　　在《通典》卷 157《下营斥候并防捍及分布阵附》中，有一段内容，讲述的是李靖兵法中在平原广泽无险可守之地布置"方营"的内容，通过"分为七军""象六出花"等内容可以判断，这个方营正是"六花阵"，之所以以方营为名，是因为这是六花阵的"静态"。

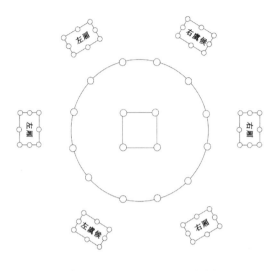

明代《武备志》复原的"六花阵"

布阵为营的"六花阵"，由 2 万人分为七军，其中中军 4000 人，左军右军各有两军（也可分为左右前后四军），每军 2600 人，左右虞候军各 2800 人。扎营时，中军作一大营，左右军与左右虞候军共为 18 营。如果下营之时，土地宽广，又没有敌军，那么每营之间要留出一个营地的空隙，如果地形狭蹙，那么就要让其余六军的指挥官聚集在中军周围，如同一朵有 6 个花瓣的花，这一形态被形容为"象六出花"，也正是"六花阵"的得名原因。

　　"六花阵"中的 7 军，左军、右军、中军均不难理解，而左右虞候，则需要解释一番。虞候，是一个历史悠久的官职，早在《左传》中，就有"薮之薪蒸，虞候守之"的记载。但时代不同，虞候的职能也不相同，《左传》中的虞候，是掌管山林的官员；而《水浒传》中，陷害林冲的陆谦，也是虞候，这里的虞候指的则是官僚的侍从；在"六花阵"中，虞候则是司职侦察与后勤。而每一军，都是由若干队组成的。在第四章分析北宋"本朝八阵法"的阵图时，我们列出了驻队、战锋队、跳荡奇兵等名称，这些其实都是沿用自唐代的战队名，驻队、战锋队均为步兵，跳荡奇兵则是马军。"六花阵"中的战队以 50 人为 1 队，每队有队头 1 人，副队头 1 人。

　　"六花阵"在下营之时，除了注重阵形外，同样重视营地的安全，在下营之前，将领会派遣跳荡奇兵、马军、战锋队、驻队等主战力量严加守备，当营地布置完成后才能归队安置。在拔营出发时，则要让跳荡

中国古兵阵

奇兵、马军前往军营二三里处成列戒备，步兵的战锋队与驻队则全副武装在拔营外 20 步的地方成列戒备，等到营中的辎重都整理完毕，步兵在辎重队 20 步处护送，而马军则在而立之外先行引导。马军先行，是为了便于侦察戒备，骑兵速度快，便于传递消息。每当遇到高处，马军就要派遣 3 到 5 名骑兵前去观察。诸军行动的顺序是先为右虞候军、右军、前军、中军、后军、左军、左虞候军，每军都是先出马军，再出步军。而之所以以右虞候为先，以左虞候为后，则是因为前文提到的虞候职能。虞候司职侦察与后勤，而左右虞候又各有分工：右虞候军既要先行探路，更要负责修理道路，架设桥梁，还要检查水源和草料，实际上身兼今天的侦察部队、舟桥部队的职能；而左虞候军则相反，负责的是善后的工作，也就是说，右虞候军架设的桥梁，在沿途为行军做的布置，都是由左虞候军来进行收拾整理，毕竟军用物资是十分珍贵的。也正因为如此，当"六花阵"由行军状态进入下营状态时，则是由左虞候军先行入营，右虞候军则最后入营，不过兵种入营的顺序仍然是先马军，再步军。

而在行军途中，指挥官也会根据地形调整行列，排定队伍，决定各部行进的次序。如果道路狭窄，步军就要以队为单位行进，只容一队通过的地形，唐军以战锋队为首，战队为次，驻队为后，依次通过。当在地形稍平坦处行军时，则实行统行法，稍平坦处的统行法为锥形纵队，战锋队在前，再为两战队并行，最后是两战队并行，这 5 队 250 人称为一"统"。当地形极为平坦时，为了加快行军速度，则采用 5 队横列并行的统行法，实际上已经是一个小方阵了，5 队横列并行，第一队仍为战锋队，第二第三队为战队，第四第五队为驻队，在 5 队战斗队形的后面，还附属有辎重队，如此一来每统有 300 人。辎重队附在战队之后，不仅是为了保障后勤，在遇敌时也可以遥为声援。李靖在侦察上同样是小心谨慎的，除了沿用派遣骑兵携带五色旗勘察地形外，李靖认为若要进入山谷林木、渡水狭路之地，以及下营决战之地，一定要严密搜索百里之地的情况，确保没有伏兵。

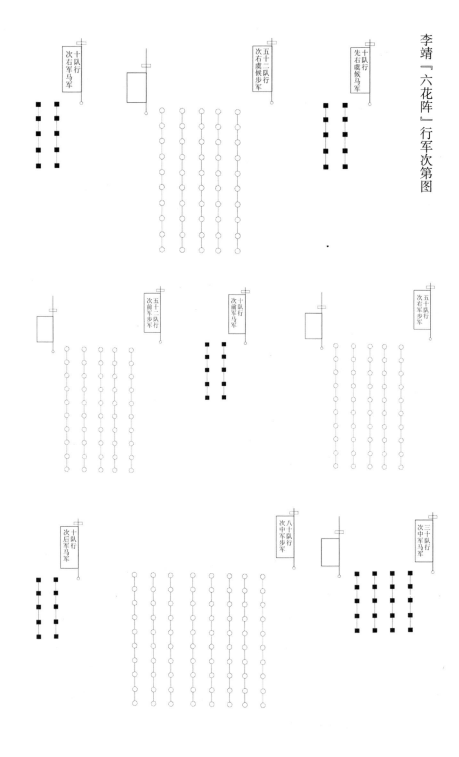

李靖『六花阵』行军次第图

次右军马军
十队行

五十二队行
次右虞候步军

先右虞候马军
十队行

次前军步军
五十二队行

次前军马军
十队行

次右军步军
五十二队行

次后军马军
十队行

次中军步军
八十队行

次中军马军
三十队行

中国古兵阵

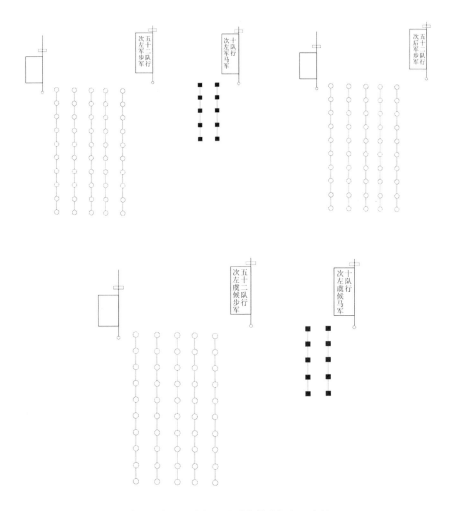

明代《武备志》中复原的"六花阵"行军次第图

"六花阵"无论是下营还是行军都颇具章法，战队遇故配置也是极为详备，那么，当遇敌对战时，整个"六花阵"又是如何安排的呢？

首先，当斥候查明敌军来袭信息后，众将士着甲持械，全副武装，根据中军大将五方五色旗所发出的信号明白敌军来袭的方向，整顿兵马向前布阵，严加戒备，听取大将的指挥行动，这个时候"六花阵"就由行军阵形改为战斗阵形。

7 军布阵的顺序与出营时一样，右虞候军先出，然后是右军、前军、中军、后军、左军，左虞候军殿后。下营时的"六花阵"以两万人分为19营，临战时，全军两万人中一万四千人为战斗人员，剩余六千则作为后勤人员。参战的14000人，以50人为1队，分作280队。在280队中，7军马队共计80队，其余200队则为步兵队，其中左虞候军与右虞候军各有28队，前后左右4军各27队，余为中军所属。为了防止敌军集中兵力冲击阵形，需要在7军部署由3个队的兵力，150人组成的大队，中军部署有3个大队，其余六军每军2个大队，全阵共计大队15个。在大队之外，还有85队战队和85队驻队。战队在前，85队战队占地1700步，85队驻队则部署在战队之后，骑兵部署在驻队左右，骑兵下马备战。无论是战锋队、战队、驻队还是辎重队，其指挥官均是正副队头。正副队头同样分工明确：队头是全队指挥，当遇敌对战时，队头居前，队头之后是队中最为悍勇的军士"引战"，"引战"之后则是负责发布命令的旗官，之后将士兵分为5行，第一行7人，第二行8人，第三行9人，第四行10人，第五行11人，呈梯形分布，副队头则身处队列的最后，手执陌刀，进行督战，如果战斗中有士兵畏战退缩，副队头就要执行军法，将其就地斩杀。

阵形发动时，击鼓为号。首先发动进攻的是弓弩手，这其中弩手因为弩机射程远、威力大，最先接敌，当敌军近至150步时，弩手首先发箭杀伤敌军，而弓手则在敌军近至60步时发箭，若未能阻止敌军，当敌军近至20步时，弓弩手舍弃弓弩，将其交予驻队，改换陌刀等长柄兵器，与战锋队一同向前奋勇击敌。当步兵向前接敌时，骑兵根据战况出击，如果步兵未能阻挡住敌军的冲击，有向后退却的趋势，则骑兵要向前迎击，后退的步兵则趁此机会回阵整顿，再回援骑兵，马步配合，共击敌军。如果敌军退却，骑兵也不能马上追击，而是要在判断敌军溃退的情况后才有所行动，如果敌军退却之时队伍散乱，将士惊恐，才能派骑兵追击。马军、战队出击迎敌，而"六花阵"的另一重要组成部分驻队则负责坚守阵地，同时守护辎重，只有在无须防守的情况下才出战

中国古兵阵

迎敌。

更为难得的是，《通典》还为我们留存了"六花阵"在山地对决敌军的战法。当敌军占据山地等险要阻击时，军阵不得横列，而是要改为纵队，这是为了减少敌军弓弩对我军的杀伤。

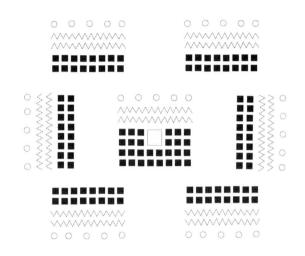

明代《武备志》中复原的"六花阵"车徒骑布列阵图

进军时，弓弩手与战锋队交替分布，驻队则呈雁行分布，各队根据鼓角旗帜行动，由黄旗指示进攻的方向，鼓声一起，弓弩手与战锋队共同进攻，继而骑兵发起攻击，与弓弩手、战锋队合力。与平地对战不同之处在于其步兵进攻是由弓弩手与战锋队共同出击的，而非先用弓弩，再进行格斗战。

综合看来，"六花阵"虽未有阵图流传，但是依靠文字记载，大致能够还原其接敌策略，在平地时，先以弓弩射杀敌军，再由战队与敌接战，骑兵相机而动，驻队则坚守阵地，这与北宋"八阵法"以弓弩驻队在外，步兵在后，骑兵再后的作战思想是一致的。不同之处在于，唐军的弓弩手需要在射击完成后即要持刀棒进行格斗，且驻队在内；而宋军以弓弩手为驻队，部署在阵形外侧，且在唐"六花阵"的基础上，又增加了两支游军。若是攻坚，则要改横为纵，让弓弩手与战锋队一同进攻，骑兵则作为后备队，在战况不利时作为奇兵突击敌军，与弓弩手和战锋队形成合力。

"六花阵"的基本战法与"八阵法"一样，在于以自身的稳固击溃敌军，同样是平地御敌之法。李靖将"八阵法"进行精简，除中军不变外，以左右虞候、前后左右军六军替代八阵，利于阵形的有序变换，在出阵、出营阶段，七军均是按照右虞候、右军、前军、中军、后军、左军、左虞候的次序进行，而收军阶段，则是按照左虞候、左军、后军、中军、前军、右军、右虞候军的顺序进行，使得整个"六花阵"行止有序，为"堂堂之阵"。这种秩序不仅表现在7军中，也表现各队之间的行动。唐军的队分为五等，前三等为骑兵，分别是跳荡队、马军队和奇兵队，步兵的战锋队与驻队居后，五等战队在出战时均有军官押领，使队伍有序行进，不会错乱。

行文至此，我们分析了"六花阵"在下营、行进、临战的各个形态以及兵种的构成，但是，还有一个"谜团"没有解答，那就是"六花阵"到底是方阵还是圆阵？其实，从北宋根据"六花阵"还原的北宋"八阵法"以及《李卫公问对》中的"外画之方，内环之圆"中看，"六花阵"的外形应是方阵，同时又具备了圆阵的"内核"。

方阵，是历史悠久的阵形。前文提及的秦始皇兵马俑一号坑军阵、慕容恪"甲马阵"、"函箱阵"都是方阵。那么，方阵经久不衰，是因为其具备训练简单，变化多端和攻守兼备的特点。方阵是最易训练的阵形之一，只要士兵能与基准点对齐进行纵横排列，方阵即成。只要经过简单的训练，军士即能掌握。莫说需要上阵杀敌的士兵，今天的小学生经过训练后，也能在运动会开幕式上组成方阵行进，并进行简单的变阵动作。方阵结成后，只要士兵能够行进一致，就具有成倍的战斗力。换言之，方阵就是把个体的力量凝聚成整体的力量。

同时，方阵也是变化多端的，方阵看上去只是一个简单的阵形，但是其内部却能进行丰富的排列组合，方阵既可以分化为几个阵形分列作战，也可以根据兵种配备的差异，进行多种战法。以骑兵和步兵组成的方阵为例，如果以步兵为阵表，以骑兵居中，是为防守战法。隋朝名将杨素在对战突厥人时，属下诸将往往采取传统的抵御骑兵之法，军中步、骑、车兵具备，以鹿角结成方阵，这显然是为了防止突厥骑兵对阵形的冲击。相反，将骑兵放在阵表，而以步兵为核心，则可发挥骑兵的机动性与冲击性，增加方阵的灵活性和攻击性。

方阵同时也是一个攻守兼备的阵形。在进攻时，方阵一方面可以凭借密集的阵形压迫敌军；另一方面，就如秦始皇兵马俑一号坑军阵一般，以多兵种依次攻击敌军：一号阵中分布着弓弩手、车兵、步兵、骑兵诸多兵种，每一兵种都有各自的出击顺序。方阵同样是优秀的防守阵形，唐军在行军途中遇到伏击时，各队要迅速结成以两战锋队为表、两辎重队为里的方阵，保护辎重。但是方阵在进行防守时，必须注意相互配合，保持阵形的严密，不能产生空隙。《通典》记载唐军结成方阵与敌交战时，如果敌军攻击方阵的前端，就要停止前进，使阵形牢固密集，如果敌军攻击方阵的尾部，此时前部若继续行进，就会产生空隙，因此指挥官要保证方阵的紧密，"勿使断绝"，才能保证方阵不被击破。《武经总要》中说"凡军行，遇敌即缩为方阵待战，方阵具军行次第门，敌人或击我前，或击我后，进未止得者，其阵中间最忌断绝，须速令总管部勒，逐方面兵，相承勿断也。"表达的是同样的意思。因此，南北朝时期的"函箱阵"就是以方阵的形态来完成守卫任务，到了唐代，以方阵护送辎重的方式并未改变。

方阵有诸多优点，但是缺点同样明显，且其缺陷也正是其优点"紧密"所带来的：如果阵中士兵军心稳定，士气旺盛，紧密的阵形可以加强战斗力，相反，如果军队士气低落，甚至军心涣散，那么这种情绪反而会借助方阵传播开来。而且，方阵在行进时士兵是面向前方的，后方与侧翼易遭袭击，就算阵表士兵全部面向敌人，仍然有防守死角。因此，作为平地御敌，尤其是防御骑兵的"六花阵"，需要融合圆阵的内核。

相对于方阵的攻守兼备，圆阵则更注重防守，尤其是在敌众我寡、敌强我弱的情况下，圆阵往往能发挥奇效。这是因为圆阵以环形布置，它的战线是全面而均匀的，圆阵不存在前方后方，圆阵的每一个方向都是正面对敌，而兵士的后背均有同伴护卫，他们可以全神贯注应对面前之敌，圆阵可以同时应对四面八方的进攻，这一点是其他阵形所不能比拟的，因此圆阵尤其适合应对灵活机动的骑兵部队。历史上以圆阵取得的战术胜利，多数是在敌众我寡、面对骑兵的情况下发生的。项羽在垓下被击败后，面对汉军骑兵的追击，在只有 20 余骑的情况下，因山为圆阵，向下冲杀，取得大胜；李陵面对 10 万匈奴骑兵，同样是环车为营，结成圆阵，且战且走，给予匈奴重大伤亡；三国时期的魏国名将田豫，在北征乌丸时，遭到胡骑的伏击，田豫同样是"因地形回车结环阵"同时阵内布满弓弩手，在阵形间隙处布置疑兵，大败胡骑……圆阵对骑兵的防守战果可谓不胜枚举。除了应对骑兵，圆阵在下营时也得以广泛运用，所谓"安营之法与圆阵相侔"。"六花阵"作为"八阵法"的"传人"，必然要具备随机应变、相互配合、善于防守的特点，这也使其必然兼具方阵与圆阵的特点，因此，无论是"八阵法"还是"六花阵"，都是融合方阵与圆阵的阵形，不必执着于它们到底是方阵还是圆阵。

然而，在正史中，并未找到李靖使用"六花阵"实战的记录，这又是为什么呢？其实从《通典》等文献的记载来看，"六花阵"与其说是一种阵法，不如说是一种包括下营、行军、战斗的军事体系，是"正"法，是唐军最基础的战法，但是兵者以正合以奇胜，上述杨素部将的方阵，在杨素看来是"自固之道，非取胜之方也"，因此杨素改用骑兵为主战力量，与突厥决战，一举击破突厥达头可汗的 10 万大军。历史上唐军的大胜多数是由以骑兵为主的运动战取得的，尤其是"六花阵"的创造者李靖，立下了平定东突厥的不世之功，而其两次击败颉利可汗，都是靠不过 1 万骑兵的运动战取胜的，可见其作战风格在谨慎的基础上更显大胆果决。而继李靖而起的苏定方，先是以 200 骑兵突袭颉利可汗牙帐，生擒颉利可汗，又在征讨西突厥时以 500 精骑击破数万突厥骑兵。在灭西突厥之战中，苏定方以步兵阵抵御突厥骑兵冲击，亲率骑兵击溃突厥军队，接着长驱直入攻灭西突厥。实际上，这些名将的成功，也显示了唐军的作战特点，既有严整的军阵，又能够灵活机动作战，这才使得鼎盛时期的唐军能扬国威于万里之外。

中国古兵阵

3. 纸上谈兵的军事爱好者

——始于唐代的阴阳家兵阵

大唐既有李靖这样精通阵法的名将，也不乏对阵法一知半解的纸上谈兵者，这其中最著名的就是上一章中提到的《太白阴经》作者李筌。

李筌，《中国历史大辞典》《中国历史人物辞典》《哲学大辞典》等辞书对他的定义是一个道教学者，而他的生平也更多的是与道家联系密切。李筌，在正史上无传，只能通过散落的文献了解其是唐玄宗时代的人，据说开元时任荆南节度判官、仙州刺史（一说为江陵节度副使、御史中丞），后来因为李林甫的排挤而入山问道，曾在嵩山修道，后不知所终。在李筌有限的生平中，并未找到一丝领兵作战的记录。而偏偏李筌又是一个军事爱好者，不仅留下了《太白阴经》这一著作，还为《孙子兵法》作注。确实，李筌对军事具有自己独到的见解。《太白阴经》共 10 卷，包含了军事谋划、选将刑罚、地形兵势、攻守战具、行军筑城、阵图、祭文等方方面面。在书中，李筌重视政治对于军事的影响，强调人的主观能动性，显示出了他对于军事理论的探索。在《太白阴经》中也保留了大量军事资料，这些都是其贡献。

然而，精于军事理论的人未必是军事家。军事理论家提出的道理，往往是对的，但有时也是片面的。例如李筌提出："天时不能佑无道之主，地利不能济乱亡之国，地之险易，因人而险，因人而易，无险尢个险，无易无不易，存亡在于德，战守在于地，惟圣主智将能守之地，何有险易哉。"他的论据是刘禅坐拥天险，因为昏庸仍然不免亡国。话虽然没错，但是，蜀汉能够在诸葛亮去世之后，能臣武将相继凋零的情况下以益州一州之地坚持 30 年，蜀道之险功不可没，若是没有天险，蜀汉的覆亡必然更快。强调人的主观能动性固然没错，但是忽视地理条件，显然不是军事家所为。李筌军事思想的特点就是长于问题的发现，却没有解决问题的办法。在对阵法的论述上这一点尤其明显。

在《太白阴经》卷六《阵图》的总序中，李筌提出："战阵不可预形，故其战胜不复，而应形无穷。兵形象水，水因地而制形，兵因敌而制胜，能与敌变化而取胜者，谓之神。则其战阵无图明矣，而庸将以不教之阵为战敌之阵，不亦谬乎。"李筌认为，战阵是不需要按照阵图来排列的，要因敌制胜，用训练之阵来作实战之阵的将领，是庸将。这显然是片面的，甚至是本末倒置的。最关键的问题在于，如果没有阵图的训练，士兵如何"兵形象水，因敌制胜"？当敌军来袭时，士兵没有练习过应对办法，仅凭随机应变，恐怕早已溃散了。相比之下，李靖则是根据不同的境域给出不同的应对阵形，虽不一定能制胜，却足以自卫，李靖显然是具备解决问题能力的军事家。那么，李筌为什么提出"战阵无图"呢？恐怕还是因为李筌希望能由自己来解释战阵，只是他的阵法却与传统阵法失之千里。

以同样源自诸葛亮的"八阵法"为例，李筌复原的"八阵法""天阵居乾为天门，地阵居坤为地门，风阵居巽为风门，云阵居坎为云门，飞龙阵居震为飞龙门，虎翼阵居兑为虎翼门，鸟翔阵居离为鸟翔门，蛇蟠阵居艮为蛇蟠门。天地风云为四正，龙虎鸟蛇为四奇。乾坤艮巽为阖门，震离坎兑为开门。"而李靖则一针见血地指出所谓"天地风云龙虎鸟蛇"是旗号旛名、队伍之别。

在下营上，与李靖勘察地形，令指挥官居中并以环形加强守卫，以"分为七军，象六出花"命名"六花阵"的做法不同，李筌自创的"太白营法"，其阵名来源和下营之法充满了神秘的玄学色彩。关于太白营的命名："经曰：参七里伐三里，连体十星为十将军，西方白虎之宿也，主杀伐，此星出，而天下秋，草木摇落，有若军威，故兵出而法焉"。李筌认为，以象征杀伐的西方白虎之星宿来命名营法，可以壮大军威，是以"美愿"代替"形象"来命名阵营，而前文提及的"方、圆、曲、直、锐、雁行、鱼丽、却月、八阵、函箱、六花"均是以兵阵的形象命名的，李筌的"美愿"阵名，也堪称开创了阵法命名的"蹊径"。那么这个"太白营"又是如何布置的呢？"地主居坎为地主门，和德居艮为和德门，大炅居巽为大炅门，高丛居震为高画门，大威居离为大威门，大武居坤为大武门，太簇居兑为太簇门，阴德居乾为阴德门。"乾、坤、震、巽、坎、离、艮、兑是八卦，对应八方尚可理解，而李筌以"地主、和德、大炅、高丛、大威、大武、太簇、阴德"8个星象来作8个门名就让人匪夷所思了：李筌作为道教学者，对这些星象自然是了解，可是以星象来命名阵门，莫说士兵，恐怕将领也是一头雾水，将士们还能找到各自的位置吗？而太白营在对敌时的战法，更是让人一头雾水："中营二千人为左右决胜军，大将卫五百，为幕二百五十人，守地四千尺，积尺得六百六十步余四尺，积步得一里三百六十步四尺，以营四面乘之，一面得地六十八步余四尺，其中营小每面加四十三步三尺三寸三分，通成二十二步一尺三寸三分。每幕相去四尺五寸四分，营有地二顷四亩余百五十七步一尺五寸九分。休门主一，居子；生门主八，居艮；伤门主三，居卯；杜门居巽；景门居午；死门居坤；惊门居酉；开门居乾。"除了营地的面积，没有任何的实际意义，这些阴阳八卦的内容可以作为旗帜信号，但是真要以每卦来主生死、定胜负那就匪夷所思的。李筌的阵法，莫说是武将，就是饱读诗书的文臣，恐怕也读不懂到底要怎么布阵，怎么应敌，这样的阵法又有什么实战意义呢？

李筌以强调主观能动性的理由忽视阵图的作用，用自己的阴阳学说来解释和创造战阵，在后世却影响了一大批不懂军事的文人，以为只要凭借天道阴阳就可以解释战阵，将战阵的研究带入了歧途。宋神宗在研究"八阵法"的过程中就感叹："今论兵者，俱以唐李筌《太白阴经》中所载阵图为法，失之远矣。朕尝览近日臣僚所献图，皆妄相惑，无一可取，果如此辈之说，则两敌相遇，须遣使预约战日，择一宽平之地，仍夷阜塞壑，诛草伐木，射圃教场，方可尽其法耳，以理推之，知其不可用也决矣。"

从先秦到清代，军队中都不乏各种迷信内容。例如先秦时期流行在开战前用龟甲进行占卜，无论是考古发现的甲骨文还是文献记载都印证了这一点。到了后世，占卜的方式大大扩展，其中一种就是"占星术"。占星术包括了"天占""地占""日占""月占""星占""风角""望气"等待方式，实际上是将观察到的自然现象与军事行动结合起来。善于用兵的将领"假痴不癫"，以这些内容作为旗帜、阵的名号，对于布阵一知半解的文人术士则喜欢用这种玄之又玄的方式来解释战阵。这其中，就有明代人张烨，张烨的生平记载较少，可知是明永乐年间的举人，在《续武经总要》与《武备志》中，有大量张烨根据阴阳数术推演的阵法，包括"风扬阵、云垂阵、龙飞阵、虎翼阵、鸟翔阵、土方阵、金圆阵、水曲阵、木直阵、火锐阵"等传言为诸葛亮所作的阵法。这些阵法无一不是根据"天衡地轴"的思想推演的，并无实战价值。尽管这类阵法没有实战价值，但是有着崇古情节的古人，却不能摆脱李筌的影响，在兵书之中，往往还是会将其与实战阵法一同记录，例如《武备志》中，还是有六甲营阵、奇变八门阵等阴阳阵法，虽然比起李筌的阵法更具操作性，但还是与实战阵法相去甚远，只能聊备一说。

不过，事物都不能走极端，单纯强调灵活机动、自由创作固然不妥，但是若一板一眼固守阵图，不能灵活机动，那又是大错特错了。

旗垒兵矢，壮士甲马

——宋元时期兵阵的集成

1.朕上不了战场，但朕也想指挥

——皇帝钦赐的阵图

关于兵阵的论断，最精辟的当属岳飞的"阵而后战，兵法之常，运用之妙，存乎一心"。兵阵的运用，要将严格的训练和灵活的运用合二为一。如果说是《太白阴经》认为不需阵图走了"存乎一心"的极端，那么北宋自宋太宗赵光义以下的诸位帝王，则走向了拘泥于阵图的极端。

北宋一朝以繁盛的经济与文化闻名，相比之下，其军事能力就相形见绌了，其中既有客观因素，也有主观因素。客观因素在于北宋立国之前，作为屏障的燕云十六州已经被后晋石敬瑭"赠与"契丹，使得华北平原直接暴露在契丹铁骑的威胁之下。尽管后周世宗一度北伐收复三州三关，但柴荣旋即病逝，宋太祖陈桥兵变建立北宋之初，也设置封桩库意图取回燕云十六州。宋太宗继位后也御驾亲征，只可惜高粱河之战大败而回，北宋统一全国的步伐戛然而止。在失去了地利之后，北宋的军事战略转向防守，以步兵结阵对抗骑兵是优选。主观上则是宋代帝王对于武将的防范而造成的军队缺乏灵活应变的能力。宋太祖陈桥兵变，欺负后周"孤儿寡母"，虽然在后周的基础上平定南方诸国过程中也依靠了诸多武将，但是武人出身的赵匡胤对于五代时期频繁出现的藩镇与改朝换代深存戒心，在继位后开始逐步中央集权，收取武将的权力，留下了"杯酒释兵权"的典故。宋太祖的这些措施在当时是十分必要的，但是"烛光斧影"之后，太宗继位，对武将防范更甚，甚至不让武将有便宜之权，让将领失去了指挥权，难以根据战场情况调整战术，施展不了手脚，非常被动。

宋太宗也是御制阵图的首创者。宋太祖赵匡胤虽然有"杯酒释兵权"的典故，但是其在平定天下的过程中，却给予诸将充分的便宜之权，宋太祖本人更是不热衷于创制阵法，但是宋太宗一方面猜忌将领，另一方面又缺乏军事能力。在高粱河之战后不久，辽军南下，宋军北上抗敌。在满城之战中，宋太宗就将自己制定的阵图发放给将领，要求前线将士按照阵图部署"八阵"，宋军主帅崔翰依据阵图布下阵形后却发现，宋太宗的"八阵图"，8个小阵之间相距竟达百余步，相互之间不仅难以配合，而且因为过于疏散，甚至出现了军心涣散的情况，虽然右龙武将军赵延进向崔翰提出了这一问题，但是崔翰因为害怕承担"矫诏"的罪名而迟疑不决，关键时刻，赵延进和监军李继隆挺身而出，愿意承担罪责，而根据实际情况将军队分为正奇两阵，与辽军3次交锋，大破辽军。只不过，即使有这样的案例，宋太宗仍然没有改变御赐阵图的做法，反而经过潜心研究，创造了一个大阵，也就是"平戎万全阵"。

从阵法的名字不难看出，宋太宗对这个阵法是寄予厚望的。只是，万全阵真的能万全吗？

因为失去了牧马之地，北宋虽然大力开展马匹的培育和饲养，但是这些马匹过于温顺，难以适应战场需要，而辽军的骑兵则灵活机动，来去如风，成为北宋军队的最大威胁。高粱河之战的失败并没有动摇宋太宗收回燕云十六州的决心，在雍熙三年（986年），也就是高粱河之战7年之后，宋太宗兴3路大军挥师北伐。战事之初，3路大军进展顺利，结果辽军依靠精锐骑兵的机动优势，集中优势兵力击败主力东路军，因东路军战败，导致其他各路军也相继被辽军击败，《杨家将演义》的主人公杨业也正是在这一战牺牲的。估计也正是因为雍熙北伐的惨败给宋太宗留下了深刻的心理阴影，因此，宋太宗才在雍熙四年向潘美、田重进、崔翰等亲信将领授予自己心中的良方——"平戎万全阵"：

前行，每队五十人。后行，每队并三十人。前后并五队为一点。每队计一千四百四十地分，方五里。每地分车一、兵二十二，并十地分为一点。右万全阵法，凡九围，共成一阵（内三为方阵，一为前锋，一为后殿，二为左翼，二为右翼）。凡中心连排方阵三，每阵各大将一人生之。其阵各方五里，人相去一里，东西占十七里。每阵周回二十里，计七千二百步。每五百步为一地分，每一地分用战车一乘、兵士二十二人（三人在车上，四人掌拒马四、小牌四、枪四、剑四，六人掌床子弩二，四人掌步弩二，四人掌掉刀二、小牌二，三人掌弓三、圆牌三）。一阵计千四百四十地分，战车千四百四十乘，地分兵士三万一千六百八十人。无地分兵士五千人，以三十人为一队，计百六十六队。余二十人。其兵士队于阵内列行（拒马五千七百六十，枪五千七百六十，剑五千七百六十，床子弩二千八百八十，步弩五千七百六十，棹刀二千八百八十，小牌八千六百四十，步剑四千三百二十，围牌四千三百二十。望楼八座，每座望子十人，计八十人。凡阵之四面，列战车榜牌，及诸兵器，皆持满外向。车中贮糇粮、军中所用之物。又每牌面门一门为临时启闭之节。东西稍阵，各用骑兵万人解镫，分为两行，前行配五十骑为一队，计百二十五队，每队并队眼占地五十步，计六千二百五十步，计一十七里一百三十步；后行配三十骑为一队，计百二十五队，每队并队眼占地五十步，东西占地十七里九十步。三路探马计三十队，每路各浮图子排列，计百六十五骑（轻骑七千五百人，骑枪七千五百条，团牌七千五百面。剑三千七百五十口，东西阵各剑千八百七十五口。骨朵三千七百五十条，东西稍阵各骨朵千八百七十五条）。前后阵各用骑兵五千解镫，分为两行。前行配五十人骑为一队，计六十二队，每队并队眼占地六十五步，计四千三十步，计一十一里七十步。后行配三十人骑为一队，计六十二队，余十八人；每队并队眼占地六十五步，计四千九十五步，计十一里三十五步。五路探马计五十队（后阵成两路牌），每路各浮图子排，计二百七十五骑（轻骑三千八百人，骑枪三千八百条，团牌三千八百面。剑一千九百口，前后阵各剑九百五十口。骨朵一千九百条，前后阵各骨朵九百五十条）。三阵图凡用兵士十四万九百三十人（十一万三百八十人步，内二百四十人充望子；三万六百五十人骑，内六百五十人充探马。数内骑军及无地分兵士共四万五千六百五十人，三万六百五十人骑，一万五十人步也）。伏详圣制特以河朔之壤，远近如砥，胡虏恃马常为奔冲，故因洞尝馀法增广其制，所以挫驰突之锐，明坚重之威，循名摘实，知神谋之有在矣。

根据《武经总要》的记载，简而言之，"平戎万全阵"是一个由14万人组成，配备了战车、骑、弩、枪、剑、盾、望楼、拒马等战具的大型战阵。全阵呈九宫型，分为5个部分，分别是前锋、中军、后殿以及左右两翼，中军3阵居中，正前为前锋，正后为后殿，左右两翼具分为前后两军。"平戎万全阵"的核心是其中军。中军由并排的3个大型方阵组成，每个方阵是方5里，周长20里的正方形阵形，3个方阵各由1名将领统领，3个方阵每个相隔1里，中军东西相距达17里。在每个方阵中，500步设一辆战车以及地分兵24人（3人在车上，4人掌拒马、小牌4、枪、剑4，6人掌床子弩，4人掌步弩，4人掌棹刀、小牌2，3人掌弓、圆牌3），每阵战车1440乘，地分兵31680人，无地分兵5000人，分为166队。除了战车，以及地分兵所配备的阁中武器外，还有一个其他阵形中罕见的装备——望楼，用于观察和指挥。左、右翼各有两行，前列125队，每队50骑兵；后列125队。每队30骑，左右两翼均为1万骑。合计两万骑。前后两阵亦是有骑兵组成，均分为前后两行，前行62队，每队50骑，共3100骑；后行62队，每队30骑，共1860骑，另有探马40骑，共计1万骑。阵形如图所示：

通过"平戎万全阵"的兵力分布不难看出，兵力主要集中在中军的3个方阵中，虽然前后军以及左右两翼均骑兵，但是数量偏少而且布置

北宋平戎万全阵图

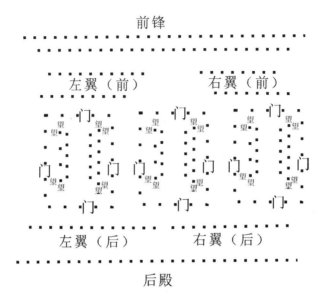

前锋

左翼（前）　　　右翼（前）

左翼（后）　　　右翼（后）

后殿

得分散，显然不是主战力量，更多的是承担警备、侦查和掩护等辅助任务。全阵的主力是中军的步兵，全阵的核心就是以步制骑。

以步制骑，并不是宋太宗的发明，前文所说的诸葛亮"八阵法"，就是平地御寇、以步制骑的杰出代表，那么，"平戎万全阵"的实战效果如何呢？很遗憾，史料并没有这一阵法丝毫的实战记录，雍熙北伐失败之后，宋太宗再也无力发动大规模的北伐，北宋军队的战略也由进攻变为防守。从实战的角度来看，这并非是憾事，而是北宋军队的幸事。"平戎万全阵"实在是有太多的致命弱点。

首先，占地过大，人数众多。如果《武经总要》记载无误，那么，如果要展开阵形，光长度就要 17 里，尽管宋代度量与今天有所差异，但是长达 17 里的兵阵依然是非常巨大的。而这长达 17 里的阵形中，分布着 14 万人。"平戎万全阵"可谓是人数之冠。这就意味着要展开整个平绒万全阵，需要极大的场地和时间。而在实战之中，谁能保证战场有如此的面积呢？又哪里能保证有足够的时间让将士从行军阵形转换为战斗阵形呢？

其次，缺乏进攻力量。这也是"平戎万全阵"最大的问题。宋太宗时代，北宋军队最大的敌人是辽军，在宋太宗的历次北伐中，宋军屡屡败在辽军骑兵之下。也正因为这个原因，宋太宗创造了"平戎万全阵"，只是"平戎万全阵"着眼的不是如何击败辽军，而是防御辽军。"平戎万全阵"有5个部分，前后左右4个部分虽然全部是骑兵，但是承担的是警戒、侦查等辅助任务，而不是用于与辽军骑兵对战。而阵中用于对抗辽军骑兵的是每阵为3万6千人的复合步兵方阵。每个复合方阵，装备了各种兵器，但是其防御骑兵的核心还是鹿角、战车这类器械，就算能如愿顺利阻挡辽军骑兵攻势，却难以对辽军发起反击，终究难以击败辽军。

再次，机动性过弱，这也是"平戎万全阵"的致命弱点。辽军在历次战役中最大的优势就是能迅速调集骑兵，对宋军发起突袭。宋军虽然在总数上优于辽军但是机动性远远弱于辽军，使得辽军往往能够集中优势兵力击败一部宋军，再迅速转移兵力击败其他宋军。而在面对"平戎万全阵"时，辽军完全可以凭借骑兵优势袭击阵形的侧后翼，以此扰乱宋军阵形。

综合看来，"平戎万全阵"并不能达到克制辽军的目的，反而束缚了宋军的手脚，既不能"平戎"，更谈不上"万全"。而宋太宗御赐阵图以控制将领的办法，更是让之后的北宋军队在临战时陷入困境。

首先，自宋太宗开始直到北宋灭亡，宋军都恪守以阵地战为主的作战方针，将领更无便宜之权，使得北宋军队在面对辽、西夏、金的攻击时，往往陷于被动的境地。其次，作为祖宗之法，继宋太宗之后的宋真宗、宋仁宗等帝均继承了御赐阵图的做法。"上有所好 下必甚焉"。帝王的爱好使得臣下纷纷创制阵图，献于御前。尤其是在宋仁宗时代，出现了形形色色、千奇百怪的阵图。名臣韩琦曾"仿古兵法，作方、圆、锐三阵"，郭谘献拒马枪阵，赵珣上"五阵图"，并州知州杨偕上"龙虎八阵图"，刘宇上"大衍阵图"，夏安期上"弓箭手阵图"，苏安静上"八阵图"，这些阵法有些起到了效果，有些则是纯粹的纸上谈兵，并未起到多大的作用。

2. 是时候总结一下了

——宋代典籍对阵法的总结

北宋君臣虽然未能依靠阵法"平戎万全"，在对辽、西夏、金的作战中屡尝败绩，但在客观上也使得北宋的阵法不再像前朝的阵法那般神秘（这当然也要归功于雕版印刷的普及），作为北宋军事"百科全书"的《武经总要》，就记载了北宋开国至仁宗朝的阵法与对前代阵法的整理。在《武经总要·前集》的卷七和卷八，专门记录了阵法，其中卷七为"阵法总说""本朝平戎万全阵法""本朝八阵法""本朝常制阵"，记述的均是北宋阵法，卷八则是对先代著名阵法的总结与探究，其中包括著名的八阵法、常山蛇阵，等等。

在进入《武经总要》的阵法世界之前，不如让我们先来了解一下北宋军队的制式武器，从而更好地理解不同兵种的作用。从先秦到北宋，中国军队一直处在冷兵器时代，通过前文对阵法的研究，北宋以前历代军中使用的兵器也无非是枪戟、刀剑、弓弩3大类加上斧钺、骨朵、鞭简等冷门兵器，可谓一脉相承、大同小异。在"平戎万全阵"中，也出现了拒马枪、小牌、枪、剑、床子弩、步弩、刀、弓、圆牌等武器。这些兵器的形制图像均被记录在《武经总要》中。如下图所示：

弓弩：

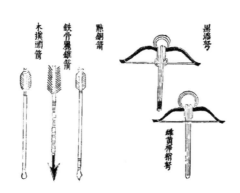

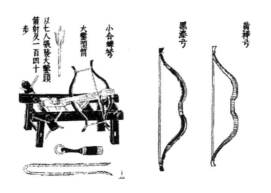

以步制骑，弓弩是主要的杀伤手段。在澶渊之战中，宋军以暗弩射杀辽军统帅萧挞凛而士气大振，逐步掌握此战的主动权。因此，《武经总要》卷十二专门记述了北宋军中使用的黄桦弓、黑漆弓、白桦弓、麻背弓、黑漆弩、雌黄桦梢弩、黄桦弩、白桦弩、双弓床弩以及使用的点铜箭、铁骨丽锥箭、乌龙铁脊箭、鸣铃飞号箭等箭种。其中威力最大的就是床弩，以图中所示的小合蝉（形如两蝉）双弓床弩为例，前后各安一张弓，用绳轴绞张，用7人之力方可张弦，使用大凿头箭，射程达140大步。

拒马枪：

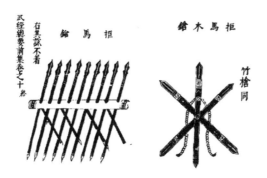

拒马枪，枪如其名，专门用来抵挡骑兵，军队立营时，将拒马枪聚在一处，用作防御，北宋军中专有拒马营，以拒马枪和鹿角为武器。《武经总要》云："其制以竹若木，三枝六首，交竿相贯，首皆有刃，植地辄立贯处，以铁为索，更相勾联，或布阵立营、拒险塞空，皆宜设之所

以御贼，使不得骋故曰拒马。"

各色枪：

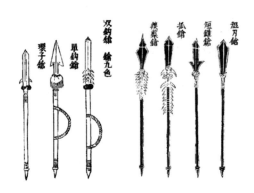

《武经总要》记载，宋代骑兵之枪在枪首之侧施倒钩，也就是图中的双钩枪、单钩枪和环子枪。至于步兵则种类更多，有素木枪、鸦项枪、锥枪、梭枪、槌枪、大宁笔枪种种。

刀剑：

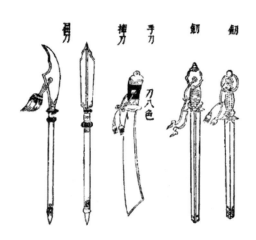

宋代刀有手刀、棹刀、屈刀、戟刀等。其中值得一提的是棹刀，棹刀两边开刃，刃首上阔下窄，可劈可刺，形如船桨（棹），因此名为棹刀。棹刀可谓是"三尖两刃刀"的原型，宋代四川在祭祀二郎神时，就以舞棹刀为戏。在"平戎万全阵"中，棹刀是重要的装备。除了棹刀，屈刀也是重要的军刀。屈刀，类似于我们熟知的"青龙偃月刀"，不过屈刀更为朴实，也更为实用。宋剑，厚脊短身，颇为实用。

望楼：

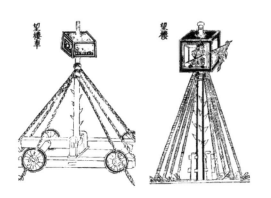

在"平戎万全阵"中，望楼是重要的装备。宋代望楼高达 8 丈，以坚木为竿，竿上施方阔 6 尺的板屋，板屋中置军士 1 人，名为望子。望子手执白旗，观察敌情，平安无事时将旗帜卷起来，敌军来袭时则展开旗帜，旗杆平放代表敌军逼近，旗杆垂直代表敌军已至。

盾牌

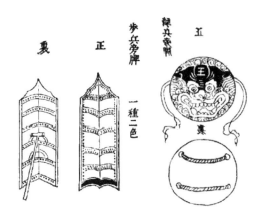

《武经总要》中的盾牌，无论是步兵盾还是骑兵盾都是木质，上蒙皮革。步兵盾狭长，上端尖锐下端方正，可以遮蔽士兵并且安放长枪；骑兵盾呈圆形，系于左臂，用来抵御飞矢。

车辆：

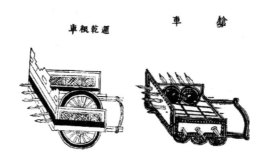

车也是抵御骑兵的重要装备，宋代战车常在正面放置排枪，有运粮、巷战等多种用途。

打击兵器：

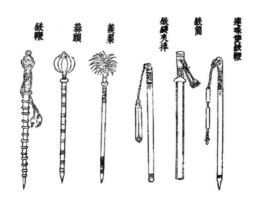

在"平戎万全阵"中，有骨朵3750条。骨朵，即长柄锤，与铁鞭、铁简均为打击兵器。

看完兵器后，让我们重新回到阵法中来。

首先是北宋的"常制阵法"。北宋的"常制阵法"包括大阵、拐子马阵、先锋阵、策先锋阵、前阵、无地分马和拒后阵。

所谓大阵，即中军阵，亦是由驻队、战队组成，并不是专指一个阵形。大阵的阵形可以是长阵（常山蛇阵），也可以是方阵（四门斗底阵），须视情况排布。相较于"平戎万全阵"，大阵更为实用，也更为灵活。

大阵之中，步兵刀手枪兵在前，配合盾牌和标枪。阵脚则以拒马和大车构成，其后布置强弓劲弩，包括威力巨大的双弓床弩，阵容坚固，足以抵挡敌军的冲击。这种兵力布置，上承诸葛亮"八阵法"与李靖"六花阵"，确实是对抗骑兵的良方。在步兵与战车之后是大阵的骑兵，当大阵为方阵形态时，骑兵处于阵形中央。骑兵若要出击，则开启阵形四边的 4 门。大阵的规模视将领数量而言，一将领 3 千至 5 千人，若阵中有 10 员裨将，则整个大阵规模也达 3 万至 5 万人。大阵之中，指挥明确，层层递进，且强调灵活机动，如果仅从字面上看，堪称良阵。

大阵既为中军阵，那么也意味还有其他阵形作为其辅助，这些辅助阵形就是拐子马阵、先锋阵、策先锋阵、前阵、无地分马和拒后阵。

拐子马阵，全名为东西拐子马阵。拐子马的声名远播，还是要归功于宋金战争，但是拐子马并不是金军的原创，宋军之中早已使用拐子马阵作战。所谓拐子，并不是拐杖，更不会是跛子和骗子，而是指代两翼。东西拐子马阵实际上就是两翼骑兵，金军善于使用两翼骑兵作战，使得拐子马名震天下，而更早使用拐子马阵的宋军反而声名不显了。宋军设置拐子马阵，是因为在与辽和西夏等少数民族作战的过程中，宋军中军大阵屡遭敌军弓骑的集中攻击，一旦防御不住，就会阵形崩溃，全军溃散。为了应对少数民族骑兵，宋军设置东西两翼的骑兵来作为救援，只是从实战的效果来看，宋军的拐子马战绩有限，远不如金军的耀眼，才被金军抢去了"名头"。

先锋阵，顾名思义，需要在战时一马当先，先登陷阵，北宋选取精锐之士组成先锋阵，为了策应先锋阵，防止先锋阵溃败后对大阵造成反噬。北宋又在军中设置策先锋阵，部署在先锋阵后，如果先锋阵不支，则对其救援。

除了先锋阵，宋军还在大阵之前选择精锐士兵作为奇兵，称为前阵。北宋常例，10 万军中以 3 万人作为奇兵前阵。有前阵，必然有后阵，北宋军中称其为拒后阵。辽军善于使用精兵断绝宋军粮道，因此北宋军队在大阵之后以两万人为殿后之兵，护卫粮道、辎重。

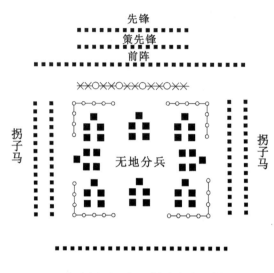

明代《武备志》中的"宋真宗常制阵"

除了中军、左右翼骑兵、先锋、奇兵、殿后外,宋军还有一队机动骑兵,作为预备队,称为无地分马。无地分马属于临时部署,数量并无定数。

综上所述,北宋的"常制阵",是包括了中军、左右翼骑兵、先锋、奇兵、后卫、机动骑兵的复合阵形。

从设计上来看,是非常完备的,既有以战车、拒马和弓弩抵御骑兵冲击的中军大阵,也有策应中军的两翼骑兵,精锐组成的先锋阵和接应的策先锋阵,为了应对敌军袭击后方,还设置了拒后军,在突发情况下则设置无地分马作为预备队。但是,行军作战,最重要的随机应变,不是写在教令上的,而是要在实战中凭借将领的指挥才能和军队的作战素养实现的。在北宋防范军人,"将不知兵、兵不知将",不给予将领自主权的大背景之下,任何所谓万全的阵法都是经不住实战考验的。

除了记述本朝的阵法,《武经总要》也对前朝的名阵作了整理,只是这些内容远不如"本朝阵法"来得可靠,具有一些"玄幻"的色彩。不同于卷七记述北宋阵法时以驻队、战锋队、无地分马指代各个部队,卷八的阵法解释与复原,则多是以天干地支配合奇正思想解释的,以理论为主,只能得其大概,而不能复原全貌。光凭文字记载是很难明白其形制的。以"常山蛇阵"为例:

"常山阵",部卒五部,凡四千人。其中前、后、左、右等军,量山川土地之形,按阵而居,可以逸待劳,以饱待饥,其扬奇倚伏皆马骑,分而为八,凡二千人,逐便而居,以应权也。六鼓举龙旗,则为常山

中国古兵阵

矣。按《战国策》曰：常山蛇，击其尾，其首救，击其首，其尾救，击其中，其首尾皆救。此其义也。

其阵图也只能略表其意：

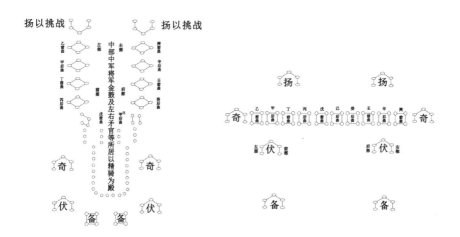

《武经总要》中两种"常山蛇阵"

除了"常山蛇阵"，《武经总要》第八卷还有"握奇阵""李靖阵法""方阵""圆阵""雁形阵"等多种前代阵法，只是除了"李靖阵法"外，多数仍是从阴阳五行的角度论述的。总而言之，在《武经总要》中，"本朝阵法"的价值要远远高于"古阵法"，为我们了解宋代阵法留下了宝贵的资料。

《虎钤经》的作者许洞有感于李筌所论阵法只有形式，没有布置兵阵所需的细节，因此在研习先代阵法的基础上，创造了4种新阵，分别是"飞鹗阵"、"重覆阵"、"长虹阵"和"八卦阵"。许洞自创的4个新阵，都是为了克制某一种阵法而设的，"飞鹗阵"应对的是弯阵，"重覆阵"应对的是直阵，"长虹阵"应对的是突阵，"八卦阵"则用于被四面包围时。

先来看"飞鹗阵"。鹗，是猛禽的一种，"飞鹗阵"，形如张开翅膀的猛禽。许洞将其设计为3个部分，即前校、中校和后校。前校为骑兵与步兵的混合阵，其中骑兵5000人，步兵13500人。分为3个小阵，第一小阵有骑兵500人、步兵4500人；第二小阵有骑兵2000人、步

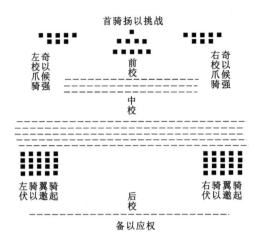

首骑扬以挑战

左奇 奇以 右奇
校候 前 校候
爪骑 校 爪骑
强 强

中
校

左骑翼骑 右骑翼骑
伏以邀起 伏以邀起

后
校

备以应权

明代《武备志》中的许洞"飞鹗阵"

兵 4500 人；第三小阵有骑兵 2500 人、步兵 4500 人。中校步兵 46000 人，分为 5 个阵，前 4 阵每阵 10500 人，第五阵 4000 人，后校步兵 10500 人。前校之中还有作为机动兵力的左右爪骑，每爪骑皆为 2200 人。中校与后校之间还有左右翼骑，各10000 骑。"飞鹗阵"之所以取名为飞鹗阵，是因为这个阵法具备猛禽爪牙锋利的特点。"飞鹗阵"的前部骑兵为鹗的嘴，左右骑兵为爪，其余为面为首，互相配合攻击。

首兵　前校

中
校

左冲　　　　右冲
校骑　　　　校骑

明代《武备志》中的许洞"长虹阵"

再来看"长虹阵"。"长虹阵"同样分为前、中、后三部。其中前校步兵 13500 人，分为 27 部，分作 3 阵，每阵 4500 人。中校 46000 人，分为 92 部，共 5 阵，第一阵 9 部，第二、三、四阵 21 部，第五阵 10 部。后校 21 部，10500 人，在中阵两侧，还有左右冲骑，各 4000 人。"长虹阵"状如长虹，是为了扼制敌军的兵势，这种阵形按照许洞的设想，攻可以出其不意进攻敌人，防可以捍卫本阵。

"重霞阵"，一作"重覆阵"。同样具备前校、中校和后校。在前校之前，还有首校冲骑 6000，分为 2 阵，每阵各 6 部 3000 骑兵。前校步

中国古兵阵

兵 4 阵，35 部共 17500 人，骑兵 8 部，4000 人。前 3 阵俱是步兵 4500 人、骑兵 1000 人，第四阵步兵 4000 人、骑兵 1000 人。中校步兵 42000 人，分作 84 部，共 4 阵，每阵 21 部。后校步兵 10500 人，左右校骑兵各 10000 人。"重霞阵"得名之处在于

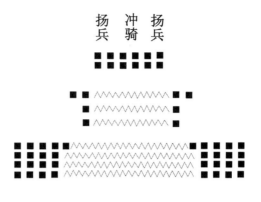

《武备志》中的许洞"重霞阵"

阵中的骑兵来去如云霞聚散，颇有鸟云之阵的特点。具体而言，"重霞阵"在出击时，首校冲骑对敌阵进行冲击，若是敌军被冲乱，则后续的前校骑兵从两侧出击，步兵则坚守阵地，只在原本位置或备战或交战，进攻事宜由骑兵进行。若是战事不利，首校冲骑未能撼动敌阵，则首校冲骑退回，由后续的前校骑兵进击，首校冲骑整顿队伍，若是前校骑兵仍未撼动敌阵，则由首校冲骑再进攻，如此往复，如同云霞开阖。

许洞的"八卦阵"是方阵的变种，他将步兵布成方阵，将骑兵分布在方阵的 4 个角上，每个角上骑兵 2500 人。方阵则分为前后左右中 5 校，其中前后左右 4 校均分为 4 阵，步兵 14000 人，骑兵 3000 人。第一阵步兵 3500 人、骑兵 2000 人；第二阵步兵 3500 人；第三阵步兵 3500 人、骑兵 1000 人；第四阵

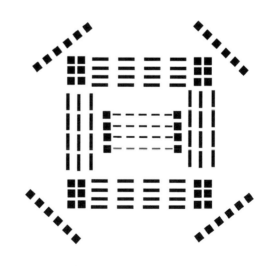

《武备志》中的许洞"八卦阵"

179

步兵 3500 人。中校居中，分为 7 阵，步兵 28 部共 14000 人，骑兵 8 部 4000 人。第一阵步兵 2500 人，骑兵 2 部 1000 人；第二阵步兵 2500 人；第三阵步兵 2500 人、骑兵 1000 人；第四阵步兵 2500 人；第五阵步兵 2500 人、骑兵 1000 人；第六阵步兵 1500 人；第七阵骑兵 1000 人。中校位置不用固定，根据四面围攻之地的方位移动。再在四角之内各增加 1000 名骑兵，如果敌军不是单攻一面而是四面齐攻，那么，就要让四角上的骑兵前去力战，而大阵不可擅动，防止我军在敌军的冲击下自我践踏，乱了阵脚。不过许洞的四阵虽然设计得精巧，但是完全基于其自身的推演，没有经过战场的检验，也只能算得上纸上谈兵，战场的情况千变万化，又岂是 4 阵能应付的。

但是如果认为宋代阵法只有《武经总要》和《虎铃经》中记载的这些那就大错特错了。《武经总要》和《虎铃经》毕竟成书于北宋中前期，对于之后的阵法无法记载，而南宋时期学者王应麟所编纂的《玉海》，则记录了两宋阵法，数量远远多于《武经总要》。

《玉海》用两卷的篇幅记载了上起黄帝、下至南宋的阵法。《玉海》对于先代阵法的记录远远多于《武经总要》，而且是"兼容并蓄"，不管是否真实存在，统统都记录在册。《玉海》中的先代阵法有："黄帝阵法""风后握奇阵""风后八阵图""武王钩陈垒""周四冲阵""鱼丽阵""楚阵法""晋五阵""吴方阵""马振旅阵""司马穰苴阵""孙子八阵""黄石公五垒图""汉上林习战陈""汉兵形执图""汉西域阵法""汉背水陈""汉六十四阵""汉窦宪伐匈奴八阵""汉诸葛亮八阵图""魏图阵""晋八阵图""晋却月阵""后魏十二阵图""北朝阵法""唐讲武五阵""唐六花阵""唐四兽阵""唐五行阵""唐飞骑战陈图""唐修八阵图""唐黄公太公二阵图""裴绪八阵"。这些阵法，有些我们已经在前面的章节介绍过了，有些则是只存其名，不得其实，甚至有些完全是后世的附会，并没有存在于历史之中。不过，《玉海》将其悉数记录，也是保存了军阵文化的重要内容。

根据历史考证的法则，《玉海》阵法中最有价值的，当然是宋代的

中国古兵阵

阵法。在《玉海》中，被记录在册的宋代阵法有："乾德阵图""太平兴国阵图""雍熙平戎万全图""至道崇政殿教阵图""咸平御军阵图""咸平三十二阵图""咸平阵图""景德阵图""庆历阵图""咸平鞭箭阵图""咸平崇政殿教三阵""祥符北而榆柳图""天禧飞山雄武营习战阵""天圣崇政殿阅战阵""景祐崇政殿观阵图""康定便殿阅阵""皇祐弓箭手阵图""皇祐崇政殿阅阵法""至和八阵图""至和御制攻守御图""嘉祐八阵图""熙宁崇政殿阅阵法""熙宁议队法""结队图""熙宁八军法""元丰飞虎立成阵图""元丰五阵法""建炎五车队""隆兴车阵图""乾道三阵"。这些阵法上起宋太祖乾德年间，下至宋孝宗乾道年间。

与《武经总要》记载的是北宋军队的常制不同，《玉海》中的宋代阵法是将宋代、尤其是北宋出现过的阵法都记录下来。从文献内容来看，这些阵法多为宋代大臣向皇帝上呈的阵图，例如"乾德阵图"，就是龙栖军校王明所献，这类阵法只有一条记录，王应麟只是记录了阵名，并没有详细记载阵法的形制。此外，最多的还是各种阅兵阵法，例如第二章提到的"元丰飞虎立成阵图"，这些阵法往往只是有一个好听的名字，其目的是为了阅兵式上的演练效果，多数都是中看不中用的花架子。但是无论如何，上述的两种阵法多数缺少实战价值，因此宋代各类阵法虽多，宋军战绩却是乏善可陈。那是因为优秀的战阵，不在于名字是否好听，旗号是否纷繁，而在于能否合理使用兵力，克敌制胜，而要做到这一点，不是靠纸上谈兵和闭门造车，而是要从实战中创造。

3. 创新是第一动力
——因地制宜的叠阵

从宋太祖奠定基业到靖康之难，北宋可谓将星零落，后世熟知的多为小说演义中的杨家将、呼家将，但是杨家将在杨业战死之后，其后代中杨延昭、杨文广虽然也是一代名将，但是其战功主要在于守边；呼家将中的代表人物呼延赞战绩更是乏善可陈；相比于汉代的韩信、卫青、霍去病，唐代的李靖、苏定方、郭子仪，北宋将领的战绩可谓暗淡无光。究其原因，依然是前文反复提及的北宋君王对于将领的防范。

但在这片暗淡的星空中，仍然有将领发散出自己的星光。其中一位就是前文中提及的敢于承担责任、改变宋太宗御制阵法的李继隆。在李继隆的战史上，虽有君子馆之战的惨败，但更多的是其临危不乱，灵活机动从而取得战果。除了满城之役外，李继隆在雁门关之战、唐河之战、徐河之战中屡败辽军，同时屡次击败西北党项族首领李继迁（西夏开国皇帝李元昊之祖）。李继隆的最大功绩则是在澶渊之战中担任排阵使，运筹帷幄，下令毁车为营，控制要地，率领宋军在宋真宗到达之前，成功守御澶州，并射杀辽军大将萧挞凛。另一位则是名将狄青。狄青是极少数能在太宗朝之后得到专断之权的将领，狄青在平定侬智高之战时，得到时任宰相名臣庞籍（也就是著名"奸臣"庞太师）的支持，从宋仁宗处取得了统制广南诸军的权限，并能够力排众议调动藩骑，最终依靠灵活机动的战术，在归仁铺之役率领藩骑冲突敌阵，配合步兵一战破敌。但这只是昙花一现，狄青最终也是郁郁而终。

相对于宋军，辽军、西夏军、金军以及横扫欧亚大陆的蒙古军队作战则更加灵活机动，尤其是蒙古军队，可谓将这一特点发挥到了极致。蒙古军队在野战时，擅长使用突阵与合围相结合的战法。作为游牧民族，蒙古人善于骑射，蒙古的复合弓威力巨大，蒙古马则极具耐力。当蒙古军队与敌军在野地相遇时，凭借弓箭的优势，先远距离施放箭矢，重创敌军之后，再以重骑兵冲击敌阵；或者在重骑兵与敌军断杀时以装备弓箭的轻骑兵从侧翼包抄，进行合围。蒙古军队并排不采用阵法，其在进行上述的战术时，往往将两排重骑兵与三排轻骑兵作为一个战斗编队，根据实际情况布置战术。可惜的是，蒙古军队的战斗队形并没有一个固定的阵法名称。相比之下，金军则有阵法传世。在《三朝北盟会编》中，记载了一种金军的"三生阵"，之所以名为三生阵，是因为金军的这种阵形分为三部，一部为正兵，为圆阵；两部为奇兵，在布下圆阵与宋军交战后，两翼各出一部，包围宋军，左右夹攻，充分利用了自己的骑兵优势。配合"三生阵"的是"同命队法"，金军以15人为1小队，1人为旗头，2人为"角"，3人为"从"，4人为"副"，5人为"缴"，应呈梯形分布，与束伍法类似，如果旗头战死，剩余的14人不得生还，否则一律斩首，如果战胜，则可以共同受赏。金军以此严明纪律增强战斗力，在国力远不如北宋的情况下屡屡战胜宋军。宋军则在实战中也创造出一些新的阵形。

其中南宋名将魏胜就创造了与"三生阵"类似的"如意战车阵"，取得了不错的效果。魏胜的"如意战车阵"是一种车、骑、步混合阵形，其中位于阵表的就是如意战车，这是用毛毡盾牌遮挡战车外侧，上面装有大枪或者辎重，一辆可以遮蔽50人的大型战车。临敌布阵时，除了以如意战车环绕阵形，还要用弩车作为阵门，用车上的床子弩射击，阵中则安置名为火石炮的投石机。敌军来袭时，先用火石炮、床子弩远程攻击，等敌军杀到阵前，则以刀斧手、枪手近战，然后阵中骑兵从两个方向出阵，夹击金军。而如意车阵因为有车营作为保障，骑兵的战术更为灵活，战胜可以追击，如果不能战胜金军，也可以回到阵中休息之后再出战，相对而言进退灵活。

可以说，宋军固守阵图、不能灵活作战的情况，在两宋之际已经改变了。这是因为两宋之际，徽、钦二帝以及众多北宋皇室被金军俘虏，赵构在南方的处境也是岌岌可危，此时皇权衰落，岳飞等将领取得了自主权。岳飞还在宗泽麾下时，就敢于否定宗泽传授阵图的做法，提出了"阵而后战，兵法之常，运用之妙，存乎一心"的观点。岳飞战绩显赫，作战时能看出敌军弱点而以相应战法击败敌军，如在郾城之战中以手持砍刀利斧的重装步兵克制金军的铁浮屠。只是岳飞与善于机动作战的卫青、霍去病一样，并未留下自己的阵法。而在南宋的西线战场上，名将吴璘则留下了一套新创的阵法——"叠阵"。

吴璘，乃南宋初名将吴玠之弟，与其兄同为高宗时期西线宋军的核心人物。吴璘一生的军事经历可大致分为两段，在绍兴九年之前，宋川陕战区的负责人是吴玠，吴璘作为部将之一，长期追随兄长出入行阵，参与了建炎末、绍兴初保卫四川的历次大战，贡献突出；吴玠去世之后，吴璘又代袭兄职，不仅屡次指挥击退金兵入侵，还两度主动率军出击，收复西北故土。"叠阵"就诞生于绍兴十一年（114年），宋军第一次反攻秦陇之前。

吴璘之所以创制"叠阵"来克制进军，是基于对金军和宋军优劣的了解，吴璘曾评论金军与宋军："虏有四长，我有四短，……虏之四长曰骑兵，曰坚忍，曰重甲，曰弓矢。"金军对宋军的绝对优势正是骑兵，"金兵利于骑战，舍马则无所施其能。"金从辽朝继承了大量马匹，同时又在和蒙古部落的战争中掠夺了大量马匹，加上女真人本身精于骑射，女真骑兵的威力更甚。相比之下，南宋的骑兵较北宋更为稀少，尤其是在丢失陕西后，缺马的情况更为严重。吴璘所部5万人，仅有7000弱马。而且相对金军的坚忍善战，宋军则缺乏作战意志，组织纪律更是缺乏。陕西的宋军，在经历了宋徽宗时几次大战后损失了大批精兵锐将，当时的宋军可谓"多是市井乌合，不堪临敌"。

除了宋金两军的优劣之外，"叠阵"的出世还有一个重要的因素，就是战场地形。"叠阵"，是为了在平原克制金军骑兵而创设的。宋军原本占据了秦岭北麓，可以依靠地利克制骑兵，可惜在建炎四年（1130年）的富平之战后，金军占领了陕西大部，只有南边的阶、成、岷、凤、洮5州和凤翔的和尚原及陇州的方山原两个军事据点尚在宋军手中。到了绍兴十一年（1141年），川陕宋军决定反攻秦陇时，战场由秦岭北推至秦州，地利就转移到了金军一方。要在地形平坦的秦州与金军骑兵争锋，吴璘只能改进宋军战术，叠阵于是应运而生。

"叠阵"的目的就是反转宋、金两军的优劣，"反我之短，制彼之长"。吴璘为了克制金军骑兵、坚忍、甲重、弓矢4样优势，用军阵来克制骑兵，用轮更叠战来克制坚忍，用强弓来克制坚甲，宋军弓弩射程远于金军的骑弓，可以以远克近。那么，"叠阵"是如何实现这一目的的呢？首先来看"叠阵"的形制：

　　璘阅兵河池，以新战阵之法，每战，以长枪居前，坐不得起；
次最强弓，次强弓，跪膝以俟；次神臂弓。约敌相搏至百步内，则
神臂先发；七十步，强弓并发；次阵如之。凡阵，以拒马为限，铁
钩相连，俟其伤则更替之。遇更替则以鼓为之节。骑出两翼以蔽于
前，阵成而骑兵退，谓之"叠阵"

　　简而言之，"叠阵"就是按照枪手在前，弓手居中，弩（神臂弓即弩）
手居后的顺序，各自结队，依次编排，两侧再辅以骑兵为掩护。以兵器
攻击距离的远近，来决定各兵种在队列中的先后位置，将拒马、长枪、
弓弩成梯次排布，依靠防御工事，以求在有效保护自己的前提下，发挥
不同军械和兵种的威力，最大程度地杀伤敌人的一种阵法。

　　至于阵形的规模，以绍兴十一年（1141 年）吴璘率四川宋军大举
反攻陕西时为例：

　　凡布阵之式，以步军为阵，必为左右翅翼，马军为左右肋，拒
马环于左右肋之内，以卫步军。以一阵约计之，主管敌阵统制一、
统领四，主阵拨发各一正、副将，准备将、部队将则因其队为多
寡，阵兵三千二百六十有三。步军居阵之内者一千二百有七，为
阵心者一千有六（甲军枪手五百有二、神臂弓二百有二、平射弓
二百有二），舆拒马者二百，居阵外分两翅副翼者五百六十有六，
左翼二百八十有三（主阵将官二、平射弓二百一十有七、神臂弓
六十四），右翼亦如之。马军居阵外为左肋者二百六十有一（将官
二、训练一、管队十、队兵乘骑二百四十有八），右肋亦如之。

　　此次战役的"叠阵"，分为中心、两翼、两肋骑兵，共有 5 部分，其
中作为叠阵核心的为阵心部分，具备了拒马、长枪、强弓、硬弩这些"叠
阵"的基本武器。在 3263 名士兵中，阵心有 1006 人，其中有枪手 502 人，
弩手 202 人，弓手 202 人，拒马手 200 人，除去拒马手，弓弩兵与长枪

兵的配比约为1∶1.2，接近对半。而作为辅助的两翼则均为弓弩手，各有弓手217人，弩手64人。两肋骑兵数量较少，每部只有261人。

其实，根据前面的章节，我们可以知道这种由枪、弓、弩组合而成的步兵阵形，古已有之，诸葛亮"八阵法"、李靖"六花阵"都是由此构成的。不过，叠阵的不同之处在于对阵形做出了大规模的简化，而且多采用五六十人为一队的大编制"纯队"，也就是说，不再是一队之中既有枪刀，也有弓弩，而是一队人马枪则纯枪，弩则纯弩，然后把相同兵种的几队集合在一起结成纯枪或纯弩的小阵，诸小阵之间，再按照肉搏兵种在前，抛射兵种在后的顺序排布。之所以做如此安排，主要是为了让弓弩手可以集中力量，发挥最大的作用给敌以杀伤。正如虞允文所说："盖虏之所长者铁骑，官军之所不敌；中国之所长者劲弩，虏兵之所甚畏也。"与落后的北方少数民族相比，弓弩制作水平的高超，始终是汉族作为农耕民族在技术优势上的集中体现，在面对辽、西夏、金、蒙骑兵时，以步兵为主的宋朝军队对弓弩一直十分依赖。但弓弩的使用需要很强的力量和技巧，必须经过长年累月的练习；神臂弓一类的机械弩，又要求士兵有很高的操控技能。宋军士兵难以兼顾弓弩和肉搏兵器，宋军内形成了弓弩手专习弓弩，枪刀手只练枪刀的传统。士兵训练更专业化，有利于在战场上最大程度发挥武器的威力，但如此带来的一个问题就是，专练弓弩的士兵，往往会不习近战，且"临敌不过三发四发"，弓弩发射不了几次，敌人就已杀至眼下，故在脆弱的弓弩手之前，必须要有专于白刃近战的枪兵保护。

不过，使用这种纯阵，虽然有特点，但只是宋军的特点，算不上吴璘的发明，吴璘的独到之处，是在于拒马的使用。拒马，在前文中已经多次出现，诸葛亮就以拒马作为克制骑兵的利器，而吴璘则罕见地将拒马以铁钩相连。在"八阵法"中，步兵是要移动拒马前进的，而非将拒马相连，因为这样会影响阵形前进，但是对于宋军来说，这却是弥补宋军弱点的妙招。

所谓"以步军为阵，必为左右翅翼，马军为左右肋，拒马环于左右

中
国
古
兵
阵

肋之内，以卫步军。"也就是说，吴璘把拒马环绕放置在左右骑兵（左右肋）和主阵步兵之间，再加上阵前放置的拒马，那么整个步兵主阵基本就被拒马围起来了。乍看之下，这样一来岂不是画地为牢？但是这样一来，却解决了开篇提到的宋军士气低落、纪律不强的弱点。将宋军环绕在拒马之内，虽然限制了宋军的移动，但同时也将极大限制金军的骑兵，加上众多士兵聚在一处，无疑给宋军兵士服下了一颗定心丸，也就是吴璘所说"得车战余意，无过于此，战士心定则能持满，敌虽锐，不能当也。"

那么为什么不用战车，而是用拒马呢？主要还是从地形和成本两方面考虑，战车需要在平原地区运行，但是宋军从川陕交界处反攻陕西，沿途有大量的山路，显然不适合战车的运输，而在到达平原地区再直接制造战车则费时费力，远不如直接运输便利。而拒马相对于战车，不仅轻便，利于步行运输，而且节约成本。宋孝宗时代的名将虞允文在荆鄂驻屯时，就曾引进"叠阵"来训练士兵，并道出了拒马相比于战车的优势。"盖中原平夷，骑兵所利，而议者多欲造车以当骑，而不知拒马之用如车，而其便利捷疾，兵不能溃去，车所不若也。"

不过"叠阵"的"叠"字，是有两层含义。第一是就其形而言，各兵种队伍梯次排列，这种累层重复的布置，可称之为"叠"；第二是就其变化而言，"叠"又通"迭"，有"轮流、交替"的意思，弓弩等抛射兵器要按要求轮流射击，可称之为"叠"，而战斗进行到一定程度后，又要在骑兵的掩护下，以有生力量替换掉阵中伤亡的成员，以求持久作战，这个"俟其伤则更代之"的交替过程，也可称之为"叠"。我们前面已经分析了第一种叠，接下来再来看看第二种叠，也将是用轮更叠战来克制金军的坚忍。

为了克制善于连续出击、持久作战的金军，除了使用拒马锁阵以定军心这种较为被动的对策外，吴璘制还把军队编成若干梯队，实现轮番作战，轮番休息，从而以逸待劳，以静制动，即所谓"制其坚忍，则有更休迭战之法"。这一思想具体的表现形式，就是"叠阵"中"俟其伤则更代之"的做法。川陕宋军这种依靠车轮战削弱、消耗敌人锐气的方法，最早始于吴玠时代，其特点就是"据其形便，更出锐卒与之为无穷，以沮其坚忍之势，则我固有以制彼。"

吴璘继承了这一行之有效的战法，但秦州的平野间没有了"形便"可"据"，只能依靠拒马作为掩体。更换队伍的时候，还需要骑兵屏蔽在前作为掩护，"遇更代则以鼓为节，骑两翼以蔽于前，阵成而骑退"。"叠阵"以步兵为主，骑兵处于辅助地位。步卒更代替换的时候，缺少作战能力，需要本方骑兵在前边掩护。这就对骑兵的作战能力提出了比较高的要求。南宋一直严重缺马，骑兵战力不强，但西北距离产马地近，获得马匹要比东部容易，川陕宋军在有限的条件下，一直注重发展骑兵，这一点从实战中就可看出。绍兴十一年（1141年）的扶风之战中，"金鹘眼郎君以三千骑冲璘军，璘使李师颜以骁骑击走之"。既然能够主动使用马军与金军展开硬碰硬的厮杀并取胜，可见川陕宋军的骑兵部队还是拥有相当的实力，尽管数量不多，但也足够为更代时的"叠阵"提供安全保证了。

综合而言，"叠阵"的作战思路，基本可以总结为：用拒马锁阵，阻绝士兵临阵畏敌怯战之念，强制他们犯死求生，奋勇作战；利用优势投射部队在枪兵和工事的保护下，分番叠次射杀敌军；在两翼骑兵的屏蔽下，完成战损士卒的更迭，番休迭战，长久维持战斗力。

那么，"叠阵"的战绩如何呢？感谢文献的遗存，"叠阵"不同于"八阵法"与"六花阵"的付之阙如，而是留下了丰富的战绩。

绍兴十一年（1141年）八月，金西路主帅完颜杲为配合宗弼攻两淮，再次对陕西发动攻势，遣统军蒲察胡盏、完颜习不祝率军5万余，进据秦州东北的刘家圈，伺机南下入川。时川陕宣抚使胡世将为保卫蜀口，命吴璘率军两万八千，自河池北上反击，相机收复秦、陇2州。

九月十六日，吴璘军破秦州，乘胜进逼屯于刘家圈的金军。刘家圈在渭河北岸，是一处高原（原即塬，黄土高原地区因冲刷而成的高地，形状四边陡，顶面平），高原后又有一片名作"剡家湾"的平坦地带，湾后有腊家城。屯于刘家圈的金军前临峻岭，后控城池，地形十分有利，并没有太把宋军放在眼里。

战前吴璘亲自察看地形，为避金军骑兵自原上俯冲宋军，决定上原列阵强攻。九月二十一日，吴璘致书胡盏和习不祝，佯称次日决战。一边麻痹迷惑敌人，一边命姚仲、王彦等将各率所部，于深夜趁天阴雾浓衔枚潜进，越岭上原。宋军上原后，借助阴雾掩护，快速摆设工事，部署阵列，阵成后万炬突燃，金军惊恐，胡盏领军仓促出战。

这一战中，金军"与我军鏖击数十，更休迭战，适及我三阵"，"三阵"即"叠阵"。而当时金军居高临下，一时占优，有员宋将见战况不利，就劝吴璘："敌居高临下，我战地不利，宜少就平旷以致其师，可胜。"但这一提议遭到了吴璘的呵斥，之后吴璘轻裘驻马阵前，全军受到鼓舞，奋力杀敌，金军愈发疲惫，最终为宋兵所败。

到了绍兴三十一年（1161年），金主海陵王完颜亮南侵。吴璘率川陕宋军反击，再次争夺秦陇一带。在原州麦子原一战，宋军虽遭到了惨败，却也从反面印证了叠阵的优势。原州之战的指挥官是吴璘的部将姚仲。绍兴三十二年（1162年），吴璘督师取得德顺之战的胜利后，原州又受围，遂派姚仲率德顺兵往援。宋军兵分三路攻原州，主攻方向是城西北麦子原，由姚仲本人指挥。此外另有骑兵两千攻打城西，还有一军虚捣城北。就主攻部队而言，姚仲以卢仕闵所领马步军及陕西兵合为头阵，自己直辖部队6418人，分为4阵，又以统制官姚志所部兵为后拒，全军共6阵，辎重位于队列中部，随队而行。

金军方面主帅为完颜璋，也分3路守原州。抹许里阿补带兵2000军守城北，习尼列带兵3000军守城西北10里麦子原，占领高地为阵，而完颜璋以本部兵布阵于城西。

这场战役最激烈最重要的部分，自然是麦子原方面。金兵虽然有高原地利，却并没有选择正面强攻宋军头阵的战法。因为有之前刬家湾一败的教训，金军很清楚，即便是让骑兵硬冲也很难撼动宋军的"叠阵"。因此，他们从宋军侧翼下手，"以兵五千沿壕为状，余兵皆舍马步战，击其前行骑士，走之。"首先将宋军骑兵驱逐出了战场后，接着就开始攻击姚仲本部。最终金军连续冲破宋军的 5 个兵阵，直到第 6 阵才被阻挡。

宋军的前 5 个兵阵，"捍以剑盾、行马（即拒马），外列骑士，步卒居其中，敢死士锁足行马间，持大刀为拒。"虽与"叠阵"有类似之处，但没有弓弩配置，算不上完整的"叠阵"。

金军能连破宋军 5 阵的原因有四：首先，宋军的骑兵在此之前已经被逐出了战场，没有了骑兵掩护，叠阵的"番休迭战"之法无从施展，作战能力大打折扣；其次，兵阵中很可能缺少了最重要的弓弩配置，无法远程杀伤敌军，作战能力更大打折扣；再次，宋军把辎重安排在了队列中间，以至于"辎重中隔，莫可应接"，各阵之间无法互相支援，被金军各个击破；最后，金军也并没有使用骑兵硬冲拒马，而是直接用步兵出击，"行马以前冲以长枪，行马以后射以劲弓。"

而宋军第六阵的主将姚志，在得知前行诸阵"尽为敌兵所败"后，就对其部队进行动员："前军既败，我辈进亦死、退亦死，等死耳。进犹可生也。"而他所采取的战阵则是："传令枪手尽坐，神臂弓先发，平射弓次之，起伏凡五。"毫无疑问，这是最为正宗的"叠阵"。之后第六阵果然成功击退了金兵。

姚志能击退金兵，一方面固然是"叠阵"威力；另一方面，金军在之前连破宋军 5 阵，力量消耗了不少，最后攻击第六阵时，锐气已经大减。而姚志一军又深知"我辈进亦死、退亦死，等死耳，进犹可生也"，同仇敌忾，奋力死战，守住了阵地。总体而言，原州一战，宋军犯了一系列重大错误，而金兵主动求变，改骑为步，战法得当，加上各路指挥得当，赢得这场大战。宋军前 5 阵未用完整的"叠阵"而败，第 6 阵用"叠阵"而存，所以原州北岭的失利，是不应归咎于"叠阵"的。而且正相反，这恰恰是"叠阵"实战威力的最好证明。

但是任何事物都具有两面性，"叠阵"在实战中也暴露出其局限性，那就是应变能力不足。

战争是种互动性很强的活动，交战双方都要根据敌情变化随时调整己方战略。"叠阵"本就是互动的结果，是吴璘针对金军作战特点采取的应对之策，而其之所以能取得巨大战果，很大程度上是建立在金军善用骑兵且乐于正面强攻这一作战特点的基础之上的。金兵对其攻坚的能力非常自信，对宋军也颇多轻视之意。所以在最初的剡家湾之战中，面对防御充分的"叠阵"，金人也并未多想，仍按照以往的经验挥军硬取，结果一番苦战，却撞了个头破血流。

我们需要认识到，"叠阵"是立足于防守反击的战法，其发挥作用的最大前提，是敌方要首先来攻。而用拒马锁阵的做法，更多的是为了使"兵不能溃去"的无奈之举，带有很强的保守性。吴璘对此是有清醒认识的，所以在绍兴十一年（1141 年）的剡家湾和绍兴三十二年（1161年）的德顺之战中，他生怕对方龟缩不战，几次都是先以轻兵挑逗，引诱金军进入预设战场，攻击己方坚阵。但问题是，金军在吃了几次大亏后，一旦不再如先前那般硬打硬拼，笨重的"叠阵"就会因其糟糕的机动性而陷于被动，且变阵不易，几乎完全丧失打击敌军的手段。正如其前身"车阵"一样，拒马在对付步兵进攻时，远不如抗御骑兵那样有效，最明显的例子，就是原州之战中金军主动舍马步战，枪兵和弓兵联合进攻，轻易拆除了宋军的拒马。

尽管有种种弱点，但总的来说，以吴璘为代表的西线宋军所创"叠阵"，是对以往失败教训的反思与总结，是对防御战时期优秀战术的继承与改进，是对前代"以车制骑"成功经验的回归与再创造。一方面，它紧扣"以步制骑"的恒久课题和由守转攻的时局任务；另一方面，它因地制宜以成势，扬长避短以取利，在整合现有军事资源的基础上，辩证施为，通过对进攻战术的创新，保证了反攻战略的实现，体现了军事活动合目的性与合规律性的高度统一。

冰火交替，化整为零

——明清时期兵阵的变革

1. 集思广益
——《武备志》中的明代阵法

尽管宋代已经使用雕版印刷，但是宋代典籍能流传至今的仍然不算多，宋版书极为珍贵，有"一页宋版一两金"之称，流传至今的古籍是以明版清版为多。而至今流传下来的各色阵法，实际上也是以明代居多，而且因为出版业的发达，明代的各色阵法被大量的保留下来，而其中，记载阵法最多的当属有"明代军事百科全书"的《武备志》。《武备志》在前面的章节中已经多次出现，其中不仅记述了从先秦到明以前的各色阵法，也记载了明代的各种经过实践检验的战阵以及明代军事家们各种对阵法的设想，而且不同于《玉海》中的简单记述，《武备志》对于阵法的描述可谓非常详尽。

《武备志》成书于明天启元年，是作者茅元仪参考了历代兵书两千余种编辑而成的，全书 200 余万字，正文分"兵诀评""战略考""阵练制""军资乘""占度载"5 类，不仅包含丰富的军事知识，还记载了明代各省、周边民族以及海外诸国的地理知识和民俗技法。其中阵练制分为阵与练两部分，阵即阵法，练即军事训练（辨认旗鼓、武艺训练等内容）。从卷五十二到卷六十七都是阵的内容，其中记载了西周至明代各种阵法，并配以 319 幅阵图，对于明代以前的阵法，《武备志》并非简单记录，而是附有说记和辩证，对唐宋伪托附会之阵，在记录的同时也予以廓清。

中
国
古
兵
阵

《武备志》作为一本明代著作，其史料价值最高的部分自然是明代的内容，在书中，茅元仪重点记录了俞大猷、戚继光与曾铣的阵法。戚继光以"鸳鸯阵"名垂青史，我们将在下面的章节中展开戚家军的诸样阵法，在这一节，我们先来看看与戚继光齐名的俞大猷的布阵思想，以及一心报国的曾铣的阵法。

俞大猷，明代著名军事家，在明代抗倭战争中战功显赫，与戚继光齐名。俞大猷的经历堪称传奇，在成为抗倭名将之前，他曾向当时的易学大家王宣、蔡清学习《易经》，颇得真传，之后又向著名的军事思想家、《续武经总要》的作者赵本学学习以《易经》推演兵法的学问。赵本学在第五章中曾经出场，正是他点明了"八阵法"的"天衡地轴"之说"不足信"。俞大猷得其真传，在阵法的问题上实事求是，并不故弄玄虚，因此《武备志》将其对阵法的看法记录在《阵练制》中，也是为了实现"正本清源"。俞大猷的兵阵思想，概括起来就是两个字："实"与"活"。

所谓实，就是要从实际出发，基本也要踏实。俞大猷认为兵阵采用何种形状，要根据地形等情况决定，如旷野之上，就要采用方阵和圆阵。而兵阵排列几层，分为几队，大队多少人，小队多少人都要根据战场上敌我双方的实力决定、调整，决不可拘泥于兵法：在队的数量上，地形狭窄就只用战队，地形宽广则可以增加两翼包抄之队、伏兵队和接应之队；在队的人数多少上，如果地形狭窄，就只用 5 人队，宽广则 50 人 500 人 5000 人皆可。学习兵法，行军布阵，要把"古人已成之制"先学习好，提炼心得，务必记住"表里相应，首尾相救，阵队兼容，形名相别，冲之不乱，撼之不动"这一精髓。在实的基础上，俞大猷重申了灵活的重要性，不必拘泥于古人兵法，要做到"随机应变，因时立宜"，古人阵法符合实际的就用，不符合的话就自己创造兵法，最忌讳的就是穿凿附会，纸上谈兵。

《武备志》还记载了俞大猷的对阵之法，俞大猷吸收了叠阵的精髓，以奇正循环与节制为要点。俞大猷认为，对阵的奇正之道，就是"先合为正，后冲为奇"，而且奇正是相对的，是可以相互转换的，先接敌的是正兵，后袭击的是奇兵，但是如果此时先接敌的正兵再次奇袭敌军，那么正军也可以转化成奇兵，正奇是相对的，可以循环往复。而要实现正奇转换，就需要节制，只有以金鼓旗帜对军队进行节制，才能保证军队的阵形不乱，才能实现奇正往复，否则不齐不整，就会给敌军可乘之机。所以，俞大猷的接敌阵法是在当敌军在500步以外时，军队"鼓声和均，徐徐而行"，让后队之兵前行至前队之前，立刻停止整队；敌人到100步以内时，军队"鼓声擂急，踊跃前冲"，同样的，要在后出之兵冲到前队时进行节制，鸣金退兵之法与击鼓进军之法相同，也就是要交替掩护撤退。俞大猷认为，千古兵法尽在这节制二字之中。俞大猷对于阵法的观点，是令人称道的，这也是从其一生的征战中总结出来的。

在《武备志》中，还记载了俞大猷的"大同镇兵车操法"，正是根据奇正循环、更迭徐行的思想布置的。俞大猷车营，装备了大量的战车，战车上可以根据需要安放武器，既可以是火炮、鸟铳，也可以是长枪、盾牌，一切以实战需要为准。一辆战车配有一队50人士兵，这50人又分为3个兵种：近战步兵14人，包括旗手以及持盾牌、钩镰、刀等冷兵器，负责护卫战车的两侧，不参与推车等事宜；骑兵10人，负责追击事宜；其余士兵负责火炮、鸟铳施放以及推车事宜。13队为一小营，小营之中，以1队为中军，12队以地支命名；13小营为1大营，大营之中，同样以1营为中军，12小营以地支命名。而其战法就是将队伍分为3部，奇正互换，徐行叠战。以小营为例，小营阵形，分为5行，第一行为子、丑、寅3队，第二行为卯、辰2队，第三行为中军、巳、午3队，第四行为未、申二队，第五行为酉、戌、亥3队。作战时，先让午、卯、辰、巳4队前行至子、丑、寅3队之前，再让亥、酉2队上前与子、丑、寅3队并列，此9队相互轮换前进，中军与未、申、戌3队则为预备队，徐徐跟进。大营中，同样分作3班，前班实行叠战之法，中班位于前班之后，作用是防止敌军绕道进攻，后班则居后，车头朝后，防止敌军攻击我军后路。俞大猷认为，这种战法就如同圆石从千

中国古兵阵

俞大猷战阵三叠势图　　　　　俞大猷战阵夺前蛟势图

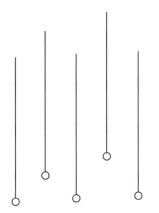

明代《武备志》中的"俞大猷战法图"

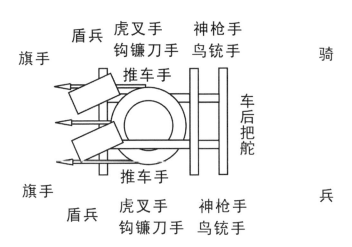

明代《武备志》中的"俞大猷车队兵力"

十二队操图

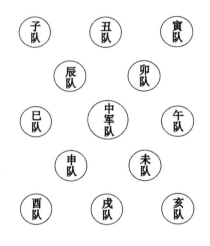

明代《武备志》中的"车营小营阵形"

仞之山上滚落一般循环不绝。

相比俞大猷，接下来介绍的曾铣，名气要小得多，但是对明史熟悉的读者对其应不陌生，正是因为夏言支持曾铣收复河套的战略，使得严嵩诬陷夏言与曾铣勾结，害得夏言与曾铣俱被问斩，嘉靖朝进入了严嵩主政的黑暗时代。

曾铣，明代抗蒙名将。曾铣是明嘉靖八年（1529年）进士，富于谋略，长于用兵，屡次击败俺答汗，治边有功。嘉靖二十五年（1546年）以兵部侍郎的官职总督陕西三边军务，以兵数千抵挡俺答汗数万之众，并命参将李珍袭击俺答部马梁山大营，迫使俺答退兵。曾铣忠心为国，一心想要夺回战略要地河套地区，因此两次上疏请求朝廷收复河套，却不想被奸人借机诬陷，出师未捷身先死。或许茅元仪也为曾铣的遭遇感到遗憾，因此在《武备

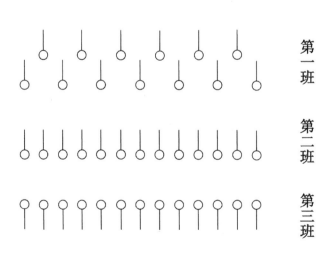

第一班

第二班

第三班

明代《武备志》中的"车营大营阵形"

中国古兵阵

志》中特地单列一卷，记述曾铣设想中夺回河套的阵法。

曾铣对俺答的作战方案，是一系列的，包括了立营、遇敌驻战、前锋车战、骑兵逐战、步兵博战、行营进攻、变营长驱和获功收兵8个部分，实际上就是8个阵形。

曾铣设计的营地，中间是以运粮车围起来构成的子围，中军安置在子围之中，子围左右各列霹雳驻车8队，每队之间安置霹雳战车2队，前锋与后卫均为3层5路，由奇兵队、霹雳战车队和霹雳驻车队构成。遇敌之后，前锋与后卫的奇兵队立刻移动，形成四面环绕之势，霹雳车则环为两重，车上军士下车归营。盾牌手上前站立，守住战车间的空缺，铣手、弓箭手排成3列居于奇兵之后，马军各队立于营地4角。所有的营地都要用铁索钩连，以此防止敌军突进，而为了防止牲畜乱跑，所有的马匹与辎重都要安置在子围内。至于阵营的形状，则根据地形安排。敌军骑兵来袭时，火器率先攻击，手铣火炮循环射击。如果敌军还没退去，就用霹雳车上的火炮和火箭进行齐射，接着让营地4角上的奇兵队与弓箭手列队冲击。

曾铣的战法，是综合使用车兵、骑兵与步兵，曾铣久经沙场，充分

曾铣拟逐套虏　第一立营总图

明代《武备志》中的"曾铣立营图"

曾铣拟逐套房　第二遇房驻战图

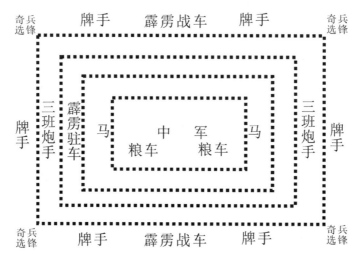

明代《武备志》中的"曾铣驻战图"

曾铣拟逐套房　第三前锋车战图

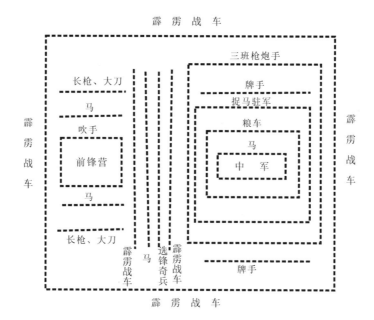

明代《武备志》中的"曾铣战车图"

了解三者的优缺点。车兵最善防守，在敌军骑兵大举来犯时，就要用战车结为方阵，步兵骑兵在战车后埋伏，以火器轮番攻击敌军骑兵，等到敌军士气低落再以奇兵出击，以逸待劳，掌握战场的主动权。但是战车不利于追逐，如果要乘势追击敌军或者奇袭敌军巢穴，就不能用战车而是要用骑兵。而步兵则是最基础的保障，"火器足以威远而不宜于近，骑兵利于平易而不便于险"，在阴雨天和地形狭隘之处，还是要依靠步兵肉搏，因此步兵所用的弓箭战具务必备好。

曾铣拟逐套房　第四骑兵逐战图

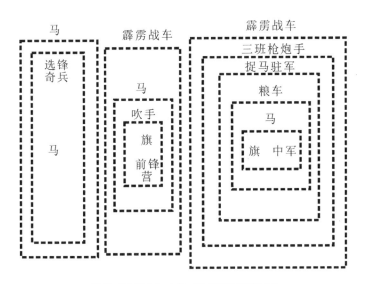

明代《武备志》中的"曾铣骑兵逐战图"

曾铣收复河套的战术是减少无谓的战斗，长驱直入，盘踞在河套的敌军必来迎战，此时以上述的兵阵击溃敌军，此后以此阵营继续进逼敌军，战车在阵之两侧，奇兵队在阵前后，守卫森严，不给敌人可乘之机。遇到狭隘险阻之地，就以两翼战车分为前锋后卫，而将原先的前锋后卫化为两翼，这样一来，即使敌军有埋伏，首尾两端守卫坚固，可以且战且行。收复河套是持久战，一旦战胜获功，仍然要以兵阵步步为

曾铣拟逐套虏　第五步兵搏战图

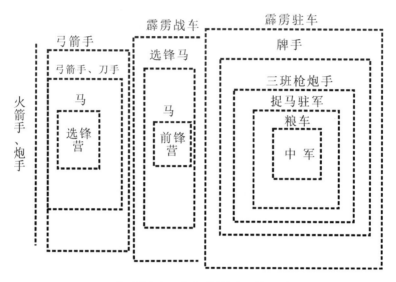

明代《武备志》中的"曾铣步兵搏战图"

曾铣拟逐套虏　第六行营进攻图

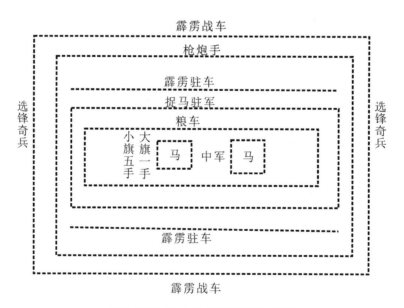

明代《武备志》中的"曾铣行营进攻图"

中国古兵阵

202

曾铣拟逐套虏　第七变营长驱图

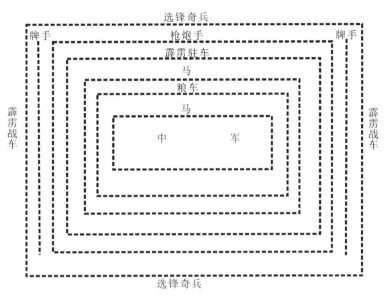

明代《武备志》中的"曾铣变营长驱图"

曾铣拟逐套虏　第八获功收兵图

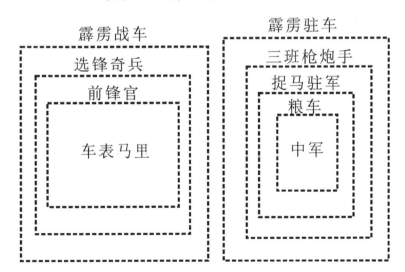

明代《武备志》中的"曾铣获功收兵图"

营，小心谨慎，最终可以驱逐占据河套的敌军，收复失地。

除了阵法，曾铣也把所需的军备都计算好了，可惜"出师未捷身先死，长使英雄泪满襟"，战场之上的事情往往会被战场之外的人所左右，徒叹奈何。

除了辨析历代名阵以及明代名将的阵法外，在《武备志》"阵"的最后一卷，茅元仪还列举了30种阵法，这些阵法中，既有具有实战意义的战阵，也有一些玄之又玄、非常"写意"的兵阵。

先来看看写意的阵法，这些阵法包括了"混元阵""天圆地方阵""梅花阵""五形方阵""九锁连环阵""长蛇阵""大冲阵""车轮阵"。这些阵法很多都是小说中的常客，不过这些阵法都有一个特点，就是阵法布置多为兵法原理和兵阵形状，缺少兵种搭配的内容。例如所谓的"天圆地方阵"，根据《武备志》的描述，是将天圆地方的理念用于兵阵之中，所谓"地似棋盘，兵如棋子"而在阵形上就用"大阵包小阵，大营包小营"这样的套话敷衍过去了，即使是阵图，也是简单的外方内圆。还是来看看具备实战意义的战阵吧。

在《武备志》卷六十七中，有"御房战守四方阵""御房五冲枪炮

明代《武备志》中的"混元阵"

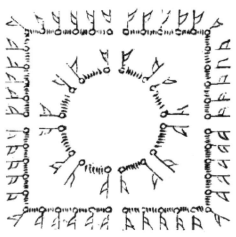

明代《武备志》中的"天圆地方阵"

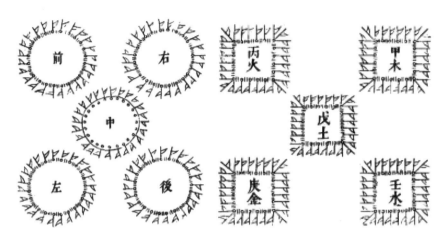

明代《武备志》中的"梅花阵"　　　　　明代《武备志》中的"五形方阵"

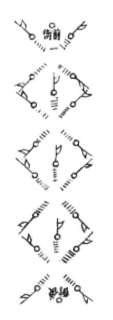

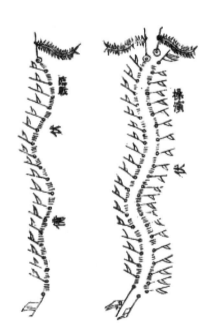

明代《武备志》中的"九锁连环阵"　　　　明代《武备志》中的"长蛇阵"

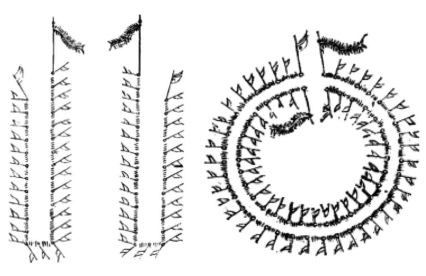

明代《武备志》中的"大冲阵"　　　　　明代《武备志》中的"车轮阵"

"四奇五路行兵阵""八卦阵""实假虚阵""中虚阵""追虏巢三出一堵墙""剿虏出兵阵"7种图说兼备的战阵。

首先是"御虏战守四方阵",这一阵形是一种防守阵形,是将火器与陷阱相结合的阵法。在明军与敌军(此处是北方游牧民族)相持时,

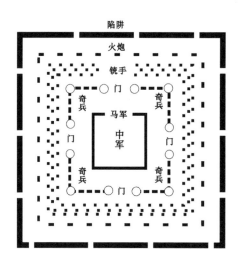

明代《武备志》中的"御虏战守四方阵"

让士兵秘密地在离营地十余丈处环营挖坑(留好出路),坑深3尺,坑口用竹木籖4根扎在坑中,上面覆上用草土来隐蔽形迹,让敌军误以为是平常土地。当敌军前来袭营时,先用大炮轰击,当敌军靠近时再让火铳手列队循环射击,先在远程杀伤一部分敌军。剩余的敌军靠近营地时就会陷入事先准备的陷阱中,这时再让营中的精

兵突出杀敌，必能取胜。

再来看"御房五冲枪炮四奇五路行兵阵"，千万不要被这个字数长达13个字的阵名吓唬了，这一阵法的实质是利用延续的火力配合奇兵来对付游牧民族。"御房五冲枪炮四奇五路行兵阵"的人数在3000人之上，与"御房战守四方阵"一样，都是防守反击战法。具体的布置是在营外30余步的

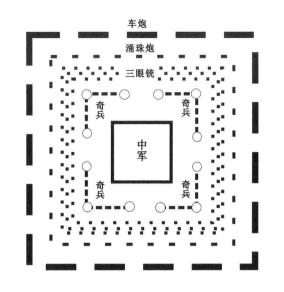

距离上布置车炮（可以用轮子移动的重型火炮），车炮后面是中型的涌珠炮，在炮之后，是三眼铳，铳手以3重部署在阵的四面。当敌军来袭时，中军吹号一声，最外层的车炮首先发射，车炮发射完后就被拉回营中，这时第二声号响，涌珠炮发射，涌珠炮发射完后，中军发一声号炮，三眼铳手以三段击的形式轮流发射，根据战况火炮与三眼铳轮番射击，再以奇兵突袭敌军，将其击败。

与"御房五冲枪炮四奇五路行兵阵"类似的还有"追贼三出一堵墙阵"。"追贼三出一堵墙阵"是用于追击战的阵法，不过战术与"御房五冲枪炮四

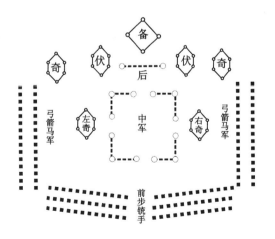

明代《武备志》中的"追贼三出一堵墙阵"

奇五路行兵阵"一样，都是用三眼铳轮番射击，再以奇兵突袭。在追击敌军时，明军以3排三眼铳手为先锋，接敌后，先以3排铳手轮番射击，循环打击敌军，再根据战况安排藏在铳手之后的奇兵出击。在整个阵形中，除了铳手和奇兵，还有负责护卫两翼的弓箭骑兵以及负责后卫的伏兵与预备队，如图所示：

以上的3个阵法讲究的是兵力运用，接下来的3个阵讲究的则是谋略了。首先是"实假虚阵"，也就是以实假虚。从这个名字就不难发现，这是一个颇有玄机的阵法，所谓虚则实之，实则虚之，虚虚实实，真真假假，本来就是用兵之道。实假虚阵就是巧用了"虚实"2字。它将兵力分散开来，再将一部分的兵力隐藏，示敌以虚。如其中的夜战法，我军趁着夜色，将中军军营中的兵力暗暗送出，然后让留守之人在军营里鸣金击鼓，造成军在营中的假象，也吸引敌军前来劫营。如果敌军中计来劫营，士兵在中军之中鸣放号炮，伏兵八面夹攻。这种战法在明代小说中屡次出现，让劫营之人大败而归，也是艺术来源于现实的写照。与之相似的是"中虚阵"。不过中虚阵是在敌众我寡的情况下使用，因此要多树旗帜，频鸣金鼓，广设烟火，在白日要显得军营十分充实，作出守卫森严的样子，让敌军不敢进攻，到了晚上则与实假虚阵一样，外出

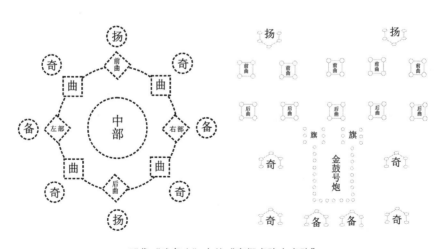

明代《武备志》中的"实假虚阵中虚阵"

潜伏，出其不备攻击劫营的敌军。

"剿虏巢出兵阵"则是一种战略行动。对于北方游牧民族来说，冬天的草原缺乏水草，人马困顿，经过一个冬天，正是其战斗力最弱的时候。因此明军选择在初春之时袭击其基地。具体做法是侦查其军营人数，以三比一的比例派出军队，即以3倍于敌军的部队出击。出征的军队备足5日粮草，准备在3日内往返于敌我之间。

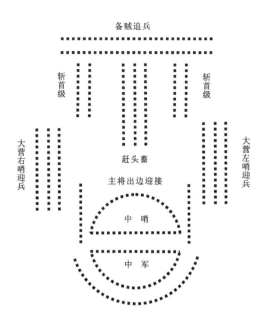

明代《武备志》中的"剿虏巢出兵阵"

军队要做到作战、虏获、斩首（军功证明）。军队要选择黎明时分袭击敌军营地，成功后迅速回撤，接应部队前往接应，这就是所谓的"剿虏巢"。在兵力配置上，中军居后，作为接应，中军左右分别是左哨迎兵和右哨迎兵，以防敌军袭击。中军之前就是斩首与虏获之兵，此外还要部署一道兵力防备敌人的追兵。

最后来看之前已经多次"出场"的名阵"八卦阵"，不过这个"八卦阵"一点也不玄，而且布置得颇有道理。《武备志》卷六十七中的"八卦阵"，是将万余

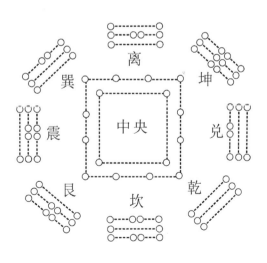

明代《武备志》中的"八卦阵"

兵力按照八卦的形状分成中军和东、南、西、北、东北、东南、西南、西北8个小阵，8个小阵根据方位与八卦对应，这种"八卦阵"实际就是圆阵的一种形式。每个小阵最前排是铳手，其次是弓箭手，最后是奇兵。这一阵形之所以安排成八卦状，也是为了小阵之间能够相互掩护，若敌军攻击西北的乾阵，则正西的兑阵首先救援，西南的坤阵"随势而援"。以此类推，若敌军攻击"八卦阵"的任何一个阵，这个阵的左侧两阵负责均会救援。

在上述阵法中，出现了在前代阵法中没有出现的武器——火器。火器的应用，标志着中国古代兵阵又将迎来新的变革，兵阵的战法也随之产生了变化，最明显的就是最先攻击的兵种由弓弩手改成了铳手、炮手，不过，火器带来的变化远不至此，接下来，就让我们来看看火器对阵法的改变有哪些影响。

2. 三排火枪手
——热兵器对阵法的影响

在介绍火器之前，先来看看它的远房亲戚火攻。火攻，指的是以火焰为武器的战法，屡屡出现在战史之中，例如战国时期田单的"火牛阵"，三国时期的赤壁之战，都是著名的火攻战例。最著名的火攻之役当属赤壁之战，只是由于文献的缺乏，使得赤壁之战中孙刘联军火攻战法的细节付之阙如，相比之下，战国时代的田单"火牛阵"，则留下了更多的信息。

"火牛阵"，这一阵名并不是当时人所取的，而是与前文提到的"崇卒阵""鸡父阵"一样，都是后人所取的名字，较早见于明人郭勋所辑的《雍熙乐府》中。燕昭王任用乐毅为将，乐毅率五国联军讨伐齐国，连下齐国70余城，只剩莒和即墨两城，后来燕昭王去世，田单以反间计让新继位的燕惠王以骑劫替代乐毅为将。在即墨之战中，田单假意投降，让燕军将士掉以轻心，却在夜晚将城中收集的千余头牛精心打扮，在牛角上装上刀刃，为牛穿上红衣，并在其上绘制五彩龙纹，再在牛尾上系上浸满油脂的苇束。田单将牛群放置在前，5000 士兵在其后。进攻时，田单命令将牛尾上的苇束点燃，牛因尾巴被烧而向前狂奔，燕军见状大惊，被牛冲进军中，牛角上的利刃杀伤大量燕军，5000 士兵在后面掩杀，大败燕军。齐军趁机反攻，杀死骑劫，收复故地。"火牛阵"的成功，火牛只是其中一环，更重要的是田单的运筹帷幄。"火牛阵"的火，只是燃烧在牛尾之上，一方面刺激牛向前奔跑，另一方面，配合牛身上的红衣和五彩龙纹，让敌军惊惧，最终发挥威力的是牛角上的利刃和牛群身后的士兵，而火攻更普遍的战法是纵火击敌。

《孙子兵法》中有《火攻》一篇，在《火攻》篇中，孙子列出了火攻的 5 个目标：烧敌士兵，烧敌粮草积蓄，烧敌辎重，烧敌屋舍，烧敌队伍（也有解释是以火袭营）。发动火攻时要注意天气、风向，还要注意纵火时机与我方士兵的配合，更要关注敌军对火的应对。后世兵书对《孙子兵法》的火攻也进行了注释和补充，例如，在《武经总要》中，5 种火攻之法具体为：焚烧营寨，让士卒惊骇，趁机进攻，这与"火牛阵"的原理相同；焚烧粮草，让其人马失去补给；焚烧敌军在运输途中的武器与军服，焚烧敌军的营垒屋舍，都会让敌军困乏陷入绝地；焚烧敌军行进的队伍则能"因乱击之"。

而纵火的方法，可以是由人，也可以假于物。士兵放火时，务必保持隐蔽，人衔枚，马勒口，带着纵火之物靠近敌军军营放火。假于物，既可以用火箭等远程武器，也可以依靠动物，除了火牛，还有其他火禽火兽，其办法是在鸟兽身上放置引火之物，再将野兽赶赴军营仓库，让动物帮助自己纵火。以火禽为例，大者可以将胡桃剖开挖空，放入艾火，再把核桃合上，系在敌境捕捉的野鸡脖子下，再把野鸡放归，就可以借助野鸡纵火；小者则是把艾火放在杏核中，系在敌境捕捉的鸟雀的足上，让雀鸟去焚烧敌军仓库，道理都是一样的。

有兵法教授纵火，自然就有兵法教授防火，在《六韬》中，就有专门对付火攻之法：当我军进入草地，人疲马乏而敌军趁机纵火，且以精锐伏兵出击时，要先以云梯飞楼观察四周环境，如果敌军在我军之后纵火，我军就要主动在前方纵火焚烧，扩大面积，此举是为了在敌人来之前烧出一片安全区域。再在后方放火，接着将敌军引到前方已经焚烧过的地方准备迎敌，这种办法可谓是以火攻火，与森林消防有异曲同工之妙。这是敌军在我军一面纵火的办法，若是敌军将我军四面包围纵火，那就要组成前文所说的"四武冲阵"，掩护撤退。

到了明代，明军也开发了一大批各色火具。除了各类火箭，还有火枪（枪头绑了火药喷筒），更有火毯、火砖、火葫芦、猛火油柜、木火兽、火龙出水，等等，可谓五花八门，琳琅满目，更有将火与毒药结合，创造出毒药喷筒、毒龙喷火神筒、毒雾喷筒各种"毒"火具，可谓是将纵火的水平发挥到了极致。不过，明军中最厉害的兵器，不是这些纵火之物，而是以火炮、鸟铳等为代表的跨时代的热兵器。

热兵器，又称火器，是指以燃烧燃料产生的高压气体推进发射物来杀伤敌人的武器，传统的"火箭"等在冷兵器上施放火焰的火攻武器则不能算在此列。中国是最早使用火器的国家之一，早在南宋就已经出现了火器，根据《宋史·兵志》的记载，宋理宗开庆元年（公元1259年），寿春府的火器研究者发明了突火枪"以巨竹为筒，内安子窠，如烧放，焰绝然后子窠发出，如炮声，远闻百五十余步"。突火枪的工作原理是在竹筒中装填火药和弹丸，燃烧火药后产生气体推力，将弹丸射出，杀伤敌军。虽然是以竹子为枪身显得简陋，但是已经具备了管形火器的基本要素：管形、火药、弹丸，可以说是中国火器的鼻祖了。到了元代，金属身管替代了竹制身管，这就是火铳，火铳一经现世就迅速得到了军队的推崇，根据考古发掘，目前在陕西、北京、黑龙江等多地都发现了元代铸造的铜火铳。火铳，以其射程远、威力大成为军队的新宠，明代赵士祯的《神器谱》有云："古昔骁将，或单骑挑战，或以身殿后，所向披靡，万人辟易者，以当时无鸟铳，弓矢不能洞其重铠耳。既有鸟铳，士卒又加服习，即有乌获之力，可能当此三钱一丸耶?"无论多么无敌的战将，也挡不住这重不过三钱弹丸的一击啊。因此，在明代韩霖的《慎守要录》中，铳已经有"神器为兵家第一长技"的美誉：

一、神器，附之车间，功用甚大。

二、神器，南方用之舟中，益利。缘有凭借，心胆俱定耳。为将者，步下亦能设法使士卒如处舟中，则制敌无难矣。

三、林木茂密，丘陵崎岖，田塍淤泞，村路委曲。必须短兵护持，挨牌翼卫，与弓矢迭相为用。无弓矢，则神器手自相犄角，更番策应，因时制宜，随地作用，庶几万全。毕章将吏先明奇正之法，处于不败之地，然后可以言战。

到了元末明初，元军与各路义军在战争中都有使用火铳的记录，明军对火铳的运用也可谓是驾轻就熟，在朱元璋攻灭张士诚的战争中，统帅徐达先后在尹山桥、鲇鱼口击败张士诚军，继而进围苏州城。徐达命将士包围苏州城，筑造高达3层可以俯视城中情况的敌楼，在敌楼上安放火铳、襄阳炮、弓弩向城中射击。而在朱元璋与陈友谅的鄱阳湖大战中，朱元璋所部水军也以火铳率先向陈友谅的船只射击。

若论明初使用火铳的经典战例，还要数沐英在定边之战的三段射击战术。洪武二十一年（1388年），

明代《武备志》中以鸟铳为主要武器的水军编队

缅甸麓川王国倾国而来，号称 30 万众，战象百头，气势汹汹进犯云南。镇守云南的明军统帅沐英严阵以待，在决战之前，沐英帐下都督冯诚先以 300 轻骑进攻缅军，击杀数百名缅军，并且俘获了一头战象。沐英深思熟虑后，制定了以火铳克制缅军战象的阵法。沐英将明军中的火铳手排成 3 行，当战象到达明军阵前时，第一排火铳手进行齐射，如果战象未退，第二排再进行齐射，接着第三排再上前齐射，此举果然奏效，加上明军将士的英勇奋战，缅军大败而回。而这种三段射击的阵法，在世界范围内也非常流行，日本的织田信长也曾以类似战法击败了武田家的骑兵。明军火铳三段击的战法是继承了之前弓弩的三段射击战术，只不过是将弓弩换成了火铳而已。可惜的是，明军虽然比日本，甚至欧洲更早使用了三段射击阵法，但是明军的火器水平一直处于较为原始的阶段，明军也未能像欧洲那样将三段击发展为线列步兵战法。

但无论如何，火铳的出现还是改变了明军的编制与战法。首先，明军出现了专门的火器部队——神机营。根据《皇明通纪法传全录》对京师三大营的记载："置三大营，设总兵官，京城操练之法……永乐初，分为三大营，曰五军营，有步队、马队，专教阵法；曰神机营，皆步队，肄习火器；曰三千营，皆马队，专扈从出入，管车辇宝纛等事；每营以公侯伯二人充提督总兵官。"在编制上，为神机营分为五军，即中军、左掖、右掖、左哨、右哨。设提督太监 1 人，武官 2 人，掌号头官 2 人。中军设坐营太监 1 人、将官 1 人，所属 4 司，各设监枪太监 1 人，把司官 1 人，把总 2 人。左、右掖和左、右哨设官相同。神机营平日肄习火器，拱卫京师，御驾亲征出行，环卫大营。早在神机营成立之前，明军已经装备了大量的火器，在永乐朝征伐交趾的过程中，掌握了新式火器的使用方法，继而推广，组建了神机营，并在征伐鞑靼的过程中带上了神机营。在下营之时，神机营处在大营最外围作为戒备，在对阵骑兵时也以神机营首先发动攻击。

与现代战争讲究精确打击不同，明军初期的火器使用，并不以精度取胜，而是依靠火铳齐射的打击面杀伤敌军，在定边之战中，沐英的三段击阵法之所以能击败缅军的象队，正是依靠这点。也正是因为明军对于火器的使用方略，早期明军的火器发展不追求精度而是注重威力的增强，发展出了类似榴弹炮的面杀伤作战模式，例如"八面神威炮"："炮用精铜镕铸，长五尺，后有燕尾，长二尺，下用木架。另铸提心子铳五枚，每炮一架，用兵二人，一放一装，八面旋转，攻打不绝，中藏铅弹铁子数百枚，远击四五里，一弹可透数人，遇贼穿心透腹，着船板碎底裂，不劳于力而贼可擒矣。远近之机在低昂之则，药之多寡，准弹之重轻，水陆远击之利器也。"

"八面神威炮"出自明初火器专家焦玉撰写的《火龙神器阵法》一书。焦玉，元末明初人，是明代太祖至成祖期间的火器专家，也是执掌神机营的都督之一。在《火龙神器阵法》一书中，不仅记录了各式火器，更记录了一种炮阵，名为"天罡神炮阵"。"天罡神炮阵"实际上是圆阵的一种，炮阵所用的炮可以说是"八面神威炮"的缩小版本，长度只有 2 尺 4 寸，移动时可以用手提，施放时则用木架安放，两者所用的弹药则都是内藏铁子弹丸的榴弹。"天罡神炮阵"之所以以"天罡"为名，是因为整个炮阵中共有 360 门炮，正合天罡之数。这 360 门炮分布在 6 层 6 门的圆阵之中，每门 6 层，每层 10 炮。每门之中都有号头 1 名，听从中军的号令，当敌军到达炮阵两里之外时，炮手听从号令放炮迎击，"贼被炮击，无不糜烂，散乱奔溃，乘势击之，不战自胜矣。杀人于二三里之外。诚为火攻第一"。"天罡神炮阵"以圆阵为基础，将圆阵分割为 6 个小阵，每阵又有 6 层，既保证了四周迎敌，又能轮番射击，实现了最大输出。这种圆型的炮阵，或许正是朱棣亲征鞑靼时神机营拱卫中军大营的阵法。

而明军火器的改进，则是依靠西洋火器的传入，其中影响最大的就是小口径的鸟铳与大口径的佛郎机、红夷大炮。关于鸟铳，根据《军器图说》的记载：

鸟铳，中国原无，传从外夷始得之。此与各色火器不同，利能洞甲，射能命中，犹可中金钱眼，不独穿杨而已。甚至飞鸟之高翔，皆可射落，因是得名此鸟铳。之所以为利器也，此鸟铳之所以较中，虽弓矢弗如也，马上步下惟鸟铳为利器。

　　鸟铳，是明代对从西方传入的火绳枪和燧发枪的统称。与明代前期使用的手持火铳相比，鸟铳身管较长，口径较小，发射的圆铅弹射程较远，侵彻力较强，也就是所谓"利能洞甲"。鸟铳相对手铳，增设了准星和照门，同时，枪柄由插在火铳尾銎内的直形木把改为托住铳管的曲形木托，持枪射击时由两手后握改为一手前托枪身、一手后握枪柄，可稳定持枪进行瞄准，射击精度较高。鸟铳在结构和外形上已接近近代步枪，是近代步枪的雏形。不过我国最初仿制的鸟铳为前装、滑膛、火绳枪机，仍然有发射动作繁杂、速度慢的缺点。佛郎机，本是明代对葡萄牙的代指，正德末年，白沙巡检何儒根据葡萄牙的制炮法制造了中国的佛郎机炮，而佛郎机也成为了西洋火炮的代名词。佛郎机，原为 15 世纪末至 16 世纪前期流行于欧洲的炮种，英、德、法、意、西等国均制造和使用。佛郎机用铜铸造，身长五六尺，大的重1000 多斤，腹部膨大，留有长口，炮身外裹木，并加防炸裂的铁箍，另有子铳数个。佛郎机母炮和子铳分离，前有准星，后有照门，可从照门孔内进行瞄准，有炮架，可上下左右转动。中国引进后，成批制造了各种样式的佛郎机，有的用于攻守城垒和舰船作战，有的作为机动火力随军野战。

　　明军将鸟铳与佛郎机整合入了明军的阵法之中，其中尤以戚继光车营法最能体现明军对两种火器的运用之道。

　　戚继光"车营法"，被记录在《武备志》《战守全书》等典籍中，这一车营法并不是在其平定倭寇的战争中使用的，而是在北边防御鞑靼的过程中使用的。隆庆元年（1567 年），朝廷将在东南沿海平定倭寇之役表现出色的戚继光调往蓟州防御北方游牧民族，戚继光初以神机营副将履职，乃将佛郎机、鸟铳与冷兵器混编，组成了车营。

车营，针对的是游牧民族的骑兵。当时蒙古骑兵常常万骑而来，乘明军阵形未定冲击明军，骑兵来去如风，其来时明军不得不应战，去时明军则"惟目视而已"。戚继光面临的就是蒙古骑兵"势每在彼，故常变客为主"，而明军"心夺气靡，势不能御"的情况，为了扭转劣势，戚继光创立了车营。

戚继光的车营之中每辆车双轮长辕，前后都可以用两头骡子拉动，车上安放大型佛郎机炮两架。

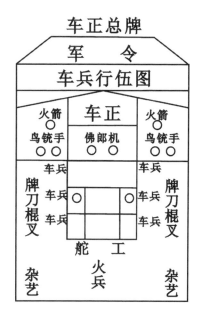

《武备志》中的车兵行伍图

每车有军士20名，分为奇正两队。正兵队10人，两人专管骡子，6人管佛郎机两架，车正1人，身着坚甲，手持旗帜，掌管整队的前进停止，舵工1人，专管车辆的进退方向。奇兵队10人，以勇敢有威望的猛士为队长，身带长刀的鸟铳手4名，藤牌手2名，镋钯手2名，炊事员1名。正队负责炮车的使用，奇队则负责迎敌，鸟铳手先在车内施放鸟铳，当敌军近前时则以长刀近身搏斗，藤牌手车内放火箭，出车掷石块，近身用藤牌抵挡，镋钯手车内车外施放火箭，近身则用镋钯迎击可谓是。远近兼备，层层攻击。

在编制上，每营有车128辆。每2辆车称为1联，4辆车为1局，长官为百总；16车为1司，长官为把总；64车为1部，长官为千总。1营之中有将官1员、中军1员、千总2员、把总9员、百总34名、军正128名、舵工128名、佛郎机手768名、火捧手256名、运火箭等车车正军兵234名。奇兵队长128名、火兵128名、鸟铳手512名、藤牌手266名、镋钯手256名。旗鼓、侦查、架桥等应用军士268名，总共官军 3190 名。

装备上，旗鼓：将旗 1 面，金鼓旗 2 面，门旗 2 面，五方旗 5 面，角旗 4 面，高招 5 面，坐纛 1 面，巡视旗 10 面，千总旗 3 面，把总旗 9 面，百总旗 34 面，车正旗 128 面，金鼓 2 面；火器方面：佛郎机 265 架，子铳 3304 门，铁闩 512 根，铁锤铁剪各 256 把，铁匙铁锥各 256 把，凹心送子 256 件，铅子 25600 个，火药 7680 斤，火绳 1280 根，鸟铳 512 门，铳袋 512 个，药筒 15360 个，药鳖 512 个，细药线 3072 斤，火绳 2560 根，铅子 15360 个，搠杖 512 根，铅子模 34 副；其余，火箭 15360 枝，火箭篓并雨罩俱 256 个，火棍 768 根，铜锅 144 口，桶 144 只。

结合阵图，不难发现，车营的阵形实际就是方阵，在阵表布置战车，以战车环绕阵营，将军马放置在阵营中心。车营核心战斗力为火器。不同于前代以车制骑是以拒马、战车在外阻挡骑兵，再以弓弩杀伤骑兵的战法，戚继光车营是先以火炮轰击，再以鸟铳射击，辅之以火箭，若敌军近身，再以藤牌、锐钯、长刀近身搏斗，充分利用了多兵种协同攻击，实现了层层杀伤。

戚继光的车营，只是戚家军的一部分，完整的戚家军包括步兵营、骑兵营、车营、辎重营 4 个军种。其中辎重营与车营一样，以佛郎机和鸟铳为主要装备，其目的在于以火器保障军队的物资供给，辎重营与车营同样为方阵，只不过，辎重营重点在于保护粮草，因此，在辎重营的内部，不是用于反击的骑兵，而是由步兵拱卫的辎重。正所谓"三军未动，粮草先行"，《孙子兵法》云："凡用兵之法，驰车千驷，革车

明代《出警图》中手持锐的士兵

中国古兵阵

千乘，带甲十万，千里馈粮，则内外之费，宾客之用，胶漆之材，车甲之奉，日费千金，然后十万之师举矣。"粮草辎重是军队的生命，尤其是在远征之时，没有办法就地补给，携带的粮草就尤为珍贵。戚继光创立的辎重营，正是借助火器的威力来保证粮草辎重的安全，同时也增加了明军的行军距离，能够远征追击蒙古军队。相比于车营的佛郎机 265 架、子铳 3304 门、鸟铳 512 门，辎重营共有佛郎机 160 架、子铳 1440 门、鸟铳 640 门，火力虽然不比车营，但也是颇为强劲了。

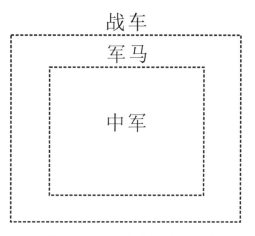

明代《武备志》中的"戚继光车营图"

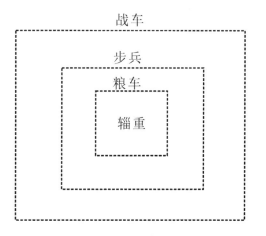

明代《武备志》中的"戚继光辎重营图"

步兵营与骑兵营，在编制上与车营、辎重营一样，是 6 级编制，同时每队 12 人。在形态上，均呈现为方营。无论是步兵营还是骑兵营，都配备了一定的火器，在马军的每一队中，均有鸟铳手 2 名。而在马军 1 营中，共有虎蹲炮 60 门、鸟铳 432 门，配套的药管有 12960 个，铅子袋 432 个，铳套 432 个，火药 2592 斤，铅子 129600 个，火绳 2160 根。而在步兵队，又分为火器手队和杀手队，杀手队使用的是盾牌、狼筅、长枪等冷兵器，而火器手队中除了队长与伙夫外，10 人均为鸟铳手。在一营 2160 名作战士兵中，共有 1080 铳手火器手，占据了一半，使用鸟铳 1080 门，

219

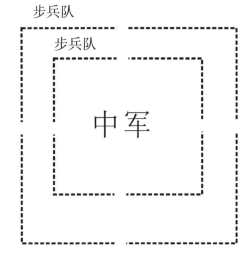

马队

马队

马队

中营

明代《武备志》中的"戚继光马营图"

步兵队

步兵队

中军

明代《武备志》中的"戚继光步营图"

配套的铅子袋 1080 个，药管 32400 个，火药 4320 斤，铅子 216000 个。由此可见，到了明代中后期，火器已经成为明军不可或缺的制式装备。

到了清代，尽管满人以骑射定天下，但是清代自努尔哈赤红夷大炮击伤以后，都对火器极为重视。康熙帝时，为了平定三藩，先后在养心殿、景山、铁匠营设立枪炮厂局，所造火器分别被称为"御制""厂制""局制"。乾隆年间，清政府制定了"钦定工部则例造火器式"，统一了火器的制式。而清军当中也有专门的火器部队，分别是汉八旗的炮营、满蒙八旗的火器营、八旗鸟枪营，而由汉军组成的绿营则普遍装备了火器。

综合而言，火器问世之后迅速在中国军队中普及，成为主力兵器之一，而中国古代军队的阵形战法也为之一变，尤其是对骑兵的克制阵形，以步制骑，这个中原农耕文明长达数千年的"梦想"终于可以实现，而不是昙花一现了。明军也不会再像宋人一样苦苦追寻"八阵法"的"平地制骑"之法了。

3. 聚是一团火，散是满天星
——小型阵形的流行

在火炮、鸟铳等火器普及之后，以密集阵形行进，容易遭受大规模的伤亡，这个时候，将大型战阵分散为小型战阵，分进合击无疑是一个好的选择。散兵阵形也日渐流行，在明清两朝，出现了以"鸳鸯阵""百鸟阵"为代表的散兵阵形。

追根溯源，散兵阵形并不是明清才出现的，早在唐代，就已经出现了散兵阵形——"撒星阵"。安史之乱时，安禄山大将崔乾祐进攻长安门户潼关。唐军守将哥舒翰久经沙场，经验丰富，屡败吐蕃军，唐代边民作《哥舒歌》称赞其功绩："北斗七星高，哥舒夜带刀。至今窥牧马，不敢过临洮"。哥舒翰选择了固守的策略，崔乾祐难以攻入，就散布流言，称自己兵少，杨国忠逼令哥舒翰出战，哥舒翰与崔乾祐相遇于灵宝县西洪溜涧。崔乾祐为了进一步麻痹唐军，摆出"撒星阵"，乃让军士以 15 人为一单位，"或密或疏或前或却"，背后却埋伏有精锐，最终成功麻痹了唐军，引得唐军出击，最终击败唐军。不过，崔乾祐的撒星阵不过是诱敌之术，并非战斗阵形，击败唐军的仍是其精锐部队。到了南宋，抗金名将张威又创制了一种"撒星阵"，这次，"撒星阵"确实是一记杀招了。

张威，宋代成州(今甘肃成县) 人，南宋四川抗金将领。开禧年间，张威与金兵作战屡战屡胜。嘉定十二年（1219 年），奉命率军救蜀，破金兵于成都金牛镇，复遣兵袭大安军，歼金精兵 3000 余。张威治军纪律严整，以勇见称，临阵战酣，两眼皆赤，时号"张红眼"，为金兵所惮。他创制的"撒星阵"，分合灵活，屡胜金兵。

根据《智囊补》的记载，张威起自行伍，常常以无声潜行的战法击败金军。张威注意到在平原上，宋军的步兵难以抵挡金军骑兵，用张威的话说就是"彼铁骑一冲，则吾技穷矣。"不同于吴璘叠阵的硬碰硬，张威创制的"撒星阵"则颇有人民军队游击战"敌进我退，敌驻我扰，敌疲我打，敌退我追"的风格。张威以金鼓作为信号，勤加操练，使得军队能够聚散自如。当金军骑兵袭来时，鸣金一声，金军乃分兵追击，此时原先分散的宋兵聚拢回击金军，如此往复，杀得金兵进退无措，最终为宋军击败。

在张威"撒星阵"300余年后，在面对倭寇入侵时，中国古代军队小型阵形的代表之作横空出世，这就是大名鼎鼎的"鸳鸯阵"。唐宋时期，军营的基层编制为队，一队有50人，在上文提及的戚继光军营，无论是车营、辎重营还是骑兵营、步兵营，其战队只有12人，这一队12人的编制，正是以鸳鸯阵为原型的。戚继光创制的"鸳鸯阵"，进一步发挥了阵法的灵活性与小型化，其每组只有12人，却包含了指挥、远程攻击（狼筅）、中程攻击（长枪）、近程攻击（短刀）、防御（盾牌）和后勤（炊事1人），可谓麻雀虽小，五脏俱全。

14世纪初，日本进入南北朝分裂时期，在长期战乱中失败的南朝封建主组织武士、浪人到明朝沿海一带走私抢掠，进行海盗活动，被称为倭寇。到了明嘉靖年间，倭寇势力达到鼎盛，不少以走私为生的沿海渔民、商贩也加入到了倭寇的阵营中。倭寇作战颇有章法，诡计多端，武器精良，战力强悍。在戚继光上任浙江的嘉靖三十五年（1556年）七月之前，浙江屡遭倭寇进犯，兵将死伤惨重，以三月的海盐之战为例：在嘉靖三十四年（1555年）冬，倭寇曾经进犯海盐，知县郑茂与海宁卫指挥徐行健成功击退了这次进犯。到了翌年春天，倭寇再次进犯，在乍浦王桥，徐行健率兵迎战，徐行健率兵在河对岸以鸟铳向倭寇射击，杀死倭寇10余名，没想到这只是诱饵，倭寇暗中已经包围了明军，继而四面围攻，徐行健力战而亡，明军阵亡百余人。接着，这股倭寇又转而袭击嘉兴府城，松门卫指挥程录战死。

倭寇的进犯加上政局的黑暗，使得东南沿海生灵涂炭，苦不堪言。戚继光于嘉靖三十五年（1556年）七月上任，八月就在龙山所遭到倭

中国古兵阵

寇进犯，几百名倭寇几乎把几千明军杀败。戚继光痛定思痛，最终物色义乌矿工，组成戚家军，并以鸳鸯阵训练新军。

所谓鸳鸯，指的是这一阵形分为两列，如影随形，如同鸳鸯一般形影不离。具体而言，这 12 人的分工是指挥 1 人，盾牌手 2 人（同时担任伍长）、狼筅手 2 人，长枪手 4 人，短刀手 2 人，最后是后勤 1 人。除去指挥和后勤(后勤不参加战斗)，每队(伍) 正好 5 人，分别是牌手、狼筅手、枪手和短刀手，两队人相互配合，发挥威力。"鸳鸯阵"的威力，一在于各个兵种的配合，二在于适应了浙江、福建沿海地区的狭长地形。

首先，让我们来看看鸳鸯阵的兵种是如何配合的：排第一的不是弓箭手也不是枪手，而是牌手，这是为了保护全队人免遭箭矢的攻击，而牌手并不是最先接敌之人，最先接敌的乃是排在第二的狼筅手。狼筅，根据《练兵实纪》的记载：

> 狼筅乃用大毛竹，上截连四旁附枝，节节枒杈，视之粗可二尺，长一丈五六尺。人用手势遮蔽全身，刀枪丛刺必不能入，故人胆自大，用为前列，乃南方杀倭利器……必以为前列，百战全胜，恃此为第一。今用之以拒敌马尤为可用。

简而言之，狼筅实际上就是将大毛竹连同其旁枝削尖，用作兵器。用毛竹制作的狼筅，韧性强，连同枝桠，能对倭寇产生面的伤害，而倭寇擅长的近身劈砍则对韧性极强的毛竹难以奏效，一方面是毛竹韧性强，可以抵挡劈砍；另一方面，毛竹容易晃动，枝桠又多，倭寇劈砍不仅难以着力，还易被干扰视线。不过，狼筅仍然有缺点，一个鸳鸯阵内只有两个狼筅兵，在面对大量倭寇突袭时，狼筅并不能阻挡所有敌人，仍然会有部分敌人冲入到盾牌之前。这个时候盾牌之后的 4 名长枪手就开始发挥作用，4 名长枪手才是"鸳鸯阵"的主力，可以有效依靠兵种优势在倭寇到达盾牌前将其杀伤。如果还有少数倭寇或凭勇武或靠侥幸能够突破长枪，那么，还有短刀手能够援护。在狼筅、长枪、短刀的重重杀伤下，倭寇几乎无法突破阵形。同时，为了保证战时"鸳鸯阵"的效果，戚继光制定了束伍法：

> 凡鸳鸯阵，二牌平列，狼筅各跟一牌，以防拿牌人后身，长枪每二枝，各分管一牌一筅，短兵防长枪，进的老了，即便杀上。伍长执挨牌在前，余兵照鸳鸯阵紧随牌后，其挨牌手低头执牌前进，如已闻鼓声而迟疑不进，即以军法斩首，其余兵仗牌刀遮抵于后，随牌进。交锋，筅以救牌，长枪救筅，短兵救长枪，牌手阵亡，伍下兵通斩，要依此法，无不胜矣。

"鸳鸯阵"之所以在东南沿海无往不利，除了上述原因外，还得益于戚继光对于东南沿海地形和倭寇的了解。浙江、福建的沿海地区，地形以丘陵为主，地形狭蹙，少有平地，加上河流湖泊众多，难以展开大规模的军队，也就是《明史》中所描述的"南方多数泽，不利驰驱"。而戚继光"乃因地形制阵法，其节短，其数明，步伐便利"，"鸳鸯阵"人数少，分工明确，纪律严明，正是在这种地形作战的利器。此外，如前文所述，倭寇之乱，实际上是由日本浪人所组成的"真倭"与沿海走私武装构成的"假倭"共同发起的，而在与明军战斗时，日本武士往往冲锋在前，其武艺精湛，作战勇猛，经常将明军击溃，戚继光根据倭寇的这一特点，排布"鸳鸯阵"，目的就是通过多层次的杀伤，将这些冲锋在前的日本武士消灭殆尽，后面的假倭以及不具备战斗力的倭寇自然溃退。在戚家军成军、"鸳鸯阵"成型之后，东南沿海的抗倭局面为之一振，尤其是在嘉靖四十年（1561 年）的台州大捷中，戚家军来回转战，九战九捷，消灭倭寇 5000 余人，而自身损失不足 20 人，堪称战史奇迹。而浙江、福建、广东的倭寇之乱也相继平息了。

倭乱虽然平息了，但是戚继光和"鸳鸯阵"的传奇并没有结束，

中国古兵阵

隆庆元年（1567年），朝廷以戚继光为神机营副将，前往蓟辽训练谭纶招募的士兵，其中就有浙兵3000人。在北方，戚继光改进了"鸳鸯阵"，其中步兵队改为配备鸟铳、长刀、枪、藤牌、狼筅、镋钯和火箭。在南方时，鸳鸯阵以牌手为伍长，而在北方，则以鸟铳手为伍长，鸟铳手同时配有长刀以备近战；鸟铳手之后是枪手2人，枪手之后是藤牌2人，再次是狼筅，最后并非短刀手，而是镋钯手，镋钯手同时负责施放火箭。当然了，没有战事时，还附有1名炊事员。这是因为在蓟辽，戚继光面对的是游牧民族的骑兵，而不是徒步作战的倭寇，骑兵行动迅速，而且具有很强的冲击力，如果等骑兵近身才发动进攻，无疑将落于下风，因此，此时鸳鸯阵放弃了以狼筅、长枪、短兵构成的攻击顺序，而是由鸟铳、火箭率先进攻，再由狼筅、长刀、镋钯这类克制骑兵的长兵器发动进攻，鸟铳手、火箭手同样是长刀手、镋钯手，可谓远近皆备。不只是步营，戚继光的骑兵营、车营、辎重营同样是按照"鸳鸯阵"的思想布置的，车营"鸳鸯阵"由奇兵队构成，武力配备与步兵营一致。可以说，鸳鸯阵是不拘泥于武器的，只要是10人左右的阵形分为两列，如影随形，合理使用武器以给敌军造成最大伤害的，都属于"鸳鸯阵"的范畴。例如《纪效新书》中记载在以火器射击游牧民族骑兵后，其仍然逼近明军的情况下，"各兵收了长兵器（此处指火器），俱执起短兵，摆鸳鸯阵，钯居第一层，刀棍居第二层，大棒居第三层，快枪居第四层，倒用木柄鸟铳居第五层，用长刀俱候厮杀。"此处的"鸳鸯阵"既无狼筅，也无藤牌，代之一刀棍、大棒，但仍然可以称之为"鸳鸯阵"。"鸳鸯阵"是深入戚家军骨髓的战术布置。

"鸳鸯阵"已经属于袖珍阵形了，但是这12人的阵形，还可以再次变阵，分为两阵，甚至3阵。一变为二，就是将原先"如影随形"的两列分开，各为1阵。而变为3阵时，则有一个好听的名字："三才阵"。"三才阵"由3个小阵组成，分别是由指挥官、两名狼筅手、两名短刀手（镋钯手）5人组成的第一阵和由1名牌手、两名长枪手组成的第二

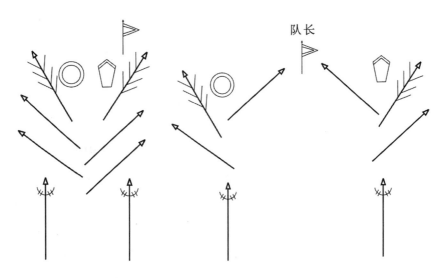

明代《武备志》中的"鸳　　　　　　明代《武备志》中的"鸳鸯阵分变二伍图"
鸯阵图"（以锐代替短刀）

阵和第三阵，第一阵居中，二、三阵分列两翼。"三才阵"亦有特定的
用处，即作为伏兵。之所以伏兵要以"三才阵"而非鸳鸯阵，是因为伏
兵的特点在于突袭奔跑，"鸳鸯阵"不如"三才阵"灵活，也更容易混乱，
用戚继光的话说，"三才阵""人少易出，应急为便"。而这种灵活的作
战方式，在清代则为太平天国所继承和发扬，这就是太平天国的"百
鸟阵"。

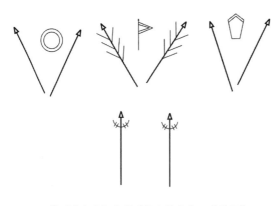

明代《武备志》中的"鸳鸯阵变为三才阵图"

散兵阵形这种灵
活机动的作战方式到
了清末，被太平天国
的军事将领继承和发
扬，被称作百鸟阵：

　　百鸟阵，贼中有此
名目，然不常用。偶值
平川旷野，与我兵战，

226

以二十五人为一小队，分百数十队，散布如撒星，然使我军惊疑不知贼之多寡，每队人数全同，又不知宜先攻何处，彷徨不进，坐是而失利者有之。

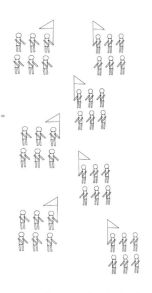

《贼情汇纂》中的"百鸟阵图"

根据《贼情汇纂》的记载，"百鸟阵"以 25 人作为基本的战斗单位，25 人，即太平天国一两司马的单位人数，而太平军也以此作为战斗编排的基础，在《武昌纪事》中亦有"贼每战各营正牌二十五人居前当锋牌"的记录。这一阵法还有"老鸦阵"的别称：《粤匪犯湖南纪略》记载，太平军"最好用分截之法，阵号老鸦。四散漫立，枪炮不能多伤。我兵稍聚，贼旗一动，变为盘蛇，便团团围住矣"。百鸟阵将部队分为小阵，一方面可以避免密集伤亡；另一方面则灵活机动战术多变，在疑惑敌军的同时，出其不意变换阵形，给予清军重创。

4.轻舟巨舰，化繁为简

——明代的战船与水阵

在《孙膑兵法》的"十阵"中，位居最后的便是水阵与火阵。火阵，即火攻战法，在火器篇中已经论述，水阵则是水军作战，在"却月阵"中，晋军的水军扮演了重要角色。水军作战特指以船只为战具在水域进行作战。三国时期关羽在水淹七军时，就乘坐大船进攻于禁。长江之所以成为天险，也正是因为长江以北的军队相比于南方军队不擅长水军作战，赤壁之战就是一例。不过，虽然说是水军，但是因为武器装备的限制，古代水军的作战方式更像是陆军作战的延伸，水军的行军布阵，与陆军可谓一脉相承而又独具特色。

陆上布阵，需要考虑军队中的车兵、骑兵、弓弩手、盾牌手、长枪手的比例和配备，水中布阵，自然也要根据水军的武器装备来安排。

中国运用船只的历史非常悠久，早在距今 8000 年前的跨湖桥文化，就已经出现了独木舟。在汉代《释名》中就有"外狭而长曰艨冲""轻疾者曰赤马舟""三百斛曰舠""二百斛以下曰艇"等船只的分类，其中蒙冲正是用于水战冲击敌舰的，而赤马舟则以轻快如马得名，至于舠和艇则是以吨位命名的。到了宋代，据《武经总要》记载，战船的总类已经大大丰富。《武经总要》中列出了"游艇""蒙冲""楼船""走舸""斗舰""海鹘" 6 种战舰，这 6 种战舰也被《武备志》全盘承袭下来。这 6 种战舰也是各有分工，其中楼船、走舸、斗舰、海鹘用于正面对战，蒙冲与游艇则用于潜袭。

游艇，是指船舷没有挡墙的军舰，游艇"回军转阵，其疾如风，虞候用之"，是一种用于侦察、巡逻的战船。蒙冲，船如其名，"蒙着冲"。蒙冲的船身，由生牛皮包裹，可以有效抵御箭矢的攻击，前后左右有弩窗矛穴，敌人靠近时可以施放弩箭或者用长矛刺杀，蒙冲不能使用大船，吨位小才能迅速进攻，攻敌不备。游艇与蒙冲，类似于陆战的轻骑兵，优先考虑机动力，司职侦查与突袭。

游艇与蒙冲相当于奇兵，那么楼船、走舸、斗舰、海鹘就是水军中的正兵。楼船，顾名思义，船上置有三重楼，每重楼都有挡墙。楼船之上的武器，既有蒙冲上用于作战的弩窗矛穴，还因为其船体庞大，上面还可以安置投石器，明代则安放火炮，甚至还配备了守城用的礌石、铁汁。楼船的防护也相当可观，除了建有挡墙外，外层也配备了毛毡皮革来抵御箭矢火攻。在一些较长的楼船上还配备了马匹，用于在暴风天气时牵引绳缆。楼船就是一个水上移动战斗堡垒，是水军的门面所在。走舸，属于小型战船，船上同样立有挡墙，走舸上的棹夫均为精锐士兵，因此走舸速度极快，走舸上还设有金鼓旌旗。斗舰吨位较走舸为大，船

明代《武备志》中的游艇

明代《武备志》中的蒙冲

舷上设有半身高的挡墙，挡墙内 5 尺还有木棚，木棚上还建有挡墙，士兵位列其中，船只上同样设有金鼓和牙旗。海鹘船，头低尾高，前大后小，形如鹘鹰，船舷上左右还设置浮板，如同鹘翼展翅一般。船上同样以生牛皮作为防护，配备牙旗金鼓。海鹘船的特点是稳定性好，即使在狂风巨浪中也不会倾覆。

《武经总要》列出这些战船，是因为这些战船应是北宋水军的常制装备，《武备志》继承了这些内容，但是《武备志》是一部明代兵书，其最具价值的部分还是明代的内容，《武备志》中记录了极为丰富的明军战船，按照地域分，可以分为广船、福船与浙直船，其中广船与福船为大型战舰，而浙直船吨位不及广船、福船，但类型极多。

在三种类型的战船中，最大的是广东所造的广船。广船不仅吨位最大，而且最为坚固，广船由坚硬的铁力木制造，铁力木又被称为铁梨木，是广东特产的硬木，材质坚韧且抗腐蚀，是优质的造船材料。因此广船异常坚固，倭寇用松木杉木制作的战船根本不敢与广船相撞，否则必然落个支离破碎的下场。不过铁梨木产量不高，因此用铁梨木制作的广船，不仅价格昂贵，而且修理也不易，好在其坚固耐用，寿命远比用松木杉木制作的船只长。广船的形制是下窄上宽，船体两旁搭有架子，状若两翼，这样的形制适合在近海航行，在远海航行则易晃荡倾覆。在晃动的船体中，施放火器难以命中，却能震慑敌军。《武备志》中有3种广船的图形，分别是最常见的广船、新会县的尖尾船和东莞县的大头船，如图所示：

福船，广义是指福建所造的船，狭义上则特指大福船。大福船虽然不如广船庞大坚固，但同样是大型战船。《武备志》形容福船高大如

明代《武备志》中的楼船

明代《武备志》中的楼船、走舸

明代《武备志》中的斗舰

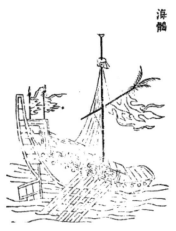

明代《武备志》中的斗舰海鹘

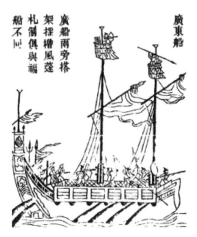

广船雨旁搭
架撑橹风篷
礼制俱与福
船不同

廣東船

新會縣
尖尾船

明代《武备志》中的广船　　明代《武备志》中的新会县尖尾船

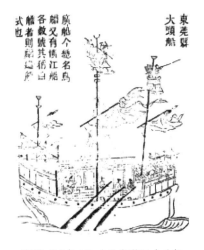

廣船个愨名鳥
艍父有惝江艍
各數號其稱曰
艍者則屬編

式桅

東莞縣
大頭船

明代《武备志》中的东莞县大头船

楼，可容百人。福船底尖上阔，昂首高尾，船身上可设三重楼，以茅竹作为护板，如同城垣一般坚固。福船上下共有4层，最下一层安置压舱石，第二层是兵士休息之处，第三层安放船锚等物，第四层为露台，也是作战平台，士兵可以在上面居高临下施放火炮箭矢。戚继光对于福船的评价很高，相对于倭寇的小船，福船不仅高大，而且坚固（虽不如广船，但是远胜于倭寇之船）。在与倭寇作战时，即可以凭借吨位碾压撞击倭船，被戚继光形容是"车碾螳螂"，也可以居高临下射击，而倭寇则是仰攻，地利在我。不过，福船也不是没有缺点，福船吃水深，航行要依靠风力，适合远洋航行，在近海则易搁浅，往往不能靠岸，只能靠小船接驳士兵，因此倭寇的船只为了躲避福船的追击，就进入浅海沿岸而行，福船也只能徒叹奈何了。福船的种类较广船为多，除了常制的大福船，还有哨船、冬船、鸟船、快船4个分支。大福船适合碾压撞击，但是速度有限制，因此还需要其他的小型福船来辅助。其中哨船与冬船便于追击，鸟船与快船则适合侦查和捕获，各种战船相互配合，不可偏废。

哨船，即缩小版的大福船，而冬船又名海沧船，冬船与哨船的不同之处在于冬船两旁没有竹舷，冬船的吃水只有七八尺，比大福船的1丈2尺要小的多，因此不需要多大的风就能驱动，当大福船无法追击驶入浅海的贼船时，就要派哨船、冬船前去追击。

明代《武备志》中的大福船　　　　　明代《武备志》中的哨船

鸟船、快船形制相似，吃水只有三四尺，比哨船和快船更小。其中鸟船略大，一船可容三五十人，又名开浪船，因其头尖，航行时破浪而行得名。鸟船可以用桨也可用帆，用桨时4桨1橹齐用，逆风逆浪皆可航行。

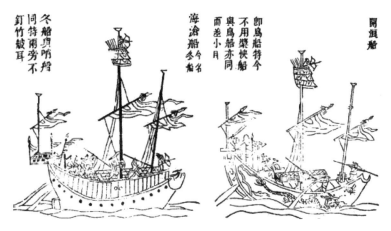

明代《武备志》中的冬船　　　　明代《武备志》中的鸟船

　　福船与广船各有特点，也有人将两者的特点结合起来，以广船的船底配合福船的船身，可以在近海所向披靡。

　　再来看浙直地区的战船。浙，自然是指浙江，直，则是明代南直隶。明代朱元璋定都南京，靖难之役后，明廷逐步将首都迁移到北京，因此明代有南北两直隶，南直隶的海岸线基本位于今天的江苏省，浙直地区的战船也可以理解为今天江浙地区的战船。江浙，是中国重要的造船基地，郑和下西洋所用的宝船正是在这里建造的。不过《武备志》中的浙直战船，以灵活轻便的小型战船为主，与广船、福船主要依靠风帆不同，吨位较小的浙直船往往是风帆与船桨并用，甚至以船桨作为主动力。《武备志》中记载的浙直战船包括叭喇唬船、艚艟船、苍山船、八桨船、鹰船、渔船、网梭船、两头船、沙船、鸳鸯桨、子母舟、车轮舸、破船筏、连环舟、火龙船、赤龙舟、鸟嘴船、渔船、网梭船和蜈蚣船。

　　叭喇唬船，阔 1 丈长 4 丈，底尖面阔，每边有桨 8 至 10 只，有风则用风帆，速度极快，军中用于追敌哨探，倭寇称之为软帆船，非常忌惮。

　　苍山船，原本是浙江台州府太平县渔民所用的船只，因在与倭寇的战斗中表现出色而用作战船。苍山船首尾皆阔，顺风用帆，逆风用桨，甚是快捷，善于冲敌，温州人给苍山船起了一个绰号"苍山铁"。苍山船吨位小，常常用作福船的辅助，在浅海处与倭寇作战。苍山船的吨位与倭寇船只相近，毕竟倭寇中大部就是沿海渔民。因此苍山船的战法是冲击敌军，再进行近战，尤其擅长追捕落单的倭寇小船。但因为吨位小，在白刃战中并无优势，因此明军在苍山船的基础上制作了艟艘船，艟艘比苍山船大，比哨船小，可与倭寇的战船对战。

鹰船与沙船是相互配合的搭档。鹰船，首尾俱尖，进退如飞，在船身两侧用竹板防护，竹板上设有射击的孔洞。沙船是明太祖海禁之后东南沿海居民所用的船只，沙船不可涉足远洋，只能在近海用于防守各个港口和巡逻。作战时，士兵隐藏在鹰船竹板内，划桨冲入敌军施放火器箭矢，然后沙船跟进，进行白刃战。

与鹰船一样可以两头行动的还有一种两头船。两头船两头都有制舵，步受风向影响，可以自由进退，与鹰船类似，用于冲击敌军船阵，最有效果。

以上为单体战船，明军还有几种连体船，用于冲击近战的有鸳鸯桨与子母舟。

鸳鸯桨是以活扣扣住两条小船，形成一条。鸳鸯桨不用风帆，船舱上用牛皮蒙住，舱中安放勇士划桨，船舱上留有箭孔。与敌对阵时，可以在靠近敌人时打开活扣，一舟又变为两舟，夹攻敌船，可以出其不意攻其不备。

子母舟的结构类似于现代的登陆舰，不过登陆舰是在船首打开舱门，让两栖战车出击，子母舟则是在船尾设立船舱，安放子舟。子母舟长3丈5尺，前两丈与普通船无异，后1丈5尺则中空，用于安放小舟。母舟上有风帆，船内还有引火之物，船头则有狼牙钉。子母舟的战法是点燃船只中的引火物，让船顺风撞击敌船，再以船首的狼牙钉等物嵌入敌船，以船中之火烧毁敌船，船上的士兵则凭借后舱的子舟脱出。

类似子母舟这样的火攻战法，一直是水战的利器，而且，明代火器发达，水军之中专门使用火器的战船也不少见，其中就有车轮舸、赤龙

明代《武备志》中的叭喇唬船　　　　　明代《武备志》中的苍山船

明代《武备志》中的艟艚船　　　　　明代《武备志》中的鹰船

舟、火龙船和连环舟。

　　车轮舸，船如其名，以轮驱动。在船体两侧各有两轮用于驱动，航行如飞。船上安有盖板船舱，对战时，士兵先在船舱内施放火箭火铳，杀伤敌军后，士兵从船板中冲出，盾牌手在前，其余军士向敌军投掷火球焚烧敌船。也可用冷兵器杀伤敌人。

　　赤龙舟，船形如龙，与今天的龙舟外形相似，不过赤龙舟船身上建有 3 层楼阁，内藏火器火具。最上层的船舱与龙首相连，龙首中可以安

明代《武备志》中的沙船

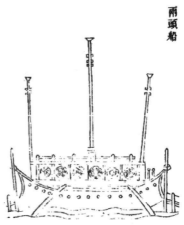

明代《武备志》中的两头船

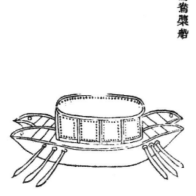

明代《武备志》中的鸳鸯桨

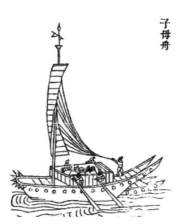

明代《武备志》中的子母舟

置 1 名士兵，用于观察，船舱两侧用于射击。赤龙舟是用于江河之中作战的战船，龙骨中空以铁压舱，而且船中还设有机关，一旦敌船逼近就可以启动机关让"神火毒烟，神箭飞弩，一举俱发"。

火龙船，是一种设计颇为精巧的战船。从外观上看，就是一般的海船，四周或用生牛皮作为防护活用竹子建成围墙，用来抵挡敌军的箭矢，其中还留有射击孔，用于击敌。两侧或用桨或用轮，速度极快。火龙船的巧妙之处在于其船舱内的机关。一方面，船舱分为上中下 3 层，

明代《武备志》中的车轮舸　　　　　明代《武备志》中的赤龙舟

上层与下层之间设有通道，中层则铺上刀板钉板，这样设计是为了施展诱敌之计。具体而言，是选4名水性极好的士兵在船上，假意不抵，4名士兵跳船而"逃"，船上的精兵则进入下舱潜伏。敌军以为我军弃船而走，就上船查看，此时启动机关，敌军全部落到中层的刀板和钉板上，伏兵再出来结果敌军。另一方面，火龙船的两侧装备有大量的火器，火龙船可以凭此冲入敌军船队，施放火器，给予敌军极大伤害。

连环舟，堪称鸳鸯桨与子母舟的联合体。连环舟长4丈，分为前后

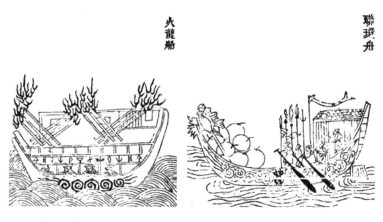

明代《武备志》中的火龙船　　　　　明代《武备志》中的连环舟

两部分，前舟占三分之一，上面安放了大炮等火器以及撞钉；后舟占三分之二，安置有船桨；两部分用机关联结。对敌时，在顺风向或者顺流向出击，快速接敌，既可以用大炮轰击敌军，也可引燃火具，用撞钉钉住敌船，以火具焚烧敌船。在撞击的同时，联结前舟后舟的机关也会解开，载有士兵的后舟可以径自回营。

明代还有专门的破船筏。破船筏用5根长达3丈的巨木制成。将巨木的中间凿空，铺上平板，以油灰麻填缝，刷上防水的桐油后，将巨木串好，两边安上4轮（也有6轮），筏上设置船舱，在筏头上安上纯钢制成的破舟铳。作战时，让破舟筏冲击敌船，靠近敌船时，点燃破舟铳，破舟铳冲入敌船内，数枪齐放，必能击破敌船。

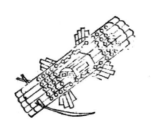

明代《武备志》中的破船筏

除了用于作战的战船，还有各种辅助船只，例如八桨船，专门用于哨探，不可用于作战。普通渔船，配备了鸟铳手后，既可用于侦查，必要时也可凭借数量优势围攻倭寇。与渔船作用类似的还有网梭船，网梭船形如织梭，原本也是宁波一代打渔人用的船只，一船与渔船一样只能容纳两三人，网梭船吨位极小，不能御敌，只能用作哨探，不过，如果网梭船成本低，也可以采用人海战术。除了宁波的网梭船，温州台州的鸟嘴船，形如鸟嘴，也是渔船的一种，也可征为军用。除了这些本土的船只外，明代还仿制了葡萄牙人可在狂风巨浪中航行的蜈蚣船，用于在

中国古兵阵

明代《武备志》中的八桨船　　　　　明代《武备志》中的渔船

明代《武备志》中的网梭船　　　　　明代《武备志》中的鸟嘴船

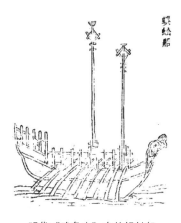

明代《武备志》中的蜈蚣船

恶劣气候条件下航行。

　　看完战船后，我们再来看看水军特有的武器，首先是拍竿，拍竿用于大船之上，高度达 50 尺，末端系有重物，迎敌时可以用其拍击敌船，被击中的敌船往往船身破裂。除了拍竿，还有火桶、钩镰、撩钩、犁头镖、小镖、渔网等物。火桶，是将火药、瓷碗、细沙按照一定的比例、方位放置在水桶之中。火桶的好处是能迅速爆炸，不会因为延时被敌军扔走。钩镰，由竹竿和镰刀构成，用于割断绳索，勾住敌船。撩钩，用于勾住敌船，捞取首级。犁头镖和小镖用于投掷杀敌。渔网用于无挡墙船只的防护。

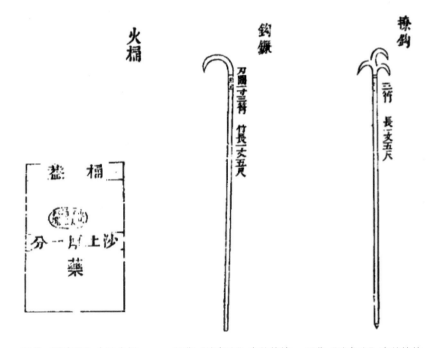

明代《武备志》中的火桶　　明代《武备志》中的钩镰　明代《武备志》中的撩钩

　　那么，水军如何用各式战船进行布阵呢？

　　水军作战，与陆军一样需要金鼓旗帜的指挥。所有的战船要根据大将的军旗行动，大将军旗向前，击打战鼓，则战船进攻；军旗树立，同时鸣金，则战船停止；军旗卧倒，则诸军还营；这与陆上的指令是一样

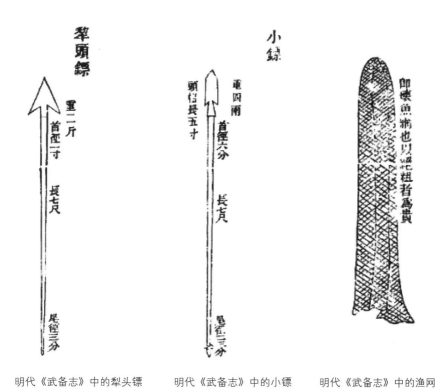

明代《武备志》中的犁头镖　　　明代《武备志》中的小镖　　　明代《武备志》中的渔网

的。同样，水军也用五色旗帜代表不同的战况，如果先锋小船被敌船围攻，需要救援，大将就要向需要救援处挥动红旗，若向本军处挥动，则是缓缓撤退之意。水军也可以通过广设旌旗，多立桅杆来壮大声势，作为疑兵。

　　水军的阵法，也要根据兵力、战船、水文、气候等条件随机应变，尤其是水流的方向、涨潮、退潮、风向等条件，对于水战的胜败有着直接的因果关系。因此兵书中留下的水军阵法多为静态的营法。根据《武备志》中的"诸家水军营法"，当水军停在水面时，要以大船解下风帆，在外围排列成方阵，大船之上，要部署甲兵和火器，方阵阵表类似四门兜底阵，留出4门，供船只凭证出入，船营内，则是小型快舟，上面部署的是擅长游泳的水兵，装备着长枪钩镰和火箭。但这只是静态的营法，出击列阵还是要根据兵力、风向等因素布列阵形。而"戚继光水军营"同样也只是列出了水面宽阔、水流平静的水军营法。根据阵图，戚继光的水军分为4部分：前司、中司、中军和后司，前司、中司、后司俱分左哨和右哨，呈雁行阵布列，中军为纵队，与"诸家水军营法"四面防御不同，这一营法能够更快速地进行出击。如果在水面狭窄之处，就要以一字纵队顺流而下了。

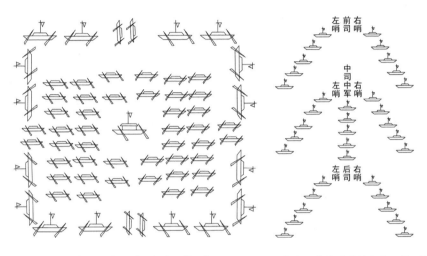

《武备志》中的"诸家水军营图"　　　《武备志》中的"戚继光水军营图"

作为长期在东南沿海作战的将领，戚继光对于水战之法也是颇为了解，除了水军营法外，戚继光也在《纪效新书》中总结了水军编队之法。明代的战船种类繁多，但戚继光摒弃船名，在编队时不称船名，只称船队编号，一来保证了船种之间的平等，防止大船之兵轻视小船之兵，另一方面也是为了将士更方便辨认队伍，进行调度。同时，戚继光在水军兵力部署上采取的是"强枝弱干"之策，主将的战船是最为坚固的，但其在巡逻时，本身不带过多的战船，若有战事，与所巡的司哨合作一处即可。至于司哨的部署，若船少可以分作3司6哨，船多则可以为5司10哨。每哨5到10船。每船上除了舵工、掌号等人，还有8队士兵，每队队长1名，士兵10名，当然，兵队的数量也可根据船只大小调整。通过阵图，不难发现，戚继光的水军阵形与陆上的"鸳鸯阵"可谓一脉相承，均是由两部分列左右相互配合，也由此可见水军布阵与陆上布阵的相通之处。

明代《抗倭图卷》中的水战场景

5.经典永流传

——传统阵法在新式战争中的运用

1840 年，英军叩开了中国封闭的大门，中国军队也在屡次失败中学习，逐渐走向近代化，但是传统的阵法仍然发挥着作用。在太平天国运动时期，无论是清政府的湘军、淮军，还是太平军，都有一定程度的近代化，无论是阵形布置还是武器装备，都开始向西方学习。此时的传统阵法并没有退出历史舞台，在太平军的手中，它们将能发挥余热，给清军以重创。

太平军的阵法，主要的记录者并不是其本身，而是作为故人的清军。《清史稿》《平定粤匪纪略》《贼情汇纂》等书中都重点记述了太平军的 4 种阵法，即"牵线阵"、"螃蟹阵"、"百鸟阵"和"伏地阵"。如《平定粤匪纪略》中记载：

> 其行阵也，有牵线、螃蟹、百鸟、伏地四名。牵线者，自伪两
> 司马以至伪军帅一线单行也。螃蟹者，三队平列，中以拒敌，左右

包抄也。百鸟者，以二十五人为一小队，分百数十起，散布如撒星，使我军无处着手也。伏地者，用避枪炮及遇险作疑兵也。冥顽之辈何知兵法？大率师心诡造，用之有效则诧为独得之奇，及我军久与交锋，习其常技，无非一行一伍合以制其行，分以制其伍，则黔驴技尽，篾勿克矣。

诸种文献中，清代张德坚编写的《贼情汇纂》对这4种阵法的记述最为详尽。张德坚原为湖北抚辕巡捕官，其在任时已多与太平军有所接触，后在咸丰四年（1854年）被引荐给曾国藩，被曾国藩委派主持湘军采编所，整理湘军俘获的太平天国文献，咸丰五年（公元1855年）《贼情汇纂》一书编成。此书编纂者本身为太平天国运动亲历者，加上文献本身大多来自于太平天国一方，撇开立场，就阵法的记载而言，其记述具有相当的可靠性。在《贼情汇纂》一书中，作者详细记述太平军的主要4种阵法的形制和变化，除了上一章介绍过的"百鸟阵"，让我们来看看其余3阵在清军粗鄙的命名下，究竟是何种阵形呢？

第一种阵法为"牵线阵"，"牵线阵"阵图如图所示：

"牵线阵"，类似放大版的"鸳鸯阵"，是在太平军行军移动时所使用的阵形，根据《贼情汇纂》的记载，其阵式为：

每两司马执旗一面，后随二十五人，百人则间卒长旗一面，五百人则间旅帅旗一面，二千五百人则间师帅旗一面，一万二千五百人则张军帅旗一面。其军帅、监军、总制乘舆马随行，

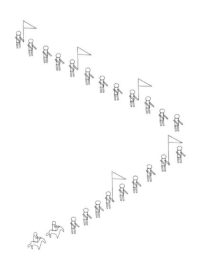

明代《贼情汇纂》中记载的"牵线阵图"

一军尽一军即续。宽路则分双行，狭路则单行。

太平天国军制以 12500 人为 1 军，1 军共有 5 师，师帅领 2500 人；1 师领 5 旅，旅帅领 500 人；1 旅 5 卒，卒长领 100 人；1 卒 4 两，两司马领 25 人。从中可以看出，"牵线阵"的形制是按照太平天国军制排列的。而这一阵法与军制一样，加强了对太平天国军民的控制。《贼情汇纂》在描述这一阵法时提到，太平军在以"牵线阵"行军时，对于阵形控制十分严格，军士即使行方便之事也要多人陪同，独自休息甚至会被处以极刑。《贼情汇纂》中自然有其立场问题，对于太平军难免有所贬损，但亦可看出太平军军令之严。而"牵线阵"严格的行伍控制也无形中增加了队伍的战斗力。数万太平军以单行阵行走时，往往有二三十里的队伍，清军往往因此误判太平军数量而延误战机。同时，行军时若有清军来战，亦可通过变阵首尾相救。若不敌清军，则维持阵式疾行，一方面"挽手急趋，官军往往追之不上"；另一方面，阵形的维持也使得清军有所忌惮，不敢穷追不舍。正是因为"牵线阵"的诸多优势，使得牵线阵得以"始终不易其制"也。

从阵图与可通过变阵首尾相救的描述来看，"牵线阵"是典型的线型阵，其变阵方式也继承自传统的"常山蛇势"：在《武经总要》中曾记述的"行列阵"的变阵方式，与牵线阵的单列变双列基本一致，而两者也都体现了《孙子兵法·九地》中所说的"击其首则尾至，击其尾则首至，击其中则首尾俱至"的战法，可见，"牵线阵"是太平军继承了前代线型阵又对其加以改良的阵法。

而太平军最著名的阵法并非牵线阵而是前文提及、名字颇有些滑稽的

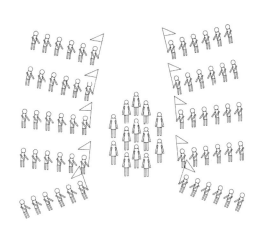

清代《贼情汇纂》中的"螃蟹阵"

"螃蟹阵"。"螃蟹阵"一名"蟹螯阵"，又名"荷包阵"，其特点是中路进攻，左右翼包抄，这与春秋时期郑军在繻葛之战中使用的以"鱼丽之阵"中路抵挡，矩阵两路包抄的战法可谓是一脉相承。《劫余灰录》载："官兵出队先火器，次长枪，更次刀牌，后则弓箭；贼无队伍，以冲陷为勇，如墙而进，不然分左右翼合围，贼中谓蟹螯阵是也。"在《苏台糜鹿记》中则记为"荷包阵"：太平军"马队冲锋，是其长技，不过一二十骑，真长毛乘之。马行在前，徒步在后，凡遇官兵民团，则马队立定，步队冲前……或立马插旗，作排阵相持之势，潜以后队悍贼从两傍兜裹向前，名曰'荷包阵'，闻七子山一带民团即中此计。"在《曾文正公奏稿》卷三《各缘由谨附片奏闻请旨岳州水陆军四获胜仗折咸丰四年闰七月初三日》中记载："贼之惯技有所谓螃蟹阵者，常分十余路围绕抄袭"。

顾名思义，"螃蟹阵"以其阵形颇似螃蟹而得名，其阵形分为3队，中间一队呈圆型，人数较少，而边上两队以多重线型排开，人数较多形似螃

清代《贼情汇纂》中的"螃蟹阵变为两队图"

清代《贼情汇纂》中的"螃蟹阵变为四队图"

蟹，如图所示：

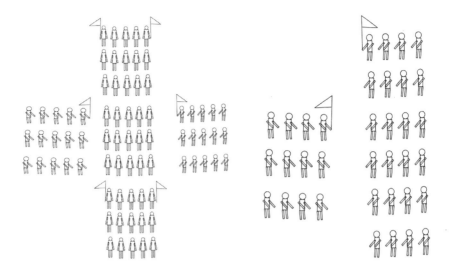

清代《贼情汇纂》中的"螃蟹阵分五队图"　　　清代《贼情汇纂》中的"螃蟹阵偏左图"

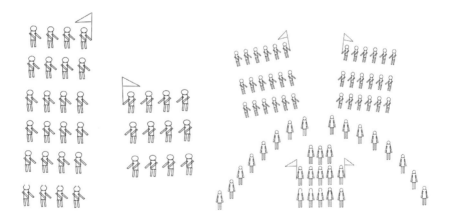

清代《贼情汇纂》中的"螃蟹阵偏右图"　　清代《贼情汇纂》中的"大螃蟹包小螃蟹阵图"

　　"螃蟹阵"的精髓在于其多变的阵形，如图所示。

　　从上图中不难发现，"螃蟹阵"变化丰富。当太平军以"螃蟹阵"列队时，其本意为以中间蟹身抵挡住敌军，而后以蟹脚从两边包抄，具备一定的战术意义。而太平军将此阵法作为会战的主要阵形，还是因其变化多端，可以根据实际情况转变阵形，根据《贼情汇纂》的记载，其主要有以下几种变阵方式。

第一，如果清军以左右两队进攻，则中间的蟹身亦分入左右两队中，成为两队阵形。第二，如果清军以前后两队进攻，则将左右两翼的前锋合成一队，而两翼的后半部分则与中间合成一阵，作为前队的接应。第三，如果清军左右两队中左队兵力偏多，则太平军左阵队伍亦人数增加，同理，若清军右队兵力多，太平军亦可将右队人数增加。这些变阵相对而言较为简单。均是将"螃蟹阵"变为与清军相同的阵形，颇有以正合的意思。而从《贼情汇纂》所附的阵图来看，太平军在应对多路清军进攻时所变换的 4 队阵和 5 队阵则要复杂的多。4 队阵由螃蟹型转换为 H 型，即前方阵形仍为 3 队，呈 H 型列阵，而后面则多出一列预备队。这种阵形与曾国藩曾提及的"莲花抄尾阵"十分相似，其战法为一路抵住敌军，两路从侧翼袭击敌军，同时再分出一路绕至敌军后方展开袭击，两者或为一阵多名。这种阵法的威力也为其所认可："破贼阵法，平日男训戒极多，兼画图训诸营官。二月十三日，男亲画贼之莲花抄尾阵，寄交璞山……昨日岳州之败，贼并未用抄尾法，交手不过一个时辰，即纷纷奔退。若使贼用抄尾法，则我兵更胆怯矣。"5 队镇则呈十字型，一队居中，其余 4 队分列前后左右。此外，还有一种"大螃蟹包小螃蟹阵"，以小阵诱敌，再以大阵合围，"螃蟹阵"之战斗力不仅在于变化多端，更在于其指挥得到，阵形严密，《贼情汇纂》记载：

　　至于损左益右，移后置前，临时指挥，其权则操之贼目。其进退开合之疾徐，惟大旗数人娴习，群贼悉提心在口，视大旗所往而奔赴之，无敢或后。故贼中不演技艺，专练急奔。大旗数人日至所管伪帅处听令，所讲求者皆接仗机宜。一军用此数人便可役使万众，略无参差，振裘挈领，深得以简驭繁之妙。贼目何知，想由熟计苦思不觉暗合于窾要耳。

"螃蟹阵"名虽不甚雅观，但是其作战能效并不亚于"八卦阵""鸳鸯阵"等名阵，种种阵形变化，既有分进合击和纵深配置，又有两翼包围和袋形战术，难怪太平军长期使用这一战法了。

而最后的"伏地阵"则颇有回马枪的意思：

> 贼中散卒无不知伏地阵者。但遇官军追剿至水穷山阻之地，忽一旗偃，千旗齐偃，瞬息万人数千人皆帖伏于地，寂不闻声。我军急追，突见前面渺无一贼，无不诧异徘徊，疑神疑鬼，贼贴伏约半炊之顷，忽一旗立千旗齐立，万人数千人风涌潮奔，呼声雷吼，转面急趋以扑我。我兵一疑不释，又增一疑，而益以一惊其不转胜为败者鲜矣。此阵用于长沙用于南昌、武昌亦人所共见者。

"伏地阵"如图所示：

"伏地阵"与其说是阵法，不如说是一种战术，其实际上融合了回马枪和伏击两种战术。一般而言，引敌进入伏击圈需要两支部队，一支败逃，另一支则构筑伏击阵地，待敌军进入伏击圈后，则进行攻

清代《贼情汇纂》中的"伏地阵图"

击。而"伏地阵"的妙处则在于由一支部队完成了两支部队的工作。摆出伏地阵的部队既是鱼饵，又是鱼钩，这一点往往出清军之意料，刚刚还在溃退的太平军忽然悄无声息，在清军疑惑之际，突然杀出，杀了清军一个措手不及。

太平军的这些阵法，是与其战术思想一脉相承的，以"螃蟹阵"为例，许瑶光《谈浙》中记载，太平军进攻宁波时：

> 分两路，一由嵊县上之山路走陈公岭，入奉化，以下绕入

宁，一由嵊县之下走塘路，陷上虞、余姚，入慈溪、镇海而上绕入宁……贼不直走宁波而先窜陷四之邻邑属邑，大局包抄，计亦狡矣。即其入嵊也，亦分两路：一由东阳逾白枫岭以犯嵊；一由会稽苦竹溪入孙坳，人言贼用兵如蟹螯，信矣。

可见，"螃蟹阵"所运用的钳形战术，是与太平军在战略战术上的作战方式相同的。太平军起于微末，从金田村起义，转战大半个中国，到定都南京，攻破江南大营，其战术上的能力不可谓不高，其所运用的"四大名阵"使得清军也不得不叹服，然而，再好的阵形也需要将领的指挥和士兵的训练，随着太平军的内耗与腐败，纵使太平军的"四大名阵"颇为得力，也难以拯救太平天国覆灭的结局。

太平军的"四大名阵"尚可说是传统阵法的回光返照，但是当了清末，世界军事技术日新月异，固守传统断不可行，即使是学习了新阵法，如果不能及时改进，也是赶不上时代发展的，北洋海军在黄海海战使用的"雁行阵"，就是一个惨痛的教训。

经历了太平天国运动的清政府，进一步认识到了西方近代武器与军事制度的威力，而且海军尤为重要，在多方筹备之下，中国第一支近代海军——北洋海军成军了。令人痛惜的是，因为多方面的原因，在黄海海战中，北洋海军遭到了重创。黄海海战的失败，阵形原因一直是各方争论的焦点，北洋海军采用的是与古代"雁形阵"形似的"夹缝雁形阵"对阵联合舰队联合舰队的"鱼贯纵阵"，为什么失败了呢？除了清政府的腐败、装备落后、训练不足等因素外，北洋海军阵形发展的滞后也是一大因素。

在黄海海战中，当北洋舰队发现鱼贯而来的日本联合舰队后，北洋海军改纵队为横队，呈"夹缝雁形阵"向日军进攻，北洋海军以每两舰为一小队，定远舰为旗舰，与同为铁甲舰的镇远居中，致远、靖远为第二队，经远、来远为第三队，济远、广甲为第四队，超勇、扬威为第五队，分作左右翼，12舰呈"人"字形向联合舰队冲去。而日军则是以鱼贯纵队，联合舰队以吉野、高千穗、浪速、秋津洲 4 艘巡洋舰为第一游击队，率先与北洋海军接战，穿过北洋海军正面后，绕至北洋海军右翼，猛击北洋海军陈旧的超勇、扬威 2 舰。而北洋海军此时正好以"人"字形正面迎战联合舰队本队，以舰首重炮猛击日舰，同时将联合舰队本队拦腰截断，重创比叡、赤城等舰。而此时原先在北洋海军右翼的联合舰队第一游击队则绕到了北洋海军的后方，依靠速射炮与本队呈前后夹击之势围攻北洋海军。而前来援助的平远舰和鱼雷艇队在与日军激战后也退出战场。在此情形下，呈横队的北洋海军不得不原地转动，希望以舰首重炮对准日舰，但如此一来，队形涣散，加上定远舰上的信号旗早被摧毁，各舰不得不各自为战，除了镇远与定远、靖远和来远两两配合、互为犄角外，其余舰只都遭到日舰围攻，致远奋勇撞击吉野未果，英勇殉国。最终，定远等 4 舰虽然成功击退联合舰队剩余的吉野等 9 舰，但是北洋海军损失致远、经远、广甲、超勇、扬威 5 舰，元气大伤，为北洋海军的覆灭由此埋下了伏笔。

关于黄海海战的阵形问题，无论是历史学界还是军事学界，都有深入探讨，有的认为北洋海军是因为操练不当，阵形转换错误才陷入被动，有的认为北洋海军根本就不应该用横阵，而是应该用纵队的形式。近年来，随着更多的史料被发掘，北洋海军阵形的问题根源也逐渐浮出水面。

北洋海军的临战阵形并不是丁汝昌在仓促之下临时安排的，而是北洋海军多年的训练成果，也是北洋海军阵形思想的体现。我们知道，要将兵阵运用到实战中，是非要经过严格的训练才行的。而北洋海军在成军之前，不仅采购了新式的军舰，也采用了新式的海军阵法。

为了训练新式舰队，清政府采用了李凤苞翻译的《各国水师操战法》（1885 年）和舒高第等人翻译的《海军调度要言》作为海军战术的教材，但是这些翻译教材的洋务运动先驱们，并不熟悉近代海战，所以选择的教材难免有些片面。例如《海军调度要言》，从战后复盘的角度来看，这本书对于 1894 年的海战基本过时了。当时的海军武器主要有三：舰炮、鱼雷、撞角。而《海军调度要言》将舰艇撞角摆在首位，对舰炮与鱼雷的评价却较低，这在现在看来是难以理解的，而在当时却是一种"共识"。《各国水师操战法》同样认为用舰船的撞角撞击敌舰，是海军对战的良策。为什么这些兵书会这么认为呢？这还要从甲午战争之前的海战说起。自 1805 年的特拉法尔加海战开始，到 1866 年的利萨海战，以"雁行阵"为代表的横阵，一直是西方海军的优势阵形。在风帆战舰时代，呈纵队阵形"鱼贯阵"是海军的主流，这是因为风帆航速不快，火炮多配置于两舷且射程有限，这样一来，当军舰成纵队一字航行时，可以最大程度发挥舷炮的威力。但在 18 世纪末，英国人就开发出了以横阵切割敌军纵队从而进行近距离火炮齐射的战术，在 1805 年的特拉法尔加海战中，纳尔逊也正是依靠这一战术分割了法军舰队，并最终取得了胜利，而在黄海海战之前的意大利与奥地利两国海军之间进行的世界上首次蒸汽动力铁甲舰对决——1866 年利萨海战中，奥地利海军以"雁行横阵"撞击意大利海军的纵队，并且依靠撞角撞沉了多艘意大利军舰，让这一阵形的地位大幅提升。如果黄海海战爆发在这个年代，北洋海军的胜算是很大的。

而北洋海军的对手日本海军则选择了不同的教材《海军战术讲义录》，书中认为，舰炮才是最重要的海军武器，撞角的重要性最次。时代的发展印证了书中所述。到了 19 世纪 90 年代，速射炮技术突飞猛进，日本海军装备的速射炮"六分钟可放至六十出之多"，而北洋海军的普通后装炮，一分钟只能两发而已。而日本海军新添置的吉野等舰船，在航速上也远远超过了北洋海军。

相对于日本海军的紧跟潮流，北洋海军则滞后得多，虽然 1884 年李鸿章聘请了英国海军军官琅威理为总教习，并以《船阵图说》作为战术规范，但自琅威理 1890 年离职后，北洋海军再未学习新的海军理论。所以，也就不难理解为什么丁汝昌要以"雁行阵"对战日本联合舰队。按照丁汝昌的设想，北洋海军应该先以"雁行阵"截断日本联合舰队，再以两舰为编队，与日本海军进行"乱斗"。也不难理解为什么邓世昌在弹药将尽时，仍然奋勇冲向吉野，这并非是一腔孤勇的同归于尽，同时也是在忠实执行北洋海军的既定战术。然而，日本海军的阵形选择却不是单纯依据战史和海军理论，而是能立足于日本海军的现状——装备了高速巡洋舰和大量速射舷炮，认为只有采取纵队才能充分发挥火炮威力并获得战术机动，而实战也证实了这一点。可见，无论何时，阵形的布置必须要根据实际情况合理布置，固守于一种阵法终究是会被击败的。

結　語

　　从先秦到清末，有史可考的中国古代兵阵经历了近三千年的发展。那么，从"其会如林""时维鹰扬"的商周军阵，到变化多端的"螃蟹阵"，中国古代兵阵经历了什么样的发展变化呢？

　　正所谓经济基础决定上层建筑，而军事是政治的延续，军阵的变化也与经济社会的发展息息相关。中国古代兵阵的发展，大致可以划分为三个时期，分别是先秦时代的草创期，秦汉到宋代的成熟期，元明清的火器变革期。兵阵的草创期到成熟期的转变，正是处在中国走向集权帝制的变革时代。从奴隶社会向中央集权的封建专制社会转变的过程中，兵阵也完成了从早期的车步协同向车、步、骑混编的转换。随着这一时期冶炼技术的发展，军队的规模也随之扩大，战争的烈度也极具上升，车战不再是主角，步兵牢牢占据了战争的主舞台。

　　而在从秦汉到宋的一千多年时间里，兵阵的内核并没有产生实质的变化，也就是要根据战况合理使用骑兵、车兵、远射步兵和近战步兵，从而战胜敌军。这一点，从阅兵上也可见一斑，无论是北齐的秋季演武还是唐代讲武五阵，以及《武经总要》记载的操练内容，其内容和形式都是十分接近的，均是在军旗金鼓的指挥下，各个兵种根据不同的信号作出不同的战术动作。在这一时期，诞生了中国历史上最为著名的兵阵：八阵法。经过唐代李靖与宋代君臣的发展变化，以"八阵法"为代表的复合阵形成为中国兵阵的代表之作。其战法可以概括为"层层杀伤"与"后发制人"两类，"层层杀伤"如秦始皇兵马俑兵阵与李靖"六花阵"，其战法均是首先以弓弩射击，再以步兵接战，以骑兵作为突击力量，奇

中国古兵阵

254

正结合，往往是己方军力强盛、兵种完备时所用。"后发制人"则以李陵的圆阵、诸葛亮"八阵法"、刘裕"却月阵"和吴璘"叠阵"为代表，这是在缺乏骑兵这一突击力量的"平地御敌之法"，其战法是将敌军放至我方兵阵跟前，以战车、鹿角、拒马枪等障碍物阻击敌军，再以强弓硬弩射杀敌军，这种"后发制人"的阵法往往产生以少胜多，以弱胜强的效果，因此在历史上声名显著。同时，中国古代兵阵也完成了自己体系的建设，尤其是根据旗鼓进行的战场指挥系统。而在这一时期，也充分反映出了文臣与武将之间对待兵阵的差异，武将更重视兵阵的"实"，而文臣则突出了兵阵的"虚"，而随着明清小说的发展，恰恰是这些"虚空"的兵阵大受欢迎，广为人知。

而到了元代之后，火器，尤其是借助海上传来的威力强大的火炮和既远又准的鸟铳登上历史舞台后，中国古代兵阵的面貌又为之一新。一方面，将领将火器引入军中，作为远射兵器，到了明后期的兵阵，炮车和枪炮手已经取代弓箭手的阵表位置；另一方面，这种"大规模杀伤性武器"促进了小型阵形的发展，诞生了以鸳鸯阵、百鸟阵为代表的小阵形。

无论兵阵如何发展，其"因势而为"的特点是不会变的，历史证明，抱残守缺、食古不化是不会取得战争的胜利的。李陵能以五千步兵对战十万匈奴，马隆能以三千兵转战千里，平定西北，为什么后世难有这样辉煌的战绩？并不是将士真的比不上古人，而是少数民族的社会、经济、军事实力也是与时俱进的。汉代的匈奴只有"革笥木荐"，也就是皮甲木盾，可是南北朝后，少数民族就以铁骑闻名，这个时候入宋朝君臣这般只向古人寻答案，把克敌的希望寄托在复原诸葛亮"八阵法"上，岂不是刻舟求剑，缘木求鱼吗？"前事不忘，后事之师"，时至今日，军队的战斗队形已经不再以"兵阵"为名，但是中国古代兵阵的得与失，却仍然可以引发我们的思考。

主要参考资料

一、古　籍

（周）吕望：《六韬》，明刻《武经七书全集》本。

（春秋）孙武：《孙子兵法》，明刻《武经七书》本。

（战国）吴起《吴子》，明刻《武经七书》本。

（战国）尉缭：《尉缭子》，明刻《武经七书全集》本。

（汉）刘熙：《释名》，明万历十六年瑞桃堂刻五雅本。

（汉）司马迁：《史记》，清文渊阁《四库全书》本，中华书局 1982 年版。

（汉）班固：《汉书》，明嘉靖三十七年吴国伦刻本，中华书局 2016 年版。

（三国）诸葛亮：《诸葛武侯文集》，清正谊堂本。

（南朝梁）沈绐：《宋书》，中华书局 2015 年版。

（北宋）魏收：《魏书》，中华书局 2016 年版。

（唐）杜佑：《通典》，清文渊阁《四库全书》本，中华书局 1988 年版。

（唐）李靖：《李卫公问对》，明嘉靖三十一年刻《武经七书》本。

（唐）李筌：《太白阴经》，清文渊阁《四库全书》本。

（五代）刘昫等：《旧唐书》，明嘉靖十八年闻人诠刻本，中华书局 1975 年版。

（宋）曾公亮：《武经总要》，明刻本。

（宋）许洞：《虎钤经》，明刻本。

（宋）司马光：《资治通鉴》，中华书局 2011 年版。

（宋）徐梦莘：《三朝北盟会编》，清光绪三十四年许涵度刻本，上海古籍出版社
　2019 年版。

（宋）王应麟：《玉海》，元至元庆元路儒学刻明南监递修本，江苏广陵书社

中国古兵阵

2016 年版。

（明）戚继光:《纪效新书》，明万历刻本，中华书局 1996 年版。

（明）戚继光:《练兵实纪》，明万历二十五年邢玠刻本。

（明）何良臣:《阵纪》，明万历十七年徐元刻本。

（明）赵本学、俞大猷:《续武经总要》，明万历刻本。

（明）王鸣鹤:《登坛必究》，明万历刻本。

（明）茅元仪辑:《武备志》，明天启刻本。

（清）年羹尧辑:《治平胜算全书》，清抄本。

（清）张德坚:《贼情汇纂》，清抄本。

二、著 作

袁庭栋:《解秘中国古代战争》，山东画报出版社 2008 年版。

康宁:《古代战争中的攻防战术》，人民出版社 1992 年版。

王红旗:《谈兵说阵——中国古代阵法趣谈》，解放军文艺出版社 1992 年版。

陕西省考古研究所始皇陵秦俑坑考古发掘队:《秦始皇陵兵马俑坑一号坑发掘报
  告 1974—1984》，文物出版社 1988 年版。

袁仲一:《秦始皇陵兵马俑辞典》，文汇出版社 1994 年版。

袁仲一:《秦兵马俑坑》，文物出版社 2003 年版。

三、论 文

张妍:《〈银雀山汉墓竹简［壹］·孙膑兵法〉集释》，吉林大学 2012 年硕士论文。

邓飞龙:《两汉骑兵问题研究》，湖南师范大学 2017 年硕士论文。

郑立娟:《〈李卫公问对〉研究》，山东师范大学 2019 年硕士论文。

孔路路:《宋代旗帜研究》，河南大学 2016 年硕士论文。

王路平:《宋代阵法与阵图初探》，西北大学 2006 年硕士论文。

赵琦:《明蒙战争中火器的使用及其作用》，内蒙古大学 2014 年硕士论文。

乔娜:《茅元仪〈武备志〉探析》，中国社会科学院研究生院 2014 年硕士论文。

李悦:《明代火器的谱系》，东北师范大学 2012 年硕士论文。

翟京铭：《明代前期神机营研究》，黑龙江大学 2013 年硕士论文。

吴雪景：《先秦军旗述略》，《温州师范学院学报（哲学社会科学版）》2002 年第
　　5 期。

白立超：《论"血流漂杵"的历史真相》，《西北大学学报（哲学社会科学版）》
　　2017 年第 2 期。

苏东鹏：《关于牧野大战与〈尚书〉二三事之探讨》，《河南科技学院学报》2016
　　年第 7 期。

张玉春：《武王伐纣"兵不血刃"说质疑》，《古籍整理研究学刊》1992 年第 5 期。

张连文：《军阵的源起和春秋战国时期的军事战术》，《沧桑》2011 年第 6 期。

龚留柱：《中国古代车、步、骑的递嬗》，《河南大学学报（哲学社会科学版）》
　　1988 年第 1 期。

谷霁光：《古代战术中的主要阵形——方阵——兼论方阵的发展变化及其在战术
　　中的作用》，《江西社会科学》1982 年第 1 期。

孙机：《中国古代车战没落的原因》，《中国国家博物馆馆刊》2014 年第 2 期。

鲁鑫、吴伟华：《城濮之战、鄢陵之战与〈左传〉叙事研究》，《邯郸学院学报》
　　2018 年第 2 期。

杨英杰：《先秦车战述略》，《辽宁师范大学学报（社科版）》1985 年第 5 期。

陶玉亮：《春秋战阵补说》，《辽宁师范大学学报（社科版）》1991 年第 6 期。

李元：《论春秋时期的车战》，《求是学刊》1986 年第 4 期。

陈建：《晋军"崇卒之阵"释义》，《人文杂志》1995 年第 1 期。

郭宝发《秦俑军阵指挥系统初探》，《文博》1994 年第 6 期。

张占民：《秦俑两军建制与奇正战术——从"四号坑"说起》，《文博》2012 年
　　第 4 期。

吴卫国：《秦俑军阵的战术思想》，《军事历史》1986 年第 4 期。

王辉强：《秦兵马俑与秦军阵法》，《文博》1994 年第 6 期。

孙德润：《由咸阳骑马俑谈到战国秦骑兵》，《考古与文物》1996 年第 5 期。

白建钢：《论秦俑军阵的轻、重装步兵》，《西北大学学报（哲学社会科学版）》
　　1988 年第 1 期。

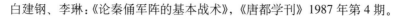

白建钢、李琳:《论秦俑军阵的基本战术》,《唐都学刊》1987年第4期。

白建钢:《论秦俑军队"长矛手"及其战术》,《文博》1994年第4期。

白建钢:《青海木简与汉代军队》,《文博》1986年第1期。

白建钢:《西汉步、骑兵兵种初探》,《西北大学学报(哲学社会科学版)》1986年第1期。

田旭东:《略论秦汉时期军队的发展——秦俑与杨家湾汉俑军阵的比较》,《文博》1985年第2期。

张群:《汉家"军阵"在徐州》,《学问》2003年第4期。

黄朴民、张琼:《韩信"背水阵"胜因新探——古代兵法与经典战例考察札记之一》,《南都学坛》2004年第3期

邱剑敏:《诸葛亮八阵图的作战布阵原则》,《军事历史》2017年第4期。

李伯勋:《古代八阵渊流及诸葛亮八阵考略》,《成都大学学报(社科版)》1998年第1期。

钟少异:《试论诸葛亮〈八阵图〉》,《军事历史》2016年第4期。

谭良啸:《试论诸葛亮的八阵图》,《社会科学》1983年第5期。

余大吉:《诸葛亮八阵图及阵法试探》,《中国史研究》1994年第3期。

陈峰:《"平戎万全阵"与宋太宗》,《历史研究》2006年第6期。

王路平:《北宋末年至南宋初年阵法及其影响》,《长安大学学报(社会科学版)》2015年第2期。

周荣、朱利民:《北宋仁宗时期的阵与阵图》,《唐都学刊》2010年第5期。

何平立:《略论北宋马政对国防军政之影响》,《军事历史研究》2009年第1期。

陈峰、王路平:《北宋御制阵法、阵图与消极国防战略的影响》,《文史哲》2006年第6期。

范爱萍:《宋代军旗的多重功能》,《档案天地》2016年第3期。

王路平:《宋神宗时期的八阵法与阵图》,《长安大学学报(社会科学版)》2014年第1期。

王轶英:《中国古代排阵使述论》,《西北大学学报(哲学社会科学版)》2010年第6期。

陈刚俊：《略论明代战车文献及其军事思想》，《江西广播电视大学学报》2007年第 2 期。

宋海龙：《火器技术的发展及其对阵法的影响》，《哈尔滨工业大学学报（社会科学版）》2009 年第 3 期。

罗尔纲：《太平天国的兵法》，《社会科学战线》1991 年第 1 期。

张一文：《太平天国的阵法与战法》，《军事历史研究》1993 年第 4 期。

戚其章：《谈北洋海军的阵法问题》，《历史档案》1989 年第 2 期。

郭浒：《从北洋舰队的战斗队形看丁汝昌的战术思想》，《军事历史》1987 年第 2期。

潘向明：《黄海海战研究关于北洋舰队的失利原因及阵形问题》，《清史研究》1994 年第 4 期。

吴奕澎、刘艳琼：《从军事技术变革下的战术生成模式谈黄海海战阵型选择》，《自然辩证法研究》2018 年第 1 期。

戚其章、孙克复、关捷：《甲午黄海海战北洋舰队阵形考》，《辽宁大学学报（哲学社会科学版）》1983 年第 1 期。

皮明勇：《晚清海战理论及其对甲午海战的影响》，《安徽史学》1995 年第 2 期。

倪乐雄：《中日甲午黄海海战战斗队形与火力再探讨——最糟糕与最合理的怪异组合——"夹缝雁行阵"》，《军事历史研究》2014 年第 3 期

后　记

　　中国古代兵阵，既是中国古代军事史的重要组成部分，更是古典小说中的常见内容，素来为军事爱好者津津乐道。作为一名军事爱好者，能有机会来揭开中国古代兵阵的迷雾，是非常荣幸的，同时也是诚惶诚恐的。在这本书之前，已经有大量学者也对各个时期的兵阵进行了考证、还原，也有书籍已经对中国古代兵阵的特点进行了概括，但是笔者认为对于中国兵阵，仍然有很多可以挖掘的内容，让更多读者可以了解古代兵阵的特点，这也是写作本书的初衷。

　　在史料中的古代兵阵，实际上是分为两个系统，即阴阳家推演、小说家创作的不具备实战意义的兵阵，以及零星分布在史籍和系统记载在兵书中的实战兵阵。如果要进行比喻的话，第二种兵阵是高山，第一种兵阵则是山上的云雾，要见识高山的真面目，先要明白哪些是雾气。即使分辨了雾气，要想一睹高山的真面目，不仅要攀登高山，更要远观高山，所有的认识应该来源于攀登高山的过程之中。简而言之，就是要论从史出。因此在写作时，笔者首先进行的，是从先秦到清代的兵阵考证。而从考证的角度来看，又可以分为唐以前和唐以后两个阶段。唐以前的文献较少，要考虑如何将史料尽收眼底，即使如此，唐以前的兵阵，露出的仍然只是冰山一角；唐以后的文献极为丰富，要考虑的是在浩淼的史海中选取出最具代表性的兵阵加以分析。史书里的兵阵，是实战的总结，能留下的多为战胜之阵。书里的阵法有总结，也有军事家的设计，综合而言，兵阵是一种作战的范式，作战需要范式但是不能全靠范式。阵法好不好，终究取决于能否适应战场。

先秦时期是兵阵起源时期，此时今日的"阵"字尚未出现，史籍与兵书之中记载的阵法也是寥寥无几。能够考证出形制的兵阵，有史籍中的"雁行阵"、"三军阵"和"鱼丽阵"，以及兵书之中记载的"鸟云之阵"、"四武冲阵"和"孙膑十阵"，加上后人根据《春秋》等先秦典籍记载总结出的"荆尸阵""崇卒阵""内政阵""鸡父阵"。这一时期的阵法不多，但是却反映出了先秦时期军事变革的过程，也为后世的兵阵定下了基调。

秦代的兵阵还原，依靠的史料较先秦更少，更多的是依据考古发掘。尤其是秦始皇陵兵马俑的考古成果，为我们展示了秦代奇正二阵的具体形态，远远胜过千言万语。汉代的兵阵还原，一方面依靠出土的汉代兵马俑，一方面则依靠《史记》《汉书》中的战役记载，同样能够还原出汉代兵阵的兵种与兵力配置。不过秦汉时期社会风气更为"质朴"，纵使秦汉军队战斗力高强，也未能留下太多的阵名，只留下了具有赫赫威名的汉军八阵。

三国两晋南北朝时期作为中国历史上的大分裂时期，各种兵阵也是层出不穷。"连环甲马阵""却月阵""函箱阵"都是后世推崇的一代名阵，但其中最著名的就是诸葛亮"八阵法"。"八阵法"名声之盛，一方面自然是其平地御敌效果显著，另一方面则是因为其笼罩在诸葛亮的光环之下，通过西晋马隆传承的"八阵法"与诸葛亮文集中的只鳞片羽，我们可以考证出八阵法的形制、兵种配置以及作战方法，在此基础上，继续挖掘后世对诸葛亮"八阵法"的还原，可以了解"八阵法"是被层累构造成为一个仙阵的过程以及"八阵法"的传承脉络。

唐代作为史料的分水岭，其阵法仍然有很多谜团。唐代的绝大多数名将与秦汉名将一样，擅长机动作战，并无阵法传世，幸而唐卫国公李靖吸收诸葛亮"八阵法"的精髓，改造出更适合唐军作战的"六花阵"，并被保留在杜佑《通典》中，才让我们能够了解"六花阵"在下营、行军、作战3个环节的阵形布置，从而全面了解兵阵的变阵过程。李靖以星象旗号作为阵名，是出于迷惑敌人的目的，而李筌则开创了以阴阳星

中
国
古
兵
阵

象推演阵法的先河，由于唐以前的阵图基本没有流传下来，而李筌《太白阴经》的阵图却得以传世，使得李筌关于阵法的"歪理"成了热衷"以古为师"的宋人、明人关于阵法的"真理"，在此需要特意甄别。

宋代重文轻武，武将便宜之权几乎被剥夺殆尽，"将在外，君命有所不受"变成了将在外也得根据阵图作战，皇帝御赐的阵图不仅不能克敌制胜反而成为了绊脚石。宋代君臣以纸上谈兵的方式创作了无数阵法，其中绝大多数不堪一战。这一章，选取的是最著名的"平戎万全阵"这一反面典型与"叠阵"这一典范以及北宋前期"常制阵"作为重点展开对象，同时辅以《武经总要》《虎钤经》《玉海》中的各种阵法，一览北宋阵法的特点。感谢陈栋先生对于"叠阵"相关内容的指导，为相关内容的写作提供了巨大帮助。

明清时期兵阵最大的特点就是热兵器的使用和兵阵的小型化，依靠丰富的文献，可以考证出装备了火炮鸟铳的军队是如何改变战法的，化整为零的小阵又是如何克敌制胜的。作为古代军事百科全书的《武备志》，除了记录了明代诸位名将传下的阵法外，还记载了水军阵法，也值得写上浓墨重彩的一笔。同时，在历史从古代迈向近代的过程中，古代阵法也没有消亡，仍然扮演着重要角色，不过，所有的阵法，都要以适应战场实际情况为前提，否则只是一个纸上谈兵的笑话。

在分析从先秦到清代兵阵的基础上，可以得出古代兵阵的特点，回答兵阵是什么，兵阵怎样作战的问题。除此以外，要阐释兵阵的运行原理，必须要了解其指挥机制，也就是旌旗金鼓是如何发挥作用的。

即使如此，这些内容也不足以覆盖古代兵阵的全部内容，笔者学识粗陋，不足之处还请各位读者不吝赐教，万分感谢。

后记

责任编辑：王世勇
版式设计：顾杰珍

图书在版编目（CIP）数据

中国古兵阵／赵旭腾 著 . —北京：人民出版社，2022.9
ISBN 978－7－01－024038－1

I.①中… II.①赵… III.①兵法－中国－古代 IV.① E892.2

中国版本图书馆 CIP 数据核字（2021）第 249142 号

中国古兵阵
ZHONGGUO GU BINGZHEN

赵旭腾　著

人民出版社 出版发行
（100706　北京市东城区隆福寺街 99 号）

北京汇林印务有限公司印刷　　新华书店经销

2022 年 9 月第 1 版　2022 年 9 月北京第 1 次印刷
开本：710 毫米 ×1000 毫米 1/16　印张：17
字数：236 千字

ISBN 978－7－01－024038－1　定价：88.00 元

邮购地址 100706　北京市东城区隆福寺街 99 号
人民东方图书销售中心　电话（010）65250042　65289539